Informatik
Informationstechnische Grundbildung
ab Klasse 9

Erarbeitet von
Uwe Bähnisch
Ralf Feuerstein
Andreas Gramm
Joachim Haß
Markus Holm
Dietmar Karau
Steffen Neumeyer
Katharina Strohmeier
Wolfgang Tews

Grundlagen

Standardprogramme nutzen

Internet und eigene Website

Arbeiten mit *Windows*

Schnell und leicht auf mehrere Programme und Dateien gleichzeitig zugreifen, selbst wenn sie auf entfernten Computern oder anderen Geräten liegen: moderne Betriebssysteme wie *Windows* machen es möglich.

Zum Vergleich ist links ein *Commodore 64* aus den 1980er Jahren zu sehen, den man nur mit Textkommandos steuern konnte.

So kann man heutzutage viele Funktionen des Computers ohne weitere Kenntnisse nutzen. Mehr Spaß macht es, wenn man die grundlegenden Funktionen genauer kennt. Auch fortgeschrittene Nutzer finden in diesem Kapitel sicher einige Tipps, z. B. zum Anpassen der eigenen Benutzeroberfläche oder zur Konfiguration einer LAN-Party.

In diesem Kapitel geht es um praktische Themen:
- Anmeldung und Benutzerkonten,
- Orientierung auf dem Desktop,
- Umgang mit dem Dateimanager *Windows Explorer*,
- Ordnung halten mit Computerdateien,
- Arbeiten im Intranet (Schulnetz),
- Arbeitsplatz, Netzlaufwerke, Hilfefunktion und Papierkorb.

Anmeldung und Desktop

Was geschieht, wenn man einen Computer einschaltet? Wieso muss man sich dann meist mit Namen und Passwort anmelden? Nach Beantwortung dieser Fragen werden die wichtigsten Funktionen des Desktops erläutert. Der **Desktop** (engl., Schreibtisch) ist der Bildschirm, der nach erfolgreicher Anmeldung erscheint.

Hochfahren. Nach dem Einschalten lädt der Computer automatisch das Betriebssystem von der Festplatte. Er **bootet** (engl. boot = Stiefel, to boot etwa „Schuhe anziehen"), d.h., es wird ein Systemtest durchgeführt, die Systemdateien werden in den Arbeitsspeicher geladen und die Betriebssystemdienste gestartet (▷ Hintergrundwissen zu Betriebssystemen im folgenden Kapitel, S. 28ff.). Von diesem Bootvorgang kriegt man als Nutzer wenig mit, denn der Bildschirm bleibt schwarz oder zeigt ein Standardbild.
Je nach Betriebssystem erscheint zwischendurch z.B. weißer Text auf schwarzem Grund (▷ Bild 6|1). Zu diesem Zeitpunkt kann man den Bootvorgang unterbrechen, um Einstellungen zu ändern. Dies ist immer dann sinnvoll, wenn der Computer nicht richtig funktioniert.
Doch Vorsicht! Diese Einstellungen darf nur ein Experte verändern, denn bei falschen Einstellungen kann der Computer evtl. nicht mehr hochfahren.

6|1 Bildschirm während des Bootvorgangs

6|2 Anmeldefenster

Benutzerkonten und Rechte. Arbeitet man in einem Netzwerk oder sind für mehrere Anwender Benutzerkonten eingerichtet, ist eine **Anmeldung** notwendig (▷ Bild 6|2). Nach Eingabe des Benutzernamens und des Passwortes stellt das Betriebssystem eine unter diesem Benutzerkonto gespeicherte, persönliche Arbeitsumgebung bereit, die sich durch verschiedene **Rechte** und **Ansichten** von den anderen Benutzerkonten unterscheidet.

In einem Schulnetzwerk ist es sinnvoll, wenn nicht jeder Nutzer alle Dateien lesen oder sogar verändern und löschen kann. Der Netzwerkadministrator kann den Nutzern deshalb verschiedene Rechte geben, die festlegen, welche Arten von Dateien und Programmen gelesen, verändert, gelöscht und/oder installiert werden dürfen. Auch auf einem einzelnen Computer, der von mehreren Personen genutzt wird, kann man zu diesem Zweck voreingestellte Benutzerkonten einrichten.
Bei den **Ansichten** kann jeder Nutzer dann z.B. seinen Desktophintergrund selbst bestimmen. Auf den nächsten Seiten werden weitere Beispiele für individuelle Einstellungen beschrieben, die jeweils im persönlichen Benutzerkonto gespeichert werden.
Wenn der Rechner ganz hochgefahren ist, erscheint auf dem Bildschirm die grafische Benutzeroberfläche, auch **GUI** genannt (Abk. für engl. **G**raphic **U**ser **I**nterface = Grafische Benutzer-Schnittstelle, ▷ Bild 7|1).

Desktop. Der Desktop (engl., Schreibtisch) ist die Arbeitsoberfläche des Computers. Auf ihm können Programme, Ordner, Dateien und Verknüpfungen abgelegt werden. Der Vorteil ist, dass man vom Desktop aus die Programme und Dateien sehr schnell starten bzw. öffnen kann.

Die weltweit meistbenutzten Betriebssysteme sind *Microsoft Windows*, *Linux* und *Mac OS* (für Apple-Computer). Diese Betriebssysteme gibt es wiederum in verschiedenen Versionen, z.B. *Windows 2000*, *Windows XP*, *Windows Vista*.
Die grundlegende Bedienung der Systeme ist sehr ähnlich, auch wenn auf den ersten Blick einiges anders aussieht. Hier wird die Nutzung eines Betriebssystems am Beispiel von *Windows XP* erläutert.

Desktophintergrund „Wüstenmond"

Startmenü

Schaltflächen Abmelden und Ausschalten

Taskleiste

Verknüpfung mit dem Ordner „Hausaufgaben Deutsch"

Verknüpfung mit der *Word*-Datei „Computerkurs"

Verknüpfung mit dem Ordner *Eigene Dateien*

Verknüpfung mit dem Ordner *Arbeitsplatz*

Papierkorb

Informationsbereich auf der Taskleiste

7|1 Desktop mit ausgeklapptem Startmenü

Aus Gründen der Übersichtlichkeit empfiehlt es sich aber, auf dem Desktop nur Verknüpfungen mit oft benutzten Programmen, Ordnern und Dateien anzulegen. Alle weiteren Dateien findet man über den Dateimanager (▷ S. 8 ff.) und die Programme über das Startmenü (▷ S. 16).

Taskleiste. In der Informationstechnik bezeichnet **Task** (engl., Aufgabe) ein geöffnetes Programm. Zu jedem geöffneten Programm erscheint auf der Taskleiste eine Schaltfläche. Man klickt einfach auf die jeweilige Schaltfläche, um dieses Programm im Vordergrund anzuzeigen, d. h. zu *maximieren*.
Alle in der Taskleiste angezeigten Programme befinden sich im Arbeitsspeicher. Um diesen nicht zu überlasten, sollte man daher nicht benötigte Programme immer schließen.
Um das **Kontextmenü** (▷ „Begriffliches" in der Randspalte) der Taskleiste zu öffnen, klickt man einfach mit der rechten Maustaste auf eine freie Stelle in der Taskleiste. Über dieses Menü kann man z. B. alle geöffneten Fenster übersichtlich Nebeneinander oder Untereinander anordnen (▷ Bild 7|2). Minimierte Fenster werden beim Anordnen nicht berücksichtigt.
Über den angebotenen Menüpunkt Eigenschaften kann man die Taskleiste individuell anpassen.
Wenn der Menüpunkt Taskleiste fixieren nicht aktiviert ist (dann ist kein Häkchen gesetzt ▷ Bild 7|2), kann man die Taskleiste durch Ziehen mit gedrückter Maustaste vergrößern und verkleinern.
Im **Informationsbereich** der Taskleiste (▷ Bild 7|1) werden die Uhrzeit und die Aktivität einiger Programme und externer Geräte angezeigt.

Startmenü. Das Startmenü wird mit einem Klick auf die Start-Schaltfläche (linke Maustaste) geöffnet (▷ Bild 7|1). Hier können Programme, Dateien und Funktionen zur Steuerung des Betriebssystems aufgerufen werden. Dieses Menü ist sozusagen die „Schaltzentrale" des Computers. Hier findet man auch den Befehl zum Herunterfahren.

Begriffliches
Das **Kontextmenü** öffnet sich, wenn man mit der *rechten* Maustaste auf ein Objekt (z. B. auf eine Datei, einen Ordner oder die Taskleiste) klickt.

7|2 Kontextmenü der Taskleiste

1. *Öffne mehrere Programmfenster und ordne sie auf verschiedene Weise an. Nutze dazu das Kontextmenü der Taskleiste.*

2. *Probiere aus, wie du die Taskleite individuell anpassen kannst. Klicke dazu im Kontextmenü der Taskleiste auf* Eigenschaften.

1. Öffne den Explorer *und probiere die verschiedenen Anzeigen in der Explorerleiste aus.*

2. Wähle für die Explorerleiste die Anzeige der Ordner *und erkunde die Ordner- und Dateistruktur auf deinem Computer bzw. im Netzwerk.*

3. Worin unterscheiden sich die beschriebenen Möglichkeiten, den Explorer *aufzurufen?*

Andere Dateimanager sind z. B.: *Servant Salamander* und *Total Commander* für *Windows*, *Konqueror* für *Linux* und *Finder* für *Apple/Mac.*

Arbeiten mit dem Dateimanager *Windows Explorer*

Auf einem Computer und in einem Netzwerk können sehr viele **Objekte** (Ordner, Programme und Dateien) gespeichert sein. **Dateimanager**, z. B. der *Windows Explorer* (engl. to explore = erforschen), auch kurz *Explorer*, sind Programme, die den Überblick über bzw. den Zugriff auf alle Objekte ermöglichen.

Mit einem Dateimanager kann man
– die Ordnerstruktur sehen, in der die Objekte gespeichert sind,
– Objekte erstellen, öffnen, suchen, umbenennen, kopieren, verschieben und löschen,
– Zugriffsrechte und Eigenschaften für Objekte festlegen und bearbeiten.

Es gibt verschiedene Möglichkeiten, den *Explorer* aufzurufen:
– Auf dem Desktop das Symbol *Arbeitsplatz* anklicken.
– Auf dem Desktop das Symbol *Eigene Dateien* anklicken.
– Mit der rechten Maustaste auf die START-Schaltfläche klicken und im aufklappenden Kontextmenü den *Explorer* aufrufen.

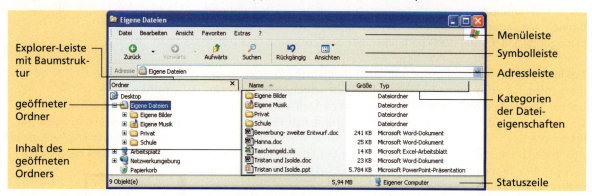

8|1 Objekte im Windows Explorer

Explorer-Leiste. Der linke Fensterbereich des *Explorers* heißt **Explorer-Leiste**. In der Explorer-Leiste kann man verschiedene Dinge anzeigen:
1. Über die Menüleiste ANSICHT ▶ EXPLORER-LEISTE auswählen.
2. Im aufklappenden Untermenü (▷ Bild 8|2) kann man die gewünschte Anzeige wählen.
Im Beispiel 8|1 ist die Explorer-Leiste *Ordner* ausgewählt. Bei dieser Einstellung werden die Objekte in einer Baumstruktur angezeigt.

Baumstruktur. Alle Objekte werden in einer Baumstruktur abgespeichert. Wurzel und Stamm des Baumes ist der Ordner *Desktop*, im Beispiel (▷ Bild 8|1) verzweigt sich der Baum in die drei Ordner *Eigene Dateien, Arbeitsplatz* und *Netzwerkumgebung*.
Der Ordner *Eigene Dateien* enthält Unterordner – hier *Eigene Bilder, Eigene Musik, Privat* und *Schule* – in denen sich Dateien, Programme und weitere Unterordner befinden können. So können viele tausend Objekte auf dem Computer und im Netzwerk geordnet und übersichtlich dargestellt werden.

8|2 Ansicht der Explorer-Leiste auswählen

Hierarchieebenen ein- und ausblenden. Ordner mit Unterordnern sind durch ein Plus- bzw. Minuszeichen gekennzeichnet. Mit einem Klick auf das Zeichen blendet man die nächste Ebene ein bzw. aus.

Ansichten und Optionen. In der Symbolleiste unter Ansichten (▷ Bild 8|1) oder im Menü Ansicht kann man verschiedene Darstellungen des Ordnerinhaltes auswählen (z.B. *Liste, Details*).
Im Menü Extras ▶ Ordneroptionen kann man im Reiter Ansicht die aktuell gewählte Ansicht für alle Ordner übernehmen. Außerdem können hier weitere Ansichtsoptionen eingestellt werden. Sinnvoll sind:
– abschalten: *Erweiterungen bei bekannten Dateitypen ausblenden,*
– auswählen: *vollständigen Pfad anzeigen.*

Erstellen neuer Ordner. So legt man einen neuen Ordner auf der Festplatte, im Netzwerk oder auf einem externen Gerät an:
1. Kontextmenü des Ordners bzw. des Laufwerks aufrufen, in dem der neue Ordner angelegt werden soll (über die rechte Maustaste).
2. Den Ordner über den Menüpunkt Neuer Ordner anlegen und benennen.

Umbenennen eines Objektes. Dabei geht man folgendermaßen vor:
1. Ordner oder Datei per Mausklick auswählen.
2. Kontextmenü aufrufen und Menüpunkt Umbenennen auswählen.
3. Neuen Namen eingeben und mit Enter-Taste bestätigen.

Fensterinhalt aktualisieren. Nach dem Wechseln einer CD-ROM, eines USB-Sticks o.Ä. wird die Ordner- und Dateiliste nicht immer automatisch aktualisiert. Das erreicht man mit dem Menüpunkt Ansicht ▶ Aktualisieren oder durch Betätigen der Funktionstaste F5.

Eigenschaften, Ansicht *Details* **und Kontextmenü.** Jede Datei hat Eigenschaften wie z.B. Dateiname, Dateityp, Größe, Erstellungsdatum und vieles mehr. In der Menüleiste kann man über die Einstellung Ansicht ▶ Details die Dateieigenschaften anzeigen.
Welche der vielen Eigenschaften angezeigt werden, kann man über das Kontextmenü der Eigenschaftskategorien (▷ Bild 8|1) auswählen.
Die Eigenschaften von allen Objekten, auch von Ordnern, kann man sich durch einen Klick mit der rechten Maustaste anzeigen lassen.

Hintergrund zur Baumstruktur. Ordner können Unterordner enthalten, z.B. enthält *Arbeitsplatz* die Ordner „C:\", „D:\" usw., die jeweils für eine Festplatte, einen Teil einer Festplatte (**Partition**) oder ein externes Gerät stehen. „C:\" enthält die Ordner *Dokumente und Einstellungen, Programme* und *Windows* und auch diese enthalten Unterordner.
Die vom Betriebssystem benutzte Baumstruktur unterscheidet sich leicht von der oben beschriebenen, im *Explorer* dargestellten Baumstruktur. Aus Sicht des Betriebssystems (und des Informatikers) sind die eigentlichen Hauptordner (**Wurzelverzeichnisse**) die Ordner „C:\", „D:\" usw. Die Ordner *Eigene Dateien, Desktop, Systemsteuerung* usw. sind Unterordner dieser Hauptordner, die im *Explorer* nur deswegen als Hauptordner dargestellt werden, weil sie so häufig benutzt werden.

1. *Probiere verschiedene Ansichten des Explorers aus. Welche Möglichkeiten gibt es? Lege eine Tabelle an mit Namen der Ansichten, einer Kurzbeschreibung und Beispielen, wann oder für wen diese Ansicht sinnvoll sein könnte.*

2. *Lege im Ordner* Eigene Dateien *bzw. im von deinem Lehrer vorgegebenen Ordner neue Ordner mit Unterordnern an und benenne sie.*

3. *Probiere verschiedene Ansichtsoptionen unter* Extras ▶ Ordneroptionen ▶ Ansicht *aus. Wähle die beiden im Text empfohlenen Einstellungen aus.*

4. *Schaue über das Kontextmenü die Eigenschaften an, und zwar von…*
– *einer Datei*
– *einem Ordner*
– *mehreren markierten Ordnern oder Dateien.*

Kurioses
Da sich die Ordnerstruktur ausgehend vom Wurzelverzeichnis immer weiter verzweigt, ähnlich den Ästen eines Baumes, wird sie als **Baumstruktur** bezeichnet.

Kopieren, Verschieben, Löschen

Verschieben. Zum besseren Ordnen seiner Dateien kann man mit dem *Explorer* Dateien und Ordner auch verschieben. Das geht ganz leicht mit **Drag & Drop** (engl., Ziehen und Fallenlassen):

1. Das zu verschiebende Objekt (z. B. eine Datei) markieren.
2. Das Objekt mit *gedrückter* linker Maustaste in den Zielordner verschieben.

Besonders übersichtlich ist dies, wenn man zwei Explorer-Fenster nebeneinander anordnet.

Tipp

So positioniert man zwei *Explorer-*Fenster nebeneinander:

1. Den *Explorer* zweimal starten.
2. Alle anderen evtl. geöffneten Fenster schließen.
3. Im Kontextmenü der Taskleiste Neबeinander auswählen.

Tipp

Verknüpfungen erstellen: Um einen schnellen Zugriff auf wichtige Dateien oder Ordner zu haben, kann man auf dem Desktop eine Verknüpfung anlegen. Eine Verknüpfung hat den Vorteil, dass das Original an seinem ursprünglichen Ort in der Ordnerhierarchie (Verzeichnisstruktur) bleibt und man dennoch vom Desktop aus direkt darauf zugreifen kann.

1. Datei bzw. Ordner markieren.
2. Im Kontextmenü Senden an ▶ Desktop (Verknüpfung erstellen) auswählen.

1. Wie kann man Objekte ohne Drag & Drop kopieren und verschieben? Erstelle eine Schrittfolge. Tipp: Kontextmenü.

2. Auch in einige Programmdokumente kann man ganze Dateien kopieren, z. B. eine Datei als Anhang in eine E-Mail oder ein Bild in eine Word-Datei. Welche Möglichkeiten gibt es hier mit und ohne Drag & Drop?

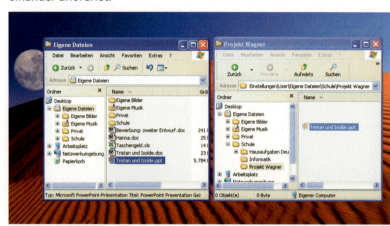

10|1 *Verschieben mit zwei* Explorer-*Fenstern: Links ist der Ordner geöffnet, in dem die Datei bislang abgelegt war, rechts der Zielordner*

Kopieren. Damit Dateien und Programme gesichert oder weitergegeben werden können, lassen sie sich kopieren. Kopieren bedeutet, dass – anders als beim Verschieben – das Originalobjekt an der Ursprungsstelle erhalten bleibt und zusätzlich an anderer Stelle eine Kopie gespeichert wird.

Das Kopieren funktioniert ähnlich wie das Verschieben auch per Drag & Drop, die Einzelheiten werden im folgenden Absatz beschrieben.

Kopieren und Verschieben. Oben wurde beschrieben, wie das Kopieren *innerhalb eines Laufwerkes* funktioniert. Ein Laufwerk ist ein Speichermedium, z. B. eine Festplatte, ein USB-Stick oder ein MP3-Player (▷ S. 14). Wenn man aber per Drag & Drop eine Datei *von einem Laufwerk auf ein anderes* zieht, wird sie nicht verschoben, sondern stattdessen kopiert.

Die folgende Tabelle zeigt alle Möglichkeiten im Detail:

	Objekt kopieren	Objekt verschieben
innerhalb eines Laufwerks	Drag & Drop + Taste „STRG"	Drag & Drop
von einem auf ein anderes Laufwerk	Drag & Drop	Drag & Drop + Shift-Taste

10|2 *Übersicht: Kopieren und Verschieben*

Dateiordner: Ordnung im Computer

Wer Ordnung hält, braucht nicht zu suchen – das gilt im eigenen Zimmer genauso wie auf dem Computer. In der wirklichen Welt gibt es viele verschiedene Möglichkeiten, seine Sachen zu ordnen, z.B. in Kisten, Pappordnern, Schulheftern oder auf Regalbrettern. In der digitalen Welt des Computers gibt es dagegen nur eine: den Dateiordner. Ein Dateiordner kann beliebig viele Dateien enthalten, solange die Festplatte groß genug ist. Außerdem kann man in einem Ordner noch weitere Unterordner anlegen und so einen eigenen Verzeichnisbaum erstellen. So findet man seine Dateien schneller, weil man nur noch im richtigen Ordner zu suchen braucht.

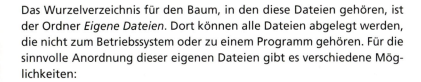

11|1 *Der Ordner* Eigene Dateien

Das Wurzelverzeichnis für den Baum, in den diese Dateien gehören, ist der Ordner *Eigene Dateien*. Dort können alle Dateien abgelegt werden, die nicht zum Betriebssystem oder zu einem Programm gehören. Für die sinnvolle Anordnung dieser eigenen Dateien gibt es verschiedene Möglichkeiten:

Aufteilung nach Dateityp. *Windows* legt im Ordner *Eigene Dateien* von sich aus Unterordner mit Namen wie *Eigene Bilder* und *Eigene Musik* an. Dies ist ein Beispiel für die Ordnung von Dateien nach ihrem Dateityp. *Eigene Bilder* ist als digitales Fotoalbum gedacht (Dateitypen .jpg, .bmp, .gif, …), *Eigene Musik* für „.mp3"-Dateien. Solch eine Aufteilung kann sinnvoll sein, um alle Dateien eines Typs an einer Stelle zu haben.

11|2 *Beispiele für Ordner für bestimmte Dateitypen*

Aufteilung nach Thema. Genau wie ein Schulhefter nur Material zu einem einzigen Unterrichtsfach enthält, kann man auch durch verschiedene Ordner Dateien zu verschiedenen Themen voneinander trennen. Zum Beispiel könnte es einen Ordner *Schule* geben, der alle Dateien aus Schulprojekten enthält. Das können dann auch ganz verschiedene Dateitypen wie Texte, Bilder oder Webseiten sein. Gibt es mehrere Schulprojekte, z.B. Material für ein Referat und einen Artikel für die Schülerzeitung, kann man noch für jedes dieser Projekte einen eigenen Unterordner anlegen. Und neben dem Ordner *Schule* könnte es noch einen weiteren Ordner, z.B. *Fun*, geben, in dem lustige Fotos, Witze aus dem Internet und Ähnliches zu finden sind. Bild 11|3 zeigt, wie aus diesen Ordnern ein kleiner Verzeichnisbaum entsteht.

1. Welche Dateitypen könnte man noch sinnvoll in einem eigenen Ordner zusammenfassen?

2. Erstelle eine selbst gewählte Ordnerstruktur für deine eigenen Dateien oder für einen Teil deiner Dateien. Fertige zunächst eine Sicherheitskopie aller eigenen Dateien an.

Diese beiden Ordnungsmethoden kann man natürlich auch kombinieren, indem man z.B. in *Eigene Bilder* Unterordner mit Bildern aus verschiedenen Bereichen anlegt oder in einem Schulprojekt einen Ordner nur für Webseiten reserviert.

Für das schnelle Wiederfinden sind aussagekräftige **Datei- und Ordnernamen** wichtig. In Bild 11|3 könnte man auch Namen wie *ordner1* statt *Schule* und *ordner11* statt *Schülerzeitung* verwenden. Das würde aber nicht viel helfen, wenn z.B. ein Bild für den Schülerzeitungsartikel gefunden werden soll. Der Name eines Ordners sollte möglichst klar darauf hinweisen, welche Dateien in ihm zu finden sind. Das gilt auch für Dateinamen.

11|3 *Verzeichnisbaum* Eigene Dateien

Intranet und Schulnetz

Begriffliches

Begriffe aus der Netzwerktechnik:

Netzwerkkarte. Zur Kommunikation eines Computers mit anderen Computern über ein Netzwerk benötigt der Computer einen entsprechenden Anschluss. Dieser wird meist durch eine im Computer eingebaute Netzwerkkarte bereitgestellt. Alternativen sind z. B. **WLAN** (kabelloses Netzwerk), spezielle USB-Geräte oder **Bluetooth** (ein Funknetzwerk, das auch bei Handys benutzt wird).

Switch (engl., Weiche): verbindet mehrere Computer miteinander (▷ Bild 13|1). In dieses Gerät steckt man die Netzwerkkabel, die auf der anderen Seite mit den Computern verbunden sind.

Modem: ermöglicht den Zugang zum Internet über eine normale Telefonleitung.

Server (engl. to serve = bedienen): ein Rechner, der im Netzwerk bestimmte Dienste (z. B. E-Mail-Verteilung, Bereitstellung von Daten oder Internetseiten) zur Verfügung stellt. Auch Programme, die diese Dienste bereitstellen, werden als Server bezeichnet.

Client (engl., Kunde): ein Programm, das die Dienste eines Servers in Anspruch nimmt. Man spricht dann auch von einem **Client-Server-System**.

Firewall (engl., Brandschutzwand): Gerät oder Programm, das unerlaubten Datenverkehr (z. B. das Eindringen störender Programme aus dem Internet ins Intranet) verhindern soll.

Netzwerkdrucker: besitzt eine eigene Netzwerkkarte und kann über alle am Netzwerk angeschlossenen Computer direkt angesprochen werden.

Was ist ein Intranet? Unter einem Intranet versteht man einen Zusammenschluss von Computern innerhalb einer Firma, einer Schule oder auch zu Hause. Man kann sich das Intranet als ein „Internet im Kleinen" vorstellen. Im Allgemeinen benötigt man für die Benutzung des Intranets weder neue Programme (Software) noch neue Technik (Hardware), wenn die Computer bereits für die Benutzung des Internets vorbereitet sind.

Beispiele für ein Intranet. Im Bild 13|1 ist ein **privates Intranet** zu sehen, bei dem sich drei Rechner einen Drucker und eine Internetverbindung teilen. Dabei muss der PC 1 immer dann angeschaltet sein, wenn die beiden anderen PCs auf den Drucker oder auf das Internet zugreifen wollen.

Das Bild 13|2 zeigt einen Ausschnitt aus dem **Intranet einer Schule**. Hier sind jeweils die Rechner eines Klassenraums durch einen **Switch** (▷ „Begriffliches" in der Randspalte) miteinander verbunden. Die Switches der drei Klassenräume, der Server und die zwei Netzwerkdrucker sind über einen weiteren Switch miteinander verbunden. Mit Hilfe einer Firewall wird die Kommunikation mit dem Internet abgesichert und das Eindringen von Stör- und Spionageprogrammen verhindert. Somit können alle Computer sicher ins Internet gehen und auch die beiden Netzwerkdrucker benutzen.

Vorteile eines Intranets. Gegenüber der individuellen Nutzung des Internets kann das Intranet eine Reihe von Vorteilen besitzen:
- Bestimmte Geräte, wie z. B. Drucker oder Fax-Geräte, können gemeinsam benutzt werden.
- Ein Internetzugang kann gleichzeitig ohne weitere Geräte und meist auch ohne weitere Kosten für mehrere Computer genutzt werden.
- Die Absicherung gegen Eindringlinge aus dem Internet (Stör- und Spionage-Programme) kann an zentraler Stelle für alle Rechner des Intranets über eine **Firewall** erfolgen.
- Um die Rechner des Intranets vor unerwünschten E-Mails (**Spam**) zu schützen, kann der gesamte Mailverkehr des Intranets durch ein Schutzprogramm in einem **Mail-Server** geschützt werden.
- Besonders für die gemeinsame Arbeit an Projekten (auch im Unterricht) kann ein Intranet sehr nützlich sein. Dateien, an denen mehrere Personen arbeiten möchten, können zur gemeinsamen Benutzung freigegeben werden oder es kann ein zentraler Datenaustausch über einen Ordner auf dem **Server** erfolgen.
- Die Daten aller Benutzer eines Intranets können zentral auf einem **Server** gespeichert werden. Dort ist dann eine einfache Virenkontrolle und auch eine zentrale Sicherung (**Backup**) aller Dateien möglich.
- Über ein eigenes Informationsportal im Intranet können Informationen für alle Nutzer bereitgestellt werden. So kann im Intranet – im Gegensatz zum Internet, das nicht immer eine zuverlässige Quelle ist – eine qualifizierte Informationsaufbereitung gewährleistet werden, die die Informationssuche für die einzelnen Mitglieder der Schule/Firma vereinfacht.

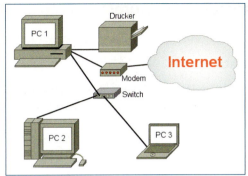

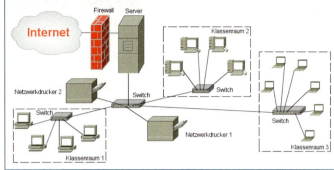

13|1 Beispiel für ein privates Intranet

13|2 Beispiel für das Intranet einer Schule

Gruppen- und Projektarbeit im Unterricht

Im Intranet einer Schule kann man effektiv an gemeinsamen Projekten arbeiten. In verschiedenen Schulen ist das Intranet unterschiedlich eingerichtet. Häufig besitzt jeder Schüler auf dem Server einen eigenen Ordner (**privater Ordner**), auf den nur er und sein Informatiklehrer Zugriff haben. Für den Datenaustausch kann der Lehrer einen weiteren Ordner (**Projektordner**) anlegen, auf den dann alle Projektmitglieder Zugriff haben.

Zur gemeinsamen Arbeit an einem Projekt (z.B. der Planung einer Klassenfahrt, der Auswertung einer Exkursion oder der gemeinsamen Ausarbeitung eines bestimmten Themas) sind folgende Arbeitsmethoden sinnvoll:

- Wichtig für eine erfolgreiche Projektarbeit ist eine sorgfältige und umfangreiche Planung.
- Gemeinsame Festlegungen gehören in Dokumente, die für alle Projektmitglieder im Projektordner zugänglich sind, z.B.:
  o Ausführliche Gliederung der Arbeit,
  o Angabe der Verantwortlichkeiten,
  o Liste der noch zu erledigenden Aufgaben (To-do-Liste),
  o Festlegungen des Seitenlayouts und
  o Auflistung der Termine und Zwischentermine.
- Jede Datei im Projektordner sollte mit einem aussagekräftigen Namen und mit einem Bearbeitungsdatum oder einer Versionsnummer versehen werden. Dadurch hat man schnell den Überblick über die Aktualität der Dateien. Beispiele:
  o „Auswahl_Jugendherbergen_2007-12-17.doc"
    Tipp: Wenn man das Datum in dieser Reihenfolge schreibt, erfolgt die zeitliche Sortierung automatisch.
  o „Preise_Klassenfahrt_Version_01.xls"
- Im Dokument sollte am Anfang oder am Ende vermerkt werden, wer wann welche Änderungen vorgenommen hat. So kann man auch dann die Arbeit zusammenführen, wenn zufällig zwei Schüler an der gleichen Datei gearbeitet haben.
- Da im Projektordner jedes Mitglied alle Dateien verändern und löschen kann, sollte man dort nur Kopien seiner Dateien speichern. So kann man ein versehentliches Löschen der Originaldateien vermeiden.

▷ Mehr zu Netzwerken und zum Internet im Kapitel „Internet", S. 81 f. und 96 ff.
Mehr zur Abwehr von Schadprogrammen im Kapitel „Datensicherheit", S. 38 ff.

1. Erkundige dich bei deinem Lehrer nach dem Aufbau des Netzwerks in deiner Schule. Skizziere den Aufbau.

Arbeiten mit dem *Windows Explorer* (Fortsetzung)

Laufwerke und Arbeitsplatz

Zum Speichern von Daten des Computers werden z. B. Festplatten, CD-ROMs, USB-Sticks, MP3-Player und manchmal auch noch Disketten verwendet. Zum Einlesen von Daten werden auch Fotoapparate, Scanner und andere Geräte mit dem Computer verbunden. Geräte, die zum Datenaustausch mit dem Computer verbunden sind, werden als **Laufwerke** bezeichnet.

Wenn man auf dem Desktop das Kontextmenü des Arbeitsplatz-Symbols aufruft, kann man sich über den Eintrag EIGENSCHAFTEN verschiedene Informationen über den Computer anzeigen lassen, z. B. die Version des Betriebssystems, Daten des Prozessors und den Namen des Computers. Einige Einstellungen kann man hier auch verändern, vorausgesetzt man hat die erforderlichen Rechte.

1. Recherchiere den Namen und Angaben zum Betriebssystem und zum Prozessor deines Computers.

Arbeitsplatz. Im Ordner *Arbeitsplatz* werden die verfügbaren Laufwerke angezeigt. Auch Ordner des lokalen Netzwerks können hier als Laufwerke dargestellt werden, sogenannte **Netzlaufwerke**. Den *Arbeitsplatz* kann man meist über eine Verknüpfung auf dem Desktop öffnen.

Die Laufwerke sind jeweils durch ein Symbol, einen Kennbuchstaben und einen Laufwerksnamen gekennzeichnet (▷ Bild 14│1), z. B. werden eingebaute Festplatten mit dem Symbol *Festplattenlaufwerk* gekennzeichnet, CD-ROM- und DVD-Laufwerke mit dem Symbol *CD-Laufwerk*.

Bei *Windows*-Betriebssystemen werden alle Laufwerke mit Kennbuchstaben versehen. Für das früher meistverbreitete Speichermedium Diskettenlaufwerk sind die Kennbuchstaben „A:" und „B:" reserviert, die erste Festplatte, auf der das Betriebssystem und weitere Systemdateien gespeichert sind, erhält den Buchstaben „C:". Alle anderen Laufwerke (z. B. weitere Festplatten, CD-ROM-Laufwerke, USB-Sticks, Kameras, MP3-Player, Netzlaufwerke usw.) erhalten dann Laufwerksbuchstaben von „D:" bis „Z:".

Kontextmenü. Zeigt der Mauszeiger auf ein Laufwerk, so können über das Kontextmenü weitere Funktionen aktiviert werden. So zum Beispiel das Formatieren oder die **Freigabe eines Laufwerkes**. Werden Laufwerke (oder auch Ordner) mit einer stilisierten Hand dargestellt, so sind diese Laufwerke im Netzwerk freigegeben (▷ Bild 14│1). So können andere Nutzer im Netzwerk Dateien bearbeiten und Programme starten, die auf diesen Laufwerken gespeichert sind.

mehrere Laufwerke, jeweils dargestellt mit Symbol, Kennbuchstaben und Namen —

Eigenschaften der Laufwerke —

Laufwerk, das im Netzwerk freigegeben ist (Symbol mit Hand)

Netzlaufwerke —

Adresse	Arbeitsplatz				
Name		Typ	Gesamtgröße	Freier Speicher	Dateisystem
Festplatten					
System (C:)		Lokaler Datenträger	39,0 GB	24,6 GB	NTFS
Zweite Festplatte (E:)		Lokaler Datenträger	35,4 GB	34,9 GB	NTFS
Geräte mit Wechselmedien					
DVD/CD-RW-Laufwerk (D:)		CD-Laufwerk			
USB-Stick (F:)		Wechseldatenträger			FAT32
Netzlaufwerke					
Gruppenarbeit Alban Berg (X:)		Netzlaufwerk	39,0 GB	24,6 GB	NTFS
Hannas Dateien (Y:)		Netzlaufwerk	39,0 GB	24,6 GB	NTFS
Barbaras SharedDocs (Z:)		Netzlaufwerk	39,0 GB	24,6 GB	NTFS
12 Objekt(e)				Eigener Computer	

14│1 Laufwerke im Ordner Arbeitsplatz

Dateien und Ordner suchen

Wenn man eine Datei oder einen Ordner nicht mehr wiederfindet, kann man die Suchfunktion des *Explorers* nutzen, wenn man sich zumindest an einen Teil des Namens oder des Inhaltes der Datei erinnert.
Die Suchfunktion kann auf verschiedene Weise aktiviert werden:
– Im *Explorer* über Ansicht ▶ Explorer-Leiste ▶ Suchen.
– Im Startmenü über Suchen, dann im Suchfenster nach Dateien und Ordnern auswählen.
– Im Kontextmenü eines Ordners durch Anklicken von Suchen.

Wenn die Suchfunktion aufgerufen ist, kann man bei der Suche folgendermaßen vorgehen (▷ Bild 15|1):
– Eingabe des Namens des gesuchten Objektes im entsprechenden Eingabefeld. Wenn man nicht den ganzen Dateinamen kennt oder mehrere Dateien mit ähnlichen Namen finden will, kann man die **Platzhalter „*" und „?"** verwenden (▷ Randspalte).
– Alternativ oder zusätzlich kann man auch einen Textauszug aus der gesuchten Datei angeben. Hier sollte man nicht mit Platzhaltern arbeiten.
– Man kann die Suche gezielt einschränken, indem man weitere Eigenschaften wie Dateigröße, Änderungsdatum, Dateityp und die zu durchsuchenden Ordner angibt.
– Auch ob die Suche untergeordnete Ordner miteinbezieht und ob die Groß-/Kleinschreibung der Suchwörter beachtet werden soll, kann man festlegen.
– Bei mehreren Angaben werden nur die Dateien gefunden, die alle Kriterien zugleich erfüllen.
Der Suchauftrag wird durch Klick auf die Schaltfläche Suchen gestartet.

Alle gefundenen Dateien und Ordner werden im rechten Fensterbereich aufgelistet. Wie immer im *Explorer* kann man verschiedene Ansichten (z. B. Details) wählen. Wenn viele Dateien angezeigt werden, kann die Ansicht Details hilfreich sein, um die richtige Datei herauszusuchen.
Man kann nun entweder die gesuchte Datei durch Doppelklick direkt im Suchfenster öffnen oder auch den Ordner, der diese Datei enthält. Dazu wählt man im Kontextmenü der Datei den Eintrag Übergeordneten Ordner öffnen.

Platzhalter bei der Suche:
„?" ist ein Platzhalter für *genau ein* unbekanntes Zeichen.
Beispiel: „Mar?us" findet alle Dateien und Ordner, in deren Titel „Markus" oder „Marcus" vorkommt.
„*" ist ein Platzhalter für beliebig viele unbekannte Zeichen.
Beispiel: „*Clara*.jpg" findet alle jpg-Dateien, in deren Titel „Clara" vorkommt, z. B.:
– „Ausflug Clara Sophie 17.jpg",
– „091001 Claras Bart.jpg".

1. Nenne die Kriterien, nach denen im Beispiel (▷ Bild 15|1) gesucht wurde.

2. In welchen Fällen ist welche Art von Suche sinnvoll? Überlege dir Beispiele.

3. Probiere aus, wie die Suche bei deiner Version des Dateimanagers funktioniert und welche Optionen es gibt.

4. Suche alle Word-Dokumente auf deinem Computer (in den Eigenen Dateien, im Netzwerk), die innerhalb der letzten 5 Monate geändert wurden.

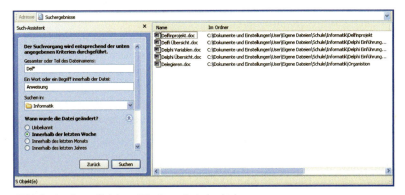

15|1 Suchauftrag (links) und Suchergebnis (rechts)

Startmenü

16|1 *Startmenü mit Untermenü* Alle Programme

Das Startmenü ist die „Schaltzentrale" des Computers. Hier können Programme, Dateien und Funktionen zur Steuerung des Betriebssystems aufgerufen werden und auch das Ausschalten des Computers geschieht über dieses Menü. Man öffnet es über die START-Schaltfläche unten links auf dem Desktop durch Klick mit der linken Maustaste (▷ Bild 16|1).

Um ein Programm zu starten, wählt man den Menüeintrag ALLE PROGRAMME und klickt anschließend das entsprechende Programmsymbol an bzw. man klickt sich bis in das passende Untermenü (▷ Bild 16|1) durch. Die eigenen Dateien findet man meist über *Eigene Dateien*, nach Klick auf diesen Eintrag öffnet sich der *Windows Explorer*.
Man kann sein Startmenü individuell gestalten, z. B. kann man mit Drag & Drop Verknüpfungen mit bestimmten Programmen auf die erste Menüebene ziehen oder selbst Untermenüs definieren. Dazu muss man das Objekt mit gedrückter linker Maustaste auf die Schaltfläche ziehen und warten, bis sich das Startmenü öffnet. Nun kann man das Objekt am gewünschten Platz ablegen.

Abmelden und Beenden

Über das Startmenü kann man den Computer ausschalten (herunterfahren) oder auch den angemeldeten Benutzer wechseln.

16|2 *Benutzer wechseln oder abmelden*

Abmelden. Nach einem Klick auf die Schaltfläche ABMELDEN (▷ unten im Bild 16|1) kann man im nächsten Fenster zwischen BENUTZER WECHSELN und ABMELDEN (▷ Bild 16|2) auswählen:
- BENUTZER WECHSELN heißt, dass alle gestarteten Programme aktiv bleiben. Man hat dann die Option, ein anderes Benutzerkonto zu aktivieren, darin zu arbeiten und anschließend wieder zum alten Benutzerkonto zurückzukehren.
- Beim ABMELDEN werden alle Programme beendet. Diese Option wählt man, um sein Benutzerkonto zu verlassen, z. B. weil ein anderer Nutzer am Rechner arbeiten will. Der Nächste kann sich anmelden, ohne dass das Betriebssystem noch einmal gestartet werden muss.

16|3 *Computer ausschalten*

Ausschalten. Über die Schaltfläche AUSSCHALTEN (▷ unten im Bild 16|1) kann man im nächsten Fenster zwischen STANDBY, AUSSCHALTEN und NEU STARTEN (▷ Bild 16|3) auswählen:
- AUSSCHALTEN heißt, dass der Computer heruntergefahren und ausgeschaltet wird. *Windows* schließt dabei alle noch offenen Anwendungen.
- Bei STANDBY wird der Computer in den Stromsparmodus versetzt.
- Über NEU STARTEN wird das System komplett heruntergefahren und anschließend neu gestartet. Das ist z. B. bei einem Systemabsturz sinnvoll.

1. Verschiebe eine Datei oder ein Programm per Drag & Drop vom Desktop ins Startmenü. (Die Datei wird dabei nicht wirklich verschoben, sondern im Startmenü wird eine zusätzliche Verknüpfung angelegt.)

Man sollte den Computer nie ausschalten, ohne ihn korrekt herunterzufahren, denn offene Dateien können sonst nicht gespeichert werden, was Datenverlust und Probleme beim Neustart zur Folge haben kann.

Hilfefunktionen

Es gibt verschiedene Hilfefunktionen, die man dazu nutzen kann, auftauchende Probleme zu lösen oder weitere Programmfunktionen und Einstellungen des Betriebssystems kennen zu lernen.

Hilfe- und Supportcenter. Diese allgemeine Hilfe startet man über das Startmenü (▷ Bild 16|1). Es öffnet sich das Hilfe-Fenster (▷ Bild 17|1).

17|1 Windows Hilfe- und Supportcenter: *Anzeige der Suchergebnisse. Das Suchwort wird in den Hilfetexten hervorgehoben*

17|2 *Hilfetext in einem Dialogfenster*

Man kann auf verschiedene Weise suchen:
– Im Feld *Suchen* einen Suchbegriff eingeben. Links wird ein Überblick über die Suchergebnisse gegeben, die Treffer sind in verschiedene Kategorien eingeteilt (▷ Bild 17|1). Um die Hilfstexte aus der *Microsoft Knowledge Base* zu lesen, benötigt man Internetzugang.
– In der Menüleiste INDEX auswählen. Es wird eine alphabetisch geordnete Liste von Schlagwörtern angezeigt, die man durch Anklicken auswählen kann.

Direkthilfe. In vielen Dialogfenstern gibt es zu den einzelnen Optionen erläuternde Hilfetexte (▷ Bsp. im Bild 17|2). Man kann sie aufrufen,
– indem man das Fragezeichen von der rechten oberen Fensterecke zu der fraglichen Option zieht, oder
– über das Kontextmenü (entsprechende Stelle mit der rechten Maustaste anklicken).

Programmhilfen. Die meisten Programme bieten eine spezielle Hilfe an (z.B. *Microsoft Word* oder *Mozilla Firefox*), die man über die jeweilige Menüleiste (HILFE bzw. „?") oder über die Funktionstaste F1 aufrufen kann. Diese Hilfe sieht bei den verschiedenen Programmen unterschiedlich aus, doch meistens gibt es ähnliche Suchmöglichkeiten wie im *Hilfe- und Supportcenter* (s.o.).

1. *Im Bild 17|2 sind die Suchtreffer in drei Kategorien eingeteilt:* Empfohlene Themen, Volltextsuche *und* Microsoft Knowledge Base. *Recherchiere, worin sich diese unterscheiden.*

2. *Suche drei Dialogfenster mit Hilfetexten. Notiere den Namen des Dialogfensters, schreib auf, wie du es aufgerufen hast, und gib einen angebotenen Hilfetext wieder. Erläutere die Hilfetexte mit eigenen Worten.*

Projekt 1	Projekt 2	Projekt 3

Entpacke eine Datei und erstelle eine sinnvolle Ordnung.

a) Lege auf deinem Computer einen neuen Ordner an und benenne ihn, z. B. „Informatikprojekt S_18_1" (▷ „Erstellen neuer Ordner" und „Umbenennen eines Objektes", S. 9). Frage deinen Lehrer, in welchem Verzeichnis du den Ordner anlegen darfst.

b) Lade die im Webangebot zum Buch angebotene Datei herunter und speichere sie im neu angelegten Ordner.　　　　WWW 018-1

c) Entpacke die Datei:
Schaue im Kontextmenü (rechter Mausklick auf die heruntergeladene Datei), ob ein Befehl zum Entpacken angeboten wird. Falls nicht, muss eine Entpacker-Software installiert werden, dazu findest du eine Linkliste unter WWW 018-1.
(Dies kann möglicherweise nur der Administrator des PCs bzw. des Netzwerkes. Frage deinen Lehrer oder deine Lehrerin.)

d) Nun liegen sehr viele Dateien unübersichtlich in dem Ordner. Räume auf: Überlege dir zuerst eine passende Ordnung (▷ „Dateiordner: Ordnung im Computer", S. 11).
Erstelle entsprechende Ordner und evtl. Unterordner und sortiere die Dateien. Ist es auch sinnvoll, manche Dateien umzubenennen?
(Anmerkung: Die Dateien haben keinen echten Inhalt. Sortiere sie entsprechend den in den Dateinamen angegebenen Inhalten.)

Projekt 1	Projekt 2	Projekt 3

Recherchiere Profitipps mit den Hilfefunktionen.

a) Informiere dich im *Hilfe- und Supportcenter* über *Windows*-Tastenkombinationen (Shortcuts). Schreibe mindestens fünf weitere Beispiele heraus, die dir besonders praktisch erscheinen, und probiere sie aus.

b) Informiere dich über vorhandene Tastenkombinationen in deinem Textverarbeitungsprogramm (z. B. *Word*). Lege außerdem selbst eigene Tastenkombinationen in *Word* fest und notiere Tastenbelegung und Funktion.

Beispiele
Windows-Tastenkombinationen:

 Mit „Alt" + *Tabulator* kann man zwischen aktiven Anwendungen wechseln.

 Mit *Windowstaste* + „M" werden alle geöffneten Fenster minimiert, sodass man den Desktop sieht.

Projekt 1   Projekt 2   **Projekt 3**

Konfiguriere eine LAN-Party. Viele Computerspiele erlauben das gemeinsame Spielen mit- bzw. gegeneinander. Zum gemeinsamen Spielen auf sogenannten **LAN-Partys** (Abk. für engl. local area network) müssen die Computer so verbunden und konfiguriert werden, dass sie miteinander kommunizieren können.

Die hardwareseitige Verbindung wird hergestellt, indem man die Netzwerkkarten aller Computer über jeweils ein Netzwerkkabel mit einem gemeinsamen Switch verbindet.

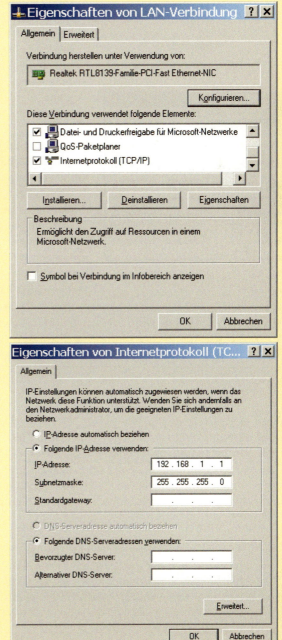

Dies reicht jedoch noch nicht, auch bei den Netzwerkeinstellungen der Rechner müssen kleinere Änderungen vorgenommen werden. Die Kommunikation der Rechner untereinander erfolgt durch das sogenannte TCP/IP-Protokoll, das nur funktioniert, wenn jeder Rechner im Netzwerk eine eindeutige, nur einmal vergebene Rechneradresse, die sogenannte **IP-Adresse**, hat.

Achtung! Notiere die eingestellten Werte der Netzwerkkarte, bevor du sie änderst. Stelle nach der LAN-Party diese Einstellungen wieder her. So funktioniert dein Computer auch nach der LAN-Party wie zuvor.

So legt man die IP-Adresse des Rechners fest:
1. Öffne das Fenster *Netzwerkverbindungen* (recherchiere ggf. im Hilfecenter, wo du dieses Fenster findest).
2. Im Kontextmenü von *LAN-Verbindung* klicke auf EIGENSCHAFTEN.
3. Das Dialogfenster *Eigenschaften von LAN-Verbindung* (▷ oberes Bild) wird geöffnet. Unter dem Punkt *Diese Verbindung verwendet folgende Eigenschaften* mache einen Doppelklick auf den Eintrag INTERNETPROTOKOLL (TCP/IP).
4. Es öffnet sich das Fenster *Eigenschaften von Internetprotokoll (TCP/IP)* (▷ unteres Bild). Hier lässt sich die IP-Adresse des Computers einstellen.

Dem ersten Rechner wird in dem Dialogfenster die IP-Adresse 192.168.1.1 zugewiesen, dem zweiten 192.168.1.2 usw.
Die ersten beiden Zahlen (192 und 168) dürfen nicht verändert werden.
Die dritte Zahl muss bei allen Teilnehmern der LAN-Party gleich und die vierte bei allen Teilnehmern unterschiedlich sein.

Jetzt sollte das Spielen im Netzwerk funktionieren!

Löschen, Papierkorb und Wiederherstellen

Löschen. Man kann Objekte löschen, indem man sie markiert und dann die „Entf"-Taste drückt. Zur Sicherheit werden die Daten dabei im Normalfall nicht unwiederbringlich gelöscht, sondern in den Papierkorb verschoben (wenn keine andere Voreinstellung getroffen wurde). **Doch Vorsicht:**

– Beim Löschen von Ordnern wird auch der Inhalt des Ordners (Dateien und Unterordner) gelöscht.
– Daten von externen Datenträgern und Netzlaufwerken werden meist nicht in den Papierkorb verschoben, sondern sofort gelöscht.
– Beim Löschen großer Datenmengen kann der Speicherplatz des Papierkorbs überschritten werden, dann werden die Dateien unwiderruflich gelöscht.
– Teile eines Dokuments, z.B. gelöschte Zeilen in einem *Word*-Dokument, werden nicht in den Papierkorb verschoben, sondern sofort gelöscht.

Papierkorb

20|1 Papierkorbsymbol auf dem Desktop

20|2 Datei aus dem Papierkorb wiederherstellen

Papierkorb und Wiederherstellen. Gelöschte, in den Papierkorb verschobene Objekte können bei Bedarf wiederhergestellt werden. Zum Wiederherstellen gelöschter Objekte geht man folgendermaßen vor:
1. Öffnen des Papierkorbs per Doppelklick.
2. Markieren des gewünschten Objektes oder mehrerer Objekte.
3. Über die Menüleiste DATEI ▶ WIEDERHERSTELLEN auswählen.

Das Objekt verschwindet aus dem Papierkorb und wird an seinen ursprünglichen Ort zurückgeschoben. Um den gesamten Inhalt des Papierkorbs endgültig zu löschen, wählt man auf dem Desktop aus dem Kontextmenü des Papierkorbs den Befehl PAPIERKORB LEEREN.

Zusammenfassung

Mit verschiedenen **Benutzerkonten** können sich mehrere Nutzer einen PC oder ein Netzwerk teilen, ohne einander zu stören. Dazu werden verschiedene **Zugriffsrechte** vergeben.

Der **Desktop** bietet eine Ablagefläche, die am besten für Verknüpfungen genutzt wird. Über das **Startmenü** kann man alle Programme starten und den Computer ausschalten bzw. sich abmelden. In der **Taskleiste** werden alle aktiven Programme angezeigt.

Mit dem *Windows Explorer* kann man alle gespeicherten **Objekte** (**Ordner** und **Dateien**) öffnen, umbenennen, verschieben und kopieren. Die Objekte werden in einer **Baumstruktur** geordnet und angezeigt. Dabei kann man zwischen verschiedenen Ansichten wählen.
Der geeignete Ort zum Speichern eigener Dateien ist meist der Ordner *Eigene Dateien*. Im Intranet kann ein anderer Ordner geeignet sein, frage deinen Lehrer.

Im *Arbeitsplatz* werden alle **Laufwerke** angezeigt. Mit der **Suchfunktion** kann man gespeicherte Objekte suchen, Unterstützung bieten **Hilfefunktionen**.
Im Regelfall werden gelöschte Objekte zunächst in den **Papierkorb** verschoben, aus dem man versehentlich gelöschte Dateien und Ordner **wiederherstellen** kann.

Das **Schulnetzwerk** ist ein **Intranet**, auch in Firmen und in Privathaushalten werden Intranets genutzt. So lassen sich viele Verwaltungsaufgaben für die angeschlossenen Computer zentral lösen. Außerdem kann man Inhalte gezielt bereitstellen und Dateien leicht miteinander austauschen, z.B. für Projektarbeit in der Schule.

Hardware und Betriebssysteme

„Es gibt keinen Grund, warum irgendjemand einen Computer in seinem Haus bräuchte." Über diesen Ausspruch des Unternehmers *Ken Olsen* von 1977 können wir heute nur noch schmunzeln. Der Computer hat heute längst unser gesamtes Alltagsleben durchdrungen. Umso wichtiger ist es, ihn nicht nur von den Anwendungen her zu kennen, sondern auch grundlegende Kenntnisse über seine Funktionsweise zu haben.

Auf dem Foto sieht man einen PC ohne Abdeckung. An der Rückwand ist das Motherboard befestigt, man sieht den Kühler des Prozessors (das schwarze Rad), rechts daneben die RAM-Riegel (Arbeitsspeicher) und unten die eingesteckten Karten. Rechts, im unteren Schubfach, sitzt die Festplatte.

In diesem Kapitel
– werden die Bestandteile eines Computersystems vorgestellt,
– wird gezeigt, wie sie nach dem Prinzip „Eingabe – Verarbeitung – Ausgabe" (EVA-Prinzip) zusammenarbeiten,
– werden die Funktionen des Betriebssystems erklärt, das die Hardware-komponenten effizient verwaltet und viele der komplexen Vorgänge im Computer ohne Zutun des Benutzers steuert.

22|1 PC ohne Abdeckung. An der hinteren Seite das Motherboard mit RAM-Riegeln, Grafik- und Soundkarte. Rechts in den Schubfächern CD/DVD-Laufwerk und Festplatte mit bunten Kabeln zur Stromversorgung und breiten, grauen Kabeln, die die Geräte mit dem Systembus auf dem Motherboard verbinden

22|2 RAM-Riegel

22|3 Eine Festplatte besteht aus mehreren dünnen Scheiben, die beidseitig beschrieben werden. Hier eine Festplatte ohne Gehäuse, bei der eine obere Scheibe hochgebogen wurde. Links der Schreib-/Lesekopf

▷ Mehr zum Thema Hardware im Band „Informatik/ITG, ab Klasse 7", auf S. 11 ff. Dort werden viele Peripheriegeräte ausführlich vorgestellt.

Hardware

Unter dem Begriff Computer versteht man heute eine universell einsetzbare, programmgesteuerte Maschine zur automatischen Datenverarbeitung. Mit dieser Maschine lassen sich die unterschiedlichsten Aufgaben bewältigen. Vom einfachen Rechnen über die Textverarbeitung bis hin zur Steuerung von Maschinen und zum Einsatz in der Medizin.

Ein Computer …
- ist **frei programmierbar**, d.h., es lassen sich beliebige Programme laden, die bei der Konstruktion des Computers noch nicht feststehen,
- hat einen **Speicher**, in dem Programme und dazugehörige Daten hinterlegt werden,
- verfügt über Anschlüsse für **Peripheriegeräte** zur Ein- und Ausgabe von Informationen, z.B. Tastatur, Maus und Bildschirm.

Beispiel:
Ein externes CD-Laufwerk lässt sich über ein USB-Kabel am Computer anschließen. Man kann nun eine beliebige CD-ROM in das Laufwerk einlegen und ein auf dieser CD-ROM gespeichertes Programm starten. Der Computer lädt das Programm und die dazugehörenden Daten in seinen Arbeitsspeicher, damit seine zentrale Recheneinheit (der Prozessor) darauf zugreifen kann. Das Programm wird nun auf dem Bildschirm ausgegeben und der Benutzer aufgefordert, weitere Eingaben mit Maus und/oder Tastatur zu machen.

Ein Computersystem besteht aus Hardware und Software:
- **Hardware sind alle mechanischen und elektronischen Bauteile.**
- **Software sind die gespeicherten Programme und Daten.**

Hardware-Komponenten. Die **Hauptplatine** (▷ Bild 25|2) (engl. **main board** oder **motherboard**) verbindet wichtige Bauteile des Computers:
- **BIOS.** In einem permanenten Speicher sind die zum Starten des Computers notwendigen Programme und Einstellungen gespeichert, das sogenannte **BIOS**. Während man die Einstellungen des BIOS ändern kann, sind die Programme in der Regel schreibgeschützt.
- **Prozessor.** Hauptbestandteil des Computers ist der Prozessor, auch **CPU** genannt (Abk. für engl. central processing unit = Zentrale Verarbeitungseinheit). Er steuert und regelt alle Prozesse im Computer und führt mathematische Operationen durch. Vor 1971 wurden für verschiedene Funktionen noch verschiedene Chips zusammengeschaltet, um einen Prozessor zu erhalten. 1971 konstruierte *Ted Hoff* von der Firma *Intel* einen Chip, der alle wesentlichen Funktionseinheiten in einem einzigen sogenannten **Microchip** vereinte. Er schaffte damit eine wichtige Voraussetzung für die heutigen, kleinen PCs.
- **Arbeitsspeicher (RAM).** Wird ein Programm gestartet, so wird es in den **RAM** geladen. Der RAM ist sehr viel schneller als die Festplatte, kann Daten jedoch nur speichern, solange er mit Strom versorgt wird. Da diese Speicherart teuer ist, ist der RAM kleiner als Festplatten.
- **Externer Speicher.** In externen Speichern wie z.B. der Festplatte werden größere Mengen an Software dauerhaft gespeichert.

Informationen und Daten, Bits und Bytes

Die Frage „Was macht eigentlich ein Computer?" lässt sich leicht beantworten: Die Liste der Aufgaben, die von Computern erledigt wird, ist lang. Schwieriger ist die Frage „Wie macht ein Computer das?". Dazu sollte man zunächst die Begriffe *Daten* und *Information* unterscheiden.

Informationen und Daten. Eine **Information** ist ein Wissen, das in einer bestimmten Situation für jemanden eine Bedeutung hat. Informationen werden im Computer durch eine Vielzahl von Kombinationen von Nullen und Einsen repräsentiert. Die so repräsentierten Informationen nennt man **Daten**. Erst wenn man weiß, wofür die Daten stehen, gewinnen sie wieder Bedeutung.

Um Daten als Information zu interpretieren, muss man den Zusammenhang kennen, in dem die Daten gespeichert wurden.

Wie werden Daten im Computer dargestellt? Ein Computer besteht aus einer Vielzahl von **Transistoren**. Ein Transistor ist ein winziger elektrischer Schalter, der zwischen zwei Zuständen unterscheidet: Er ist entweder **eingeschaltet oder ausgeschaltet**. Diesen Zuständen werden nun die Zeichen *0* (ausgeschaltet) und *1* (eingeschaltet) zugeordnet. Da es nur diese **zwei Zeichen** gibt, spricht man hier von einem **Binärsystem**.

Bits, Bytes und mehr. Ein **Bit** kann den Wert *0* oder *1* annehmen. Ein Binärwort ist eine Kombination mehrerer Bits, z. B. *1100011*. Bit wird als Einheit für die Größe von Datenmengen verwendet, sie steht für die Anzahl der Binärstellen eines Binärworts.
Ein **Byte** ist die Zusammenfassung von 8 Bit. Mit einem Byte lässt sich eine von $2^8 = 256$ verschieden Kombinationen aus Nullen und Einsen darstellen. Einheiten für größere Datenmengen:

Kilobyte (kB):   1 kB = 2^{10} Byte =   1 024 Byte
Megabyte (MB): 1 MB = 1 024 kB = 2^{20} Byte =   1 048 576 Byte
Gigabyte (GB):   1 GB = 1 024 MB = 2^{30} Byte = 1 073 741 824 Byte

Darstellung von Zeichen im ASCII-Code. Im ASCII-Code werden Buchstaben, die Ziffern von 0 bis 9 und verschiedene Sonderzeichen mit einer Zahl zwischen 0 und 255 dargestellt, also mit einem Byte.   www 023-1

Beispiele

Die Zeichenkombination *1100011* kann sowohl für die Zahl *67* als auch für das Zeichen *C* stehen. Je nachdem, ob die Folge z. B. Teil eines Namens oder einer Gewichtsangabe in Kilogramm ist, können die gleichen Daten für unterschiedliche Informationen stehen.

Achmeds *Word*-Dokument ist auf der Festplatte als eine sehr lange Folge von Nullen und Einsen gespeichert. Das Programm *Word* kennt den Schlüssel zur Decodierung der Zeichenfolge und kann sie richtig als den gestalteten Text darstellen.

Beispiel
Die Zahl 35 wird im Binärsystem als 100011 dargestellt.
Man schreibt kurz: $35_{(10)} = 100011_{(2)}$

Beispiel
Achmeds *Word*-Dokument ist mit Bildern 3,2 MB groß. Es wird also als ein Binärwort mit etwa 27 Millionen Stellen gespeichert.

1. *Wähle ein Buch und überschlage, wie viele Zeichen es pro Seite hat. Wie groß ist der Speicherbedarf, wenn der Text in den ASCII-Code übersetzt wird?*

2. *Übersetze deinen Namen zunächst in den ASCII-Code, dann als Binärwort. Sammelt eure Binärwörter in einer Gruppe und tauscht sie aus – könnt ihr die Namen wieder herausfinden?*
Beispiel:

H	a	n	s
72	97	110	115
01001000	01100001	01101110	01110011

23|1 Moderner Grafikarbeitsplatz mit Scanner und Stifttablett zum Zeichnen

EVA-Prinzip

Die Arbeitsweise eines Computers wird durch das **EVA-Prinzip** beschrieben: **E**ingabe – **V**erarbeitung – **A**usgabe (▷ Bild 24|1).

24|1 EVA-Prinzip

Eine nach dem EVA-Prinzip arbeitende Rechenanlage besteht aus fünf Funktionseinheiten (▷ Bild 24|2): Über die **Eingabeeinheit** (z. B. Tastatur) werden die Daten und das Programm eingegeben. Der **Speicher** „bewahrt" die Daten und das Programm „auf". Das **Steuerwerk** steuert den Programmablauf. Das **Rechenwerk** ist für die logischen und arithmetischen Operationen verantwortlich. Über die **Ausgabeeinheit** (z. B. Monitor) werden dem Nutzer die Daten zugänglich gemacht.

Der amerikanische Mathematiker und Computerwissenschaftler *John von Neumann* (1903–1957) entwickelte 1946 als Erster nach dem EVA-Prinzip Rechenanlagen. Das Neue daran war, neben den Daten auch das Programm in der Rechenanlage zu speichern (interne Programmspeicherung). Dadurch kann das Programm sich selbst verändern und der Computer wird vom bequemen Rechenhilfsmittel zum lernfähigen Informationssystem.

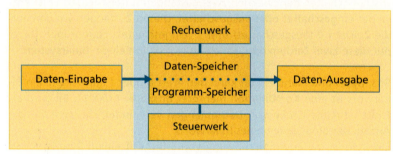

24|2 Grundschema des *Von-Neumann-Rechners*

Das EVA-Prinzip lässt sich durch folgendes Beispiel veranschaulichen: Ein Sachbearbeiter berechnet Wohngeld. Er übernimmt die Steuerung aller Vorgänge im Büro. Aus dem Eingangskorb nimmt er den Vorgang (Akte). Er überprüft die Daten und berechnet mit dem Taschenrechner die Höhe des zu zahlenden Wohngeldes. Werden weitere Daten benötigt, greift er auf Daten im Aktenschrank zurück. Den fertigen Vorgang legt er in den Ausgangskorb (▷ Bild 24|3).

1. Überlege dir, wie das Schema für den Informationsfluss
a) bei einem Geldautomaten,
b) bei einem Fahrkartenautomaten,
c) in einem Warenhaus
aufzustellen wäre.

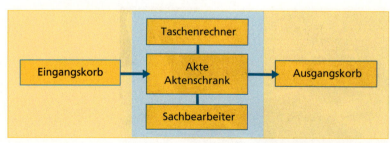

24|3 Arbeitsweise eines Sachbearbeiters

Das Grundprinzip der Datenverarbeitung lässt sich durch Eingabe – Verarbeitung – Ausgabe (EVA-Prinzip) beschreiben.

Zentraleinheit

Das Kernstück eines Computers ist die Zentraleinheit. Sie besteht aus dem **Prozessor**, den **internen Speichern**, dem **Bussystem** und der **Ein-/ Ausgabe-Einheit**. Das alles zusammen bildet den eigentlichen Computer. So ist es auch zu verstehen, wenn Fachleute sagen, dass in einer Waschmaschine oder in einem Auto ein Computer die Abläufe steuert. Die Zentraleinheit befindet sich auf der Hauptplatine (engl. motherboard oder mainboard). Die Hauptplatine besteht aus einer großen Anzahl Leiterbahnen, Steckleisten (Slots), elektronischen Widerständen, Kondensatoren und integrierten Schaltkreisen, den Chips (▷ Bild 25│3). Man kann in einem vereinfachten Schema die Schaltungen auf der Grundlage des *Von-Neumann*-Rechners gruppieren (▷ Bild 25│2).

25│1 Hauptplatine im PC

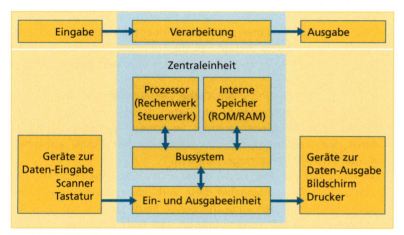

25│2 Aufbau der Zentraleinheit

Die Zentraleinheit ist für alle Verarbeitungsprozesse innerhalb des Computers verantwortlich und wird somit auch als Verarbeitungseinheit bezeichnet.

Port: Anschluss für Zusatzgeräte per Kabel.
Slot: Einsteckplatz für Steckkarten.

PCI-Slots (z. B. für Netzwerk- und Soundkarte)

Slot für Grafikkarte

Serieller Port
Parallelport

Sockel für Prozessor

Slots für RAM-Module (Arbeitsspeicher)

IDE-Ports (z. B. für Festplatten)
Floppy-Port

25│3 Hauptplatine (Motherboard; Mainboard)

Prozessor, RAM und Bus

Der Prozessor besteht aus einem Silizium-Chip. Silizium ist ein chemisches Element, welches es buchstäblich „wie Sand am Meer gibt" (zweithäufigstes Element der Erdkruste). Von Silizium (engl. silicon) leitet sich der Name des südlich von San Francisco gelegenen Tals *Silicon Valley* ab. Dieses Tal hieß früher *Santa Clara Valley* und bestand aus Obst- und Gemüseplantagen. Ab etwa 1960 siedelten sich hier Elektronikfirmen und später Computerhersteller und Softwarefirmen an.

Für die Produktion von Chips werden große Siliziumkristalle in Scheiben geschnitten. Durch eine spezielle Behandlung der Kristalle werden mit winzigen Schaltern und Leitungen elektronische Schaltungen realisiert. Aus jeder Scheibe werden Hunderte Chips produziert, die anschließend ausgeschnitten werden, daher die englische Bezeichnung *chip*, zu deutsch *Splitter*.

Die Leistungsfähigkeit von Computern wird durch verschiedene Kenngrößen beschrieben, sie hat sich kontinuierlich gesteigert (▷ Tabelle 26|1). Aus einer typischen Annonce für einen neuen Computer:

TOPSELLER
Prozessor: Intel Pentium 4 Prozessor (3,2 GHz, 2 MB Cache, 800 MHz FSB)
Arbeitsspeicher: 1024 MB DRAM
BEST PRICE
999,- Euro

Was bedeuten diese Angaben?
– Es handelt sich um einen **Intel-Pentium-Prozessor** der **4.** Generation.
– Die **Taktfrequenz** von 3,2 GHz beschreibt die Geschwindigkeit, mit der der Prozessor (die CPU) arbeitet. Sie wird durch einen Taktgenerator festgelegt, den man mit einem Dirigenten vergleichen könnte, das Orchester sind in diesem Fall die Funktionseinheiten der CPU. Dieser Prozessor kann also 3,2 Milliarden einzelne Operationen pro Sekunde ausführen.
– Unter der Bezeichnung 2 MB **Cache** versteht man die Größe eines Pufferspeichers im Prozessor, der Daten zwischenspeichert, die der Prozessor schnell wieder braucht. So können Verzögerungen, die durch den Datentransport vom Arbeitsspeicher (RAM) entstehen würden, wesentlich verringert werden.
– Der *Front Side Bus* (**FSB**) ist der direkt an die CPU angeschlossene Systembus (▷ S. 27). Je schneller diese Verbindung ist, desto schneller kann die CPU mit den angeschlossenen Bauteilen wie z. B. dem Arbeitsspeicher (RAM) kommunizieren. 800 MHz bedeutet, dass der Systembus dieses Computers 800 Millionen Zugriffe pro Sekunde schafft.
– *Dynamic Random Access Memory* (**DRAM**) bezeichnet eine besonders schnelle Art von Arbeitsspeicher (RAM).

Vorsicht Flaschenhals: Die Leistung eines Computers wird durch sein schwächstes Glied bestimmt. Das ist bei Sonderangeboten oft der Systembus, da er in der Werbung weniger augenfällig ist als z. B. die Taktfrequenz der CPU.

Wichtig für die Leistungsfähigkeit ist außerdem die **Verarbeitungsbreite** des Prozessors. Man unterscheidet zwischen 8-Bit-, 16-Bit-, 32-Bit- oder 64-Bit-Prozessoren. Die Verarbeitungsbreite beschreibt, wie lang die Binärwörter sind, die der Prozessor bearbeiten kann. Stehen die Binärwörter für Zahlen, so kann bei einer größeren Verarbeitungsbreite mit größeren Zahlen gerechnet werden. Hat ein Systembus eine höhere Verarbeitungsbreite, so können mehr Daten auf einmal geladen werden, bei 64 Bit z. B. bereits achtmal so viele wie bei einem 8-Bit-Prozessor.

Jahr	Name	Verarbeitungsbreite	Taktfrequenz	Transistoren	Jahr	Name	Verarbeitungsbreite	Taktfrequenz	Transistoren
1969	4004	4 Bit	108 kHz	2 300	1985	80386	32 Bit	33 MHz	275 000
1972	8008	8 Bit	200 kHz	3 500	1989	i486	32 Bit	100 MHz	1,6 Mio.
1974	8080	8 Bit	2 MHz	6 000	1993	Pentium	64 Bit	200 MHz	3,1 Mio.
1978	8086	16 Bit	10 MHz	29 000	2000	Pentium 4	64 Bit	2,4 GHz	42 Mio.
1982	80286	16 Bit	12 MHz	134 000	2007	Core 2 Dual	64 Bit	3 GHz	291 Mio.

26|1 Entwicklung der Prozessoren der Firma Intel

Systembus. Die Komponenten auf dem Motherboard – also die CPU, die internen Speicher und die Ein-/Ausgabe-Einheit (I/O-Ports) – sind über den Systembus miteinander verbunden. Der Systembus besteht aus **Datenbus**, **Adressbus** und **Steuerbus**:

- Die Daten zwischen CPU, RAM und Ein-/Ausgabe-Einheit werden auf dem **Datenbus** übertragen. Die Anzahl der Datenbusleitungen bestimmt, wie viele Bits pro Arbeitstakt übertragen werden können.
- Über den **Adressbus** werden die Speicheradressen der Datensendungen übertragen. Das ist – je nach Ziel – eine Adresse innerhalb des internen Prozessorspeichers, im RAM oder auch die eines peripheren Gerätes wie z. B. der Festplatte oder des Monitors.
- Der Steuerbus besteht aus je einer Leitung für *write* und *read* (engl., schreiben bzw. lesen). Der Prozessor aktiviert eine der Leitungen, um den anderen Komponenten zu signalisieren, was zu tun ist.

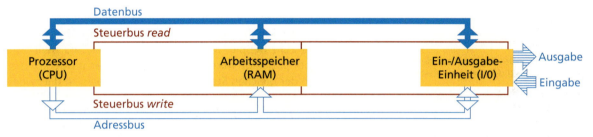

27|1 Daten-, Adress- und Steuerbus verbinden Prozessor, Arbeitsspeicher und – über die Ein-/Ausgabe-Einheit – Peripheriegeräte. Die Pfeile zeigen, ob eine Komponente über einen Bus Daten empfangen und/oder senden kann

Zusammenspiel der Busse. An einem Beispiel wird im Folgenden gezeigt, wie Prozessor, Systembus und Peripherie zusammenspielen. Francesco schreibt in ein *Word*-Dokument „toll!" und speichert es. Das Programm *Word* benutzt zunächst den Arbeitsspeicher des Computers. Die Auswahl des Menüeintrags DATEI ▶ SPEICHERN bewirkt, dass nacheinander jedes Byte des *Word*-Dokumentes auf die Festplatte kopiert wird (▷ Bild 27|1):

1. Die Ein-/Ausgabe-Einheit sendet über den Datenbus an den Prozessor den Befehl zum Kopieren und zwei Adressnummern. Die erste Adressnummer gibt den momentanen Ort des zu kopierenden Byte im Arbeitsspeicher an, die zweite den Zielort, an dem es auf die Festplatte geschrieben werden soll.
2. Der Prozessor sendet über den Adressbus die Adresse des Byte im Arbeitsspeicher und aktiviert den Steuerbus *read*.
3. Der Arbeitsspeicher sendet die Daten (den Inhalt des Byte) über den Datenbus, der Prozessor liest sie und kopiert sie in einen Zwischenspeicher im Prozessor.
4. Der Prozessor sendet über den Adressbus die Zieladresse des Byte auf der Festplatte und über den Datenbus die Daten und aktiviert den Steuerbus *write*.
5. Die Ein-/Ausgabe-Einheit schreibt die Daten auf die Festplatte.
6. Nachdem ein Byte kopiert wurde, werden beide Adressnummern um eine Stelle erhöht, um das nächste Byte zu kopieren. Der beschriebene Kopiervorgang wird erneut durchlaufen, so lange, bis alle Bytes des *Word*-Dokumentes auf die Festplatte geschrieben wurden.

Bei einer größeren Verarbeitungsbreite (▷ S. 26) kann auch mehr als ein Byte gleichzeitig kopiert werden.

Im Gegensatz zum beschriebenen Vorgehen ermöglicht **Direct Memory Access** (kurz DMA, engl., direkter Speicherzugriff), direkt von einem Speicher in einen anderen zu kopieren. Durch den Wegfall des Zwischenspeicherns wird der Prozessor entlastet und steht anderen Programmen zur Verfügung.

Was macht ein Betriebssystem?

Ein Computer ist in der Lage, sehr komplexe Rechnungen auf einfache Art durchzuführen, nämlich durch die Veränderung von „Nullen und Einsen", also den Bits in einem Speicher. Das kann er aber nur, wenn er eine genaue Schritt-für-Schritt-Anleitung bekommt, wie er diese Berechnung ausführen muss, ein **Programm**. Jedes Problem, dass ein Computer lösen soll, muss man so formulieren, dass er es auch bearbeiten kann. Diese Übersetzungsarbeit von der menschlichen Sprache in die **Maschinensprache** kann sehr mühselig sein.

Beispiel: Der Computer soll zwei Zahlen, die ein Benutzer über die Tastatur eingibt, addieren und das Ergebnis auf dem Bildschirm ausgeben. Nach dem EVA-Prinzip (▷ S. 22) scheint das Programm für diese Aufgabe klar zu sein (▷ Bild 28|1).

Aus Sicht des Computers fehlen in diesem Programm aber noch einige wichtige Angaben. Bei der Anweisung, etwas „in den Speicher" zu schreiben, muss zum Beispiel mit angegeben werden, *wo genau* im Speicher die Zahl abgelegt werden soll. Sonst kann es passieren, dass beide Zahlen an der gleichen Stelle gespeichert werden und die zweite Zahl die erste einfach überschreibt. Außerdem braucht der Computer Anweisungen, wie er eine Eingabe von der Tastatur verarbeiten kann.

Eingabe	Zwei Zahlen von der Tastatur in den Speicher schreiben
Verarbeitung	Beide Zahlen addieren
Ausgabe	Das Ergebnis auf dem Bildschirm ausgeben

28|1 Programm zur Addition zweier Zahlen

Begriffliches
Prozessor, **Hauptprozessor** und **CPU** (Abk. für engl. central processing unit) werden gleichbedeutend verwendet.

Microsofts *Windows* dominiert zwar den Markt der Betriebssysteme, ist aber bei weitem nicht das einzige. Ein beliebter Konkurrent ist *Linux*, das im Gegensatz zu *Windows* beliebig kopiert und sogar verändert werden kann (Prinzip des **Open Source**, engl., offener Quellcode).
Außerdem gibt es noch eine andere Klasse von Betriebssystemen: **Echtzeitsysteme**, die für die Kleincomputer, etwa in Autos oder Flugzeugen, eingesetzt werden (z. B. *VxWorks* oder *OSKE*). Für solche Systeme gelten andere Anforderungen als für einen PC: sehr kurze Reaktionszeiten und Sicherheit für Extremfälle anstatt der Optimierung des Normalfalls. Dafür ist eine sehr hardwarenahe Programmierung nötig.

Neben der Addition muss der Computer also noch eine Reihe komplexer Zusatzaufgaben erfüllen. Viele dieser Aufgaben treten immer wieder auf und sind stark von der eingesetzten Hardware abhängig. Damit die Benutzer und Programmierer sich nicht jedes Mal aufs Neue mit diesen Problemen beschäftigen müssen, wurden **Betriebssysteme** entwickelt.

Ein Betriebssystem ist eine Sammlung von Programmen, die eine effiziente und reibungslose Benutzung des Computers ohne detaillierte Hardwarekenntnisse ermöglichen sollen.

Einige wichtige Aufgaben von Betriebssystemen wurden schon angesprochen: **Speicherverwaltung** und **Kommunikation mit den Peripheriegeräten** wie Tastatur und Bildschirm.
Damit der Computer mehrere Programme ausführen kann, ist außerdem die **Verwaltung der CPU-Zeit** wichtig. Das Betriebssystem teilt den Programmen die CPU für eine bestimmte Zeit zu. So können sogar mehrere Programme gleichzeitig laufen, die dann je nach Bedarf abwechselnd die CPU nutzen (**Multitasking**).
Alle diese Betriebsmittel (Speicher, CPU-Zeit, Geräte) sollen effizient genutzt werden, andererseits muss das Betriebssystem **Konflikte vermeiden**. So darf im obigen Beispiel zur Addition der Speicherbereich, in dem die Zahlen zur Addition abgelegt wurden, von keinem anderen Programm benutzt werden.
Und schließlich stellt das Betriebssystem eine **Benutzerschnittstelle** zur Verfügung, die es erlaubt, den Rechner mit intuitiven Befehlen (z. B. Doppelklick auf ein Symbol zum Starten eines Programms) zu steuern. So kann man den Computer benutzen, etwa um einen Brief zu schreiben, ohne Maschinensprache lernen zu müssen.

Geschichte der Betriebssysteme

Die Entwicklung der Betriebssysteme hängt eng mit der Entwicklung der Betriebsmittel zusammen, die es zu verwalten gilt. Die ersten Rechner in den 1940ern hatten noch kein Betriebssystem. Diese riesigen Maschinen wurden von der gleichen Personengruppe programmiert und bedient, die sie auch entworfen und gebaut hatte. Programme und Daten wurden über **Lochkarten** eingelesen (▷ Bild 29|1), die vom Rechner eine nach der anderen abgearbeitet wurden. Mit der Zeit entstanden erste **Systemprogramme**, wie Steuerungsprogramme für die Kartenleser und Drucker, die man in verschiedene andere Programme einbinden konnte.

Die Lochkarten wurden von Hand eingelesen, was im Vergleich zu den eigentlichen Berechnungen sehr lange dauerte. Damit die teuren Rechner nicht zu lange ungenutzt blieben, wurden Menschen eingestellt, die als professionelle **Operatoren** gleichartige Aufgaben zu Stapeln (engl. **batches**) zusammenfassten. Schließlich wurde die Abfolge von Programmen durch ein einfaches **Monitorprogramm** namens *FMS* automatisiert. Mit Hilfe von Steuerkarten konnte dieses Programm Aufträge starten und beenden und Programme und Daten voneinander abgrenzen (▷ Bild 29|2). Das war der Anfang der Betriebssysteme.

In den 1950er und 60er Jahren kamen **Arbeitsspeicher** in Gebrauch. Damit konnte man auch Programme und Daten einlesen, die nicht sofort verarbeitet wurden. Das Betriebssystem musste nun auch diesen Speicher verwalten. Außerdem wurde es möglich, mehrere Programme gleichzeitig im Speicher zu halten und diese nicht mehr nacheinander abzuarbeiten, sondern die Prozessorzeit in kleine Einheiten zu zerlegen (engl. **time slicing** = Zeitscheibenverfahren) und diese den Programmen im Wechsel zuzuteilen (▷ Bild 29|3). Das führte zu einer wesentlich besseren Auslastung der CPU, organisiert vom Betriebssystem. *CTSS* und *OS/360* waren zwei der ersten Systeme, die das leisteten.

Ab den 1980ern wurden Computer zu **PCs** (Abk. für engl. personal computer), die von jedermann über eine **Benutzerschnittstelle** bedient werden konnten. Betriebssysteme wie *Macintosh OS*, *MS-DOS*, *Windows* oder *Linux* stellen so eine Schnittstelle zur Verfügung, über die der Benutzer mit dem Computer interagieren kann. Dazu muss das System schnell auf Tastatur- oder Mauseingaben reagieren. Benutzerorientierte, interaktive Betriebssysteme sind seither der Regelfall.

29|1 Lochkarte: Jede markierte Position entspricht einem Bit

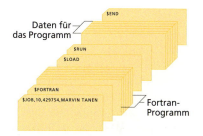

29|2 Kartenstapel mit Steuerkarten für das Fortran Monitor System (FMS)

1. *Betrachte dein Betriebssystem bei der Arbeit: Lass dir alle Prozesse anzeigen, die auf deinem Rechner laufen.*
Öffne dazu den Task-Manager über das Kontextmenü der Taskleiste (mit rechter Maustaste auf die Taskleiste klicken). Im Task-Manager klicke auf den Karteireiter PROZESSE.
Welche Prozesse kannst du einem Programm zuordnen? Recherchiere die Funktion eines dir unbekannten Prozesses.

2. *Wie viel Hauptspeicher und CPU-Leistung verbraucht dein Rechner gerade? Dies wird im* Task-Manager *auf der Registerkarte* SYSTEMLEISTUNG *angezeigt. Wie ändern sich die Werte, wenn du ein Programm aufrufst oder etwas anderes tust?*

29|3 Prinzip des time slicing: Die CPU wird abwechselnd von mehreren (hier zwei) Programmen und dem Betriebssystem genutzt

Abstraktionsschichten: Aufbau eines Betriebssystems

Begriffliches

Maschinensprache: ist die „Sprache", in der die Hardware arbeitet. Sie besteht nur aus Bitfolgen, also Folgen aus Nullen und Einsen (bzw. *Spannung an* und *Spannung aus*).

Höhere Programmiersprachen: wurden entwickelt, um das Programmieren zu erleichtern. Sie arbeiten mit Schlüsselwörtern und Symbolen statt mit Bitfolgen. Beispiele für höhere Programmiersprachen sind *C, PASCAL, BASIC, Delphi* (▷ S. 157) und *Java*.

Compiler (engl. to compile = zusammenstellen): übersetzt Programme von einer höheren Programmiersprache in Maschinensprache. Der Compiler muss dafür an das jeweilige Betriebssystem angepasst sein.

Eine wichtige Aufgabe von Betriebssystemen ist es, Vorgänge im Computer hinter einfachen Befehlen zu verbergen. Diese Befehle sind aus Sicht des Rechners **abstrakt**, denn sie beziehen sich nicht direkt auf die konkreten Vorgänge im Speicher oder in der CPU, sondern müssen erst in die Maschinensprache übersetzt werden. Diese Abstraktion ist auch für die Programmierer nützlich. Viele Programme sind nicht auf der Ebene einzelner Bits geschrieben. Für komplexere Aufgaben ist es sogar nötig, in abstrakten Befehlen zu denken, um nicht den Überblick zu verlieren (▷ Bild 28|1). Andererseits darf der Bezug zur Hardware des Computers auch nicht verloren gehen.

Um dieses Dilemma zu lösen, sind Betriebssysteme meist in mehrere **Abstraktionsschichten** unterteilt. Jede dieser Schichten besteht aus einem Satz von Programmen, die Befehle eines bestimmten Abstraktionsgrads bereitstellen. Diese Befehle werden nur von der nächst höheren Schicht genutzt und wirken auch nur auf die nächst niedrigere Schicht.

Beispiel: Ein Drucker zeichnet einen Punkt, indem Motoren seinen Druckerkopf auf eine Stelle des Papiers setzen und Farbe oder Toner freisetzen. Ein Zeichenprogramm, das den Drucker direkt ansteuern will, müsste genaue Angaben über die Technik des Motors und der Druckkartusche haben und diese in eine Angabe von Zentimetern und in einen Farbton des Punktes umrechnen. Aber nur der Hersteller des Druckers kann so ein Programm schreiben. Außerdem könnte dieses Programm nur mit diesem speziellen Drucker verwendet werden und ein Fehler im Programm könnte das Gerät beschädigen, wenn zum Beispiel ein Punkt angesteuert wird, der vom Druckerkopf nicht erreicht werden kann, und der Kopf dann gegen die Innenwand des Druckers schlägt.

Gerätetreiber. Diese Probleme werden gelöst, wenn der Hersteller des Druckers einen **Gerätetreiber** programmiert, der für die Steuerung der Hardware **abstrakte Befehle** zur Verfügung stellt. Mit einem solchen Befehl könnten Programme die Grenzen des Druckbereichs durch Zahlenwerte festlegen. Ein anderer Befehl ermöglicht dann das Drucken eines Punkts an einer Position, die auf diese Grenzen Bezug nimmt. So kann die Anwendungsschicht (im Beispiel das Zeichenprogramm) diese Befehle nutzen, um den Drucker indirekt zu steuern (▷ Bild 30|1).

Wenn die Hersteller ihre Drucker mit gleich aufgebauten abstrakten Befehlen ausstatten, funktioniert das Zeichenprogramm mit verschiedenen Druckern. Der Programmierer des Anwendungsprogramms muss sich nicht mit technischen Details der Hardwareschicht auskennen und Fehler werden in der Treiberschicht abgefangen. Wegen dieser Vorteile werden Treiberprogramme in fast allen Betriebssystemen verwendet.

Abstraktionsschichten stellen in der Informatik eine typische Denkweise dar: Die Komplexität einer Aufgabe (wie die Steuerung eines Computers) wird beherrschbar, wenn man sie nicht als Ganzes angeht, sondern in kleinere Probleme zerlegt, die hierarchisch aufeinander aufbauen. Ähnliche Konzepte kommen auch in der Objektorientierten Modellierung (▷ S. 147 ff.) und in der Datenübertragung (▷ S. 98 f.) vor.

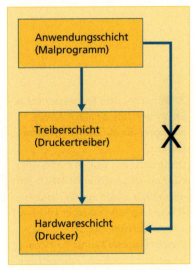

30|1 Abstraktionsschichten am Beispiel eines Druckertreibers. Die Anwendungsschicht kann nicht direkt auf die Hardwareschicht zugreifen

1. Überlege einen abstrakten Befehl, den ein Festplattentreiber einem Anwendungsprogramm zur Verfügung stellen könnte.

Als Beispiel werden nun zwei Betriebssysteme untersucht, die auf unterschiedliche Weise in Abstraktionsschichten unterteilt sind.

MS-DOS. Microsofts *Disc Operating System* (engl., Diskettenbetriebssystem) kennt drei Abstraktionsschichten oberhalb der Hardware (▷ Bild 31|1). Die Schicht der Gerätetreiber wird als **BIOS** bezeichnet (Abk. für engl. Basic Input/Output System = grundlegendes Eingabe-/Ausgabe-System). Darüber liegt das eigentliche **DOS**, das ein **Dateisystem** bereitstellt. Damit kann man auf Disketten und Festplatten mit Dateien und Ordnern arbeiten statt mit Speicherblöcken. Den Abschluss bildet die **Anwendungsschicht**, die der Benutzer durch Eingabe von Textkommandos steuert.
Die Schichtung ist aber nicht konsequent. Anwendungsprogramme können die nächst gelegene Schicht, die DOS-Ebene, benutzen, aber auch direkt auf die Hardware zugreifen. Mit dem direkten Hardwarezugriff werden Programme schneller, z. B. beim Zugriff auf die Grafikkarte.
Der Preis für die höhere Geschwindigkeit ist eine größere Fehleranfälligkeit des Systems: Ein Programmfehler kann das gesamte Betriebssystem zum Absturz bringen.

Anwenderprogramm (COMMAND.COM, WORDSTAR)
MSDOS (Dateisystem)
BIOS (Gerätetreiber)
Hardware (Prozessor, Speicher, Geräte)

31|1 Abstraktionsschichten unter MS-DOS

Windows NT. *Windows NT* und seine Nachfolger benutzen hingegen eine differenziertere und konsequente Schichtung (▷ Bild 31|2):
Oberhalb der Gerätetreiber befindet sich ein **Kernel** (engl., Kern), der die Ressourcen des Systems verteilt, darüber Systemdienste, die diese Verteilung verwalten, verschiedene Subsysteme, mit denen auch ältere DOS- und *Windows*-Programme ausgeführt werden können, und schließlich die Anwendungsschicht.
Die vollständige Trennung der Schichten bewirkt eine enorme Steigerung der **Systemsicherheit**: Stürzt ein Programm ab, bleiben die darunter liegenden Schichten davon unberührt.

OS/2-Programme	Win32-Anwendungen		DOS-Programme	Win16-Anwendungen	Posix-Programme	
		Andere DLLs	DOS-System	Windows on Windows		user mode
OS/2-Subsystem	Win32 Subsystem				POSIX 1 Subsystem	
Systemdienste						
Ein-/Ausgabe-Manager	Objektmanager/Security Resource Manager/ Virtual Memory Manager				Window-Manager	kernel mode
	Mikrokernel					
Gerätetreiber	Hardware-Abstraktions-Schicht (HAL)				Grafiktreiber	
Hardware (Prozessor(en), Speicher, Geräte)						

31|2 Abstraktionsschichten unter Windows NT

Neuere *Windows*-Versionen sind ähnlich aufgebaut wie *Windows NT.*

Inkonsequente Trennung der Schichten bei *MS-DOS*: Die DOS-Schicht hat nur direkten Zugang zur BIOS-Schicht. Anwendungen können aber auf alle Schichten zugreifen.

1. *Recherchiere im Internet, welchen Zweck die einzelnen Schichten bei* Windows NT *erfüllen.*

Konsequente Trennung aller Schichten bei *Windows NT*: Es wird strikt zwischen dem Benutzermodus (engl. user mode) und dem privilegierten Kernmodus (engl. kernel mode) unterschieden. Da Anwendungen nur im *user mode* laufen, können sie das System nicht zum Absturz bringen. Allerdings ist dies ein Problem für grafikintensive Programme (z. B. Spiele), die schnellen Zugriff auf die Grafikkarte brauchen. Erst in *XP* wurde dieses Problem gelöst.

| Projekt 1 | Projekt 2 | Projekt 3 |

Leistungs-Check.

a) Erstelle eine Liste mit Programmen (Spiele, Textverarbeitung, Webbrowser usw.) und ihren Anforderungen an den Computer. Welche CPU-Taktrate wird benötigt? Wie viel Haupt- und Festplattenspeicher? Brauchen sie eine Soundkarte oder ein Internetanschluss? Die Angaben stehen auf der Verpackung bzw. in der Anleitung der Software oder im Internet.

b) Erstelle eine Tabelle mit den Programmen als Zeilen und den Hardwarekomponenten als Spalten. Trage in jede Tabellenzelle die Anforderung des Programms an die jeweilige Hardware ein. Vergleiche: Welche Programme brauchen besonders viel Hauptspeicher oder eine gute Grafikkarte? Welche Anforderungen müsste ein Computer erfüllen, der für Büroarbeiten oder zum Spielen gedacht ist?

c) Finde die Leistungsdaten und Hardwaredetails deines eigenen Rechners heraus. Benutze dazu das Programm *System* in der Systemsteuerung und den *Arbeitsplatz*. Vergleiche diese Daten mit der Tabelle aus Aufgabe (a). Welche der Programme sind auf deinem Computer lauffähig?

d) Sammle Angebote für Computer und vergleiche die Angaben mit den Hardwareanforderungen aus Aufgabe (a). Welche Angaben bekommt man gut raus, welche weniger gut oder gar nicht? Informiere dich bei einem Computerhändler oder im Internet, welche Angaben für die Leistung des Computers wichtig sind. Warum werden sie nicht alle beworben?

Mindestvoraussetzungen:

- Windows® 95/98/ME/2000/XP mit DirectX 8.0 (oder höher)
- Pentium II 350MHz (oder schneller) oder AMD K6-III 400 MHz
- 64 MB Arbeitsspeicher
- 4fach CD-ROM-Laufwerk
- DirectX-kompatible Soundkarte
- DirectX-kompatible Grafikkarte
- 100 % Microsoft-kompatible Tastatur und Maus

Empfohlene Voraussetzungen:

- Windows XP
- Pentium III 500 MHz (oder schneller) oder AMD Duron oder Athlon
- 128 MB Arbeitsspeicher
- 16fach CD-ROM-Laufwerk oder DVD-Laufwerk
- Breitband (Kabel/DSL) Verbindung für den Mehrspielermodus

| Projekt 1 | Projekt 2 | Projekt 3 |

Kampf der Betriebssysteme. Bestimmt hast du schon von Kritik an der Firma *Microsoft* und ihrem Betriebssystem *Windows* gehört. *Microsoft* nutze seine Marktmacht, um Anwendungsprogramme von Konkurrenzfirmen zu verdrängen, heißt es, oder spioniere gar Daten von den Computern aus, auf denen *Windows* installiert ist.

Linux wird als Alternative zu *Windows* gehandelt. Es ist kostenlos und es wird gesagt, es sei sicherer gegenüber Angriffen aus dem Internet. Von der anderen Seite wird *Linux* mangelnde Benutzerfreundlichkeit vorgeworfen und behauptet, *Windows* sei seit der Version *Windows NT* wesentlich sicherer gegenüber Systemabstürzen geworden.

Untersuche diese Argumente. Benutze dazu eigene Erfahrungen und die deiner Freunde und recherchiere im Internet. www 032-1
Diskutiere mit deinen Mitschülern die Frage: „Welches ist das bessere Betriebssystem?".
Ergebnis könnte z. B. ein Plakat sein, das auf einige der folgenden Gesichtspunkte eingeht:
- Benutzerfreundlichkeit
- Kosten
- Sicherheit gegenüber Systemabstürzen und Angriffen aus dem Internet
- Support
- Sicherheit der eigenen Daten
- Unterstützung von Computerhardware
- Programme, die auf dem Betriebssystem laufen

Steckkarte einbauen. Erweitere deinen Rechner um eine Steckkarte. Beispiele für solche Karten sind: Soundkarten, Netzwerkkarten oder USB-Karten, die für deinen Rechner zusätzliche USB-Anschlüsse bereitstellen.

Bild 1

Bild 2

Bild 3

Abhängig von der Art der Karte ist der Einbau etwas unterschiedlich. Die folgenden Schritte sind aber immer gleich.

Erkundige dich vor (!) dem Kauf, ob die Karte mit deinem Motherboard zusammenpasst. Zeige dazu dem Computerhändler die Anleitung deines Computers.

a) Trenne den PC vom Stromnetz und entferne alle Kabel aus der Rückwand. Merke dir dabei gut, welche Kabel in welche Buchsen gehören.

b) Schraube mit einem Schraubendreher die äußeren Schrauben von der Hinterwand ab und entferne vorsichtig Seitenwände und Deckenwand des Rechners. Lege den PC auf die Seite, sodass du die Hauptplatine mit den bereits vorhandenen Karten sehen kannst (▷ Bild 1).

c) An der Innenseite der Hinterwand sind metallene Abdeckungen für die einzelnen Steckplätze angeschraubt. Wähle einen freien Steckplatz für die Karte aus und schraube die Abdeckung ab. Beachte bei der Auswahl auch die Einbauanleitung der Karte.

d) Setze die Karte so in den Steckplatz, dass ihre Kontakte auf der Hauptplatine aufliegen (▷ Bild 2). Drücke sie sanft in den Steckplatz, bis es nicht mehr weiter geht. Schraube dann ihre Halterung an der Rückwand fest (▷ Bild 3).

e) Schaue in der Einbauanleitung nach, ob du noch weitere Schritte ausführen musst. Wenn nicht, setze die Wände wieder ein und schraube sie fest. Stecke alle Kabel wieder in die Rückwand ein.

f) Starte den PC. Normalerweise erkennt er die Karte automatisch oder du musst eine mitgelieferte CD einlegen. Folge den Anweisungen auf dem Bildschirm, bis die Karte vollständig installiert ist.

Zusammenfassung

Hardware

Ein **Computer** ist eine Maschine, die in der Lage ist, **Daten** zu verarbeiten, komplexe Rechnungen in sehr kurzer Zeit auszuführen und so verschiedene Aufgaben zu bewältigen. Damit er rechnen kann, benötigt ein Computer eine zentrale Verarbeitungseinheit (**CPU**, auch **Prozessor** genannt) und einen **Speicher**, in dem er die Daten bereithalten kann.

Verschiedenste **Informationen** wie Texte, Zahlen, Bilder usw. werden im Computer alle als **Binärzahlen** dargestellt, also als lange Reihen aus Nullen und Einsen.
Jede einzelne Null oder Eins wird als **Bit** und eine Folge von acht Bits als **Byte** bezeichnet. Viele einfache Zeichen wie Buchstaben und Ziffern lassen sich schon mit einem einzigen Byte darstellen (**ASCII-Code**).

Der Computer kann diese Daten verarbeiten, indem er mit den Binärzahlen rechnet. Dies geschieht mit einem Satz von Steuerbefehlen, die in einem **Programm** zusammengefasst sind.

Ein Computer zeichnet sich dadurch aus, dass die Abfolge von Befehlen beliebig bestimmt werden kann (**freie Programmierbarkeit**) und dass die Programme im selben Speicher aufbewahrt werden wie die Daten (**Von-Neumann-Prinzip**).
Außerdem stellt er eine **Schnittstelle** zu **Peripheriegeräten** wie Tastatur, Monitor und Drucker zur Verfügung.
Solche Schnittstellen ermöglichen die Datenverarbeitung nach dem **EVA-Prinzip**: Eingabe – Verarbeitung – Ausgabe.

Betriebssysteme

Das Zusammenspiel all dieser Komponenten wird vom **Betriebssystem** gesteuert. Das Betriebssystem ist eine Sammlung von Systemprogrammen, die einzelnen Anwenderprogrammen die **Betriebsmittel** Speicher, CPU-Zeit und Peripheriegeräte zuweist und dabei zum einen möglichst **effizient** vorgeht, zum anderen aber auch **Konflikte verhindern** muss.

Die meisten dieser Aufgaben laufen ohne Zutun des Benutzers ab, für den das Betriebssystem eine **Benutzeroberfläche** zur Verfügung stellt.

Damit auch Programmierer nicht immer auf der Ebene von Bits und Bytes arbeiten müssen, sind Betriebssysteme in **Abstraktionsschichten** unterteilt. Jede Schicht stellt dabei abstrakte Befehle zur Steuerung der direkt darunter liegenden Schicht (d. h. hardwarenäheren Schicht) zur Verfügung. Ein wichtiges Beispiel ist die Schicht der **Gerätetreiber**.

Betriebssysteme werden immer nah an den Anforderungen aktueller Computersysteme entwickelt. Während frühe Rechenmaschinen noch auf Betriebssysteme verzichten konnten, sind sie heute die Grundlage für den modernen Multitasking-PC, der in vielen Haushalten zu finden ist.

Urheberrecht, Datensicherheit, Datenschutz

„In meinen Fotos von Robbies Konzert steckt die Arbeit von mehr als einem Tag: die Vorbereitung, das Konzert, dann die Auswahl und Nachbearbeitung der Fotos, die Verhandlungen mit den Agenturen ... Es ärgert mich schon, wenn jemand meine Fotos einfach auf seine Website stellt, ohne mir etwas zu bezahlen. Wovon soll ich denn meine Wohnung, mein Essen und meine Kamera zahlen – oder soll ich auch hoffen, dass es niemand merkt, wenn ich nicht zahle?
Das Problem hat Robbie mit seinen Songs genauso. Und noch schlimmer ist es für die vielen nicht so bekannten Musiker, Fotografen, Schriftsteller ..."

In diesem Kapitel geht es um drei Themen, die bei der Arbeit mit dem Computer immer wieder wichtig sind:
– Urheberrecht: Was darf man mit fremden Werken tun, was nicht? Diese Gesetze nicht zu beachten, kann sehr teuer werden.
– Datensicherheit: Wie wichtig geeignete Sicherungsmaßnahmen sind, merkt mancher erst, wenn seine Daten bereits verloren sind.
– Datenschutz: Das Ausleuchten der eigenen Privatsphäre kann fatale Folgen haben. Daher sollte man vorsichtig mit den eigenen Daten umgehen.

Urheberrecht

Der Urheber kann Rechte zur Nutzung und Verwertung seines Werkes (**Lizenzen**) verkaufen oder kostenlos anderen überlassen. Oft übernehmen Agenturen (z. B. Bildagenturen) den Verkauf der Lizenzen. Einige wichtige **Nutzungs- und Verwertungsrechte**:
– Vervielfältigungsrecht (Recht, das Werk zu kopieren),
– Bearbeitungsrecht (Recht, das Werk zu verändern),
– Weiterentwicklungsrecht,
– Verfilmungsrecht,
– Senderecht.

Das **Urheberrecht** (engl. **Copyright**) schützt die geistigen Werke, Leistungen und finanziellen Interessen der Personen und Firmen, die z. B. ein Musikstück komponiert, ein Bild oder Foto angefertigt oder eine Computersoftware programmiert haben. Wer ein urheberrechtlich geschütztes Werk z. B. kopieren oder veröffentlichen will, benötigt das Einverständnis des Urhebers, eine sogenannte **Lizenz** (lat. licere = erlaubt sein).

Das Urheberrecht an eigenen Werken hat man automatisch, man muss es weder anmelden noch durch einen Copyrighthinweis © deutlich machen. Es erlischt erst 70 Jahre nach dem Tod des Urhebers. Werke, die nicht unter das Urheberrecht fallen, z. B. bestimmte amtliche Schriftstücke, und Werke, deren Urheber vor mehr als 70 Jahren gestorben ist, werden **gemeinfrei** genannt. Doch Vorsicht, dieser Begriff wird oft falsch gebraucht, sodass diese Bezeichnung irreführend sein kann.

Der **Werkgenuss**, also z. B. das Lesen eines Buches oder das Hören von Musik, ist grundsätzlich frei. Für andere Zwecke, z. B. zum Veröffentlichen eines Bildes in einem Buch oder auf einer Webseite, benötigt man in der Regel eine Lizenz (▷ Randspalte).

Für bestimmte private und das Interesse der Allgemeinheit berührende Zwecke gibt es Gesetze, die das Urheberrechts einschränken, z. B. das Recht, Werke zu zitieren, und das Recht zur Berichterstattung über aktuelle Geschehnisse.

Begriffliches
Die Begriffe **public domain**, **gemeinfrei**, **lizenzkostenfrei** und **lizenzfrei** werden unterschiedlich – oft auch falsch – verwendet. Informiere dich genau über die jeweiligen Bedingungen, wenn du ein entsprechend gekennzeichnetes Werk z. B. für deine Website nutzen willst.

Texte aus Büchern und dem Internet dürfen weder ganz noch teilweise abgeschrieben bzw. kopiert werden. Mit ihnen kann man sich aber über Themen informieren, um anschließend den Text zusammenzufassen oder einen Text mit eigenen Erkenntnissen zu formulieren.

Kurze Textausschnitte darf man ohne Einverständnis sogar zu kommerziellen Zwecken zitieren. **Zitate** und Zusammenfassungen sind deutlich zu kennzeichnen und mit einer **Quellenangabe** zu versehen:
– Für Buchquellen gibt man Buchtitel, Namen des Verfassers, Erscheinungsjahr, Auflage und Seite des verwendeten Textes an.
– Zitate aus dem Internet belegt man mit Internetadresse, Autor und dem Datum, an dem der Zitierende die Webseite aufgerufen hat.

▷ Unter www **036-1** findest du eine Linkliste zu Fotodatenbanken mit freien Fotos.

Bilder und Fotos darf man nur dann ohne Absprache mit dem Urheber verwenden, wenn sie ausdrücklich entsprechend gekennzeichnet sind. In der *Wikipedia* findet man sehr viele gemeinfreie Bilder. Die Bildersuche bei *Google* liefert dagegen viele urheberrechtlich geschützte Bilder. Auch Zeichnungen und Grafiken wie **Logos** und **Comicfiguren** sind geschützt und dürfen nicht ohne Genehmigung veröffentlicht werden, auch dann nicht, wenn sie abgemalt wurden.

1. *Begründe die Notwendigkeit, geistiges Eigentum zu schützen.*

2. *Wodurch schränken die Rechte zum Zitieren und zur Berichterstattung das Urheberrecht ein? Welchen Sinn haben diese Einschränkungen?*

Alle geistigen Werke (z. B. Texte, Filme, Fotos, Software) unterliegen dem Urheberrecht und dürfen nur mit ausdrücklichem Einverständnis des Urhebers (einer Lizenz) kopiert oder veröffentlicht werden. Ausnahmen sind Textzitate mit Quellenangabe und ausdrücklich als frei verfügbar gekennzeichnete Werke.

Privater Gebrauch und Veröffentlichung

Für manche Zwecke darf man urheberrechtlich geschütztes Material auch ohne ausdrückliche Erlaubnis verwenden.

Privater Gebrauch. Als **Privatkopien** gelten Kopien, die für den eigenen Gebrauch, Familienangehörige und enge Freunde angefertigt werden. Privatkopien dürfen außerhalb dieses Personenkreises nicht verschenkt, verkauft oder getauscht werden.
Für den privaten Gebrauch darf man z. B.:
- von einer **Musik-CD** oder einer **Film-DVD** eine digitale Kopie anfertigen, sofern sie keinen Kopierschutz hat.
- **Zusammenstellungen** mit gemischter Musik anfertigen (engl. Sampler), z. B. für den MP3-Player oder das Autoradio.
- Mitschnitte aus Fernsehen und Radio erstellen und Zeitungsartikel kopieren.

Kopierschutz. Besondere Regelungen gelten für Daten, die mit einem Kopierschutz versehen wurden.
- Der Verkauf, der Besitz und die Nutzung von **Programmen**, die einen Kopierschutz umgehen, sind verboten.
- Von Musik-CDs und Film-DVDs mit Kopierschutz sind auch für den privaten Gebrauch keine Kopien erlaubt.

Öffentlichkeit. Illegale Kopien der Öffentlichkeit zugänglich zu machen, kann mit hohen Geldbußen bestraft werden.
- Kopien urheberrechtlich geschützter Angebote (z. B. Software, Musik und Filme) darf man nicht in **Internet-Tauschbörsen** anbieten.
- In **Tauschbörsen** werden oft illegal angefertigte Kopien angeboten, diese dürfen nicht heruntergeladen werden.
- Auf der **eigenen Website** darf man urheberrechtlich geschützte Medien (Bilder, Filme, Texte usw.) nur in Absprache mit den Rechteinhabern zeigen oder zur Verfügung stellen.
- Vor dem Verfassen von Beiträgen in einem **Wiki** oder in **Blogs** und **Foren** sollte man sich in den entsprechenden Rubriken der Websites über die Bestimmungen zum Urheberrecht informieren.

In der Schule. Der Einsatz urheberrechtlich geschützter Werke ist auch im schulischen Bereich öffentlich, aber nicht kommerziell. Er unterliegt dem Urheberrecht, aber es gelten geringfügige Ausnahmen:
- Der Gebrauch eines Werkes innerhalb einer Schulklasse (oder einem nur der Schulklasse zur Verfügung stehenden Intranetordners) wird ähnlich wie der private Gebrauch beurteilt.
- Mitschnitte des Schulfernsehens und Filme, die von Medienzentren u. Ä. geliehen wurden, dürfen gezeigt werden.
- Fernsehmitschnitte dürfen nur von aktuellen Nachrichtensendungen, Bundestagsdebatten und ähnlichen Sendungen gezeigt werden.

Vorsicht mit Bildern, Musik, Texten u. Ä. auf der eigenen Website. Diese Werke sind meist urheberrechtlich geschützt, auf eine unrechtmäßige Verwendung können hohe finanzielle Ansprüche folgen.

Sollten Ansprüche wegen Verletzung des Urheberrechtes gegen dich erhoben werden, gilt es, schnell zu reagieren. Hole dir Beratung von einem Anwalt oder einer Verbraucherschutzzentrale.

Kurioses
Die Rechtslage ist in vielen Punkten umstritten und zum Teil sogar in sich widersprüchlich. Beispiele:
- Für urheberrechtlich geschützte Medien gilt: Die private Nutzung von Kopien ist erlaubt, ihre Herstellung aber verboten.
- Von Software (z. B. PC-Spiele), die man im Original besitzt, darf man auch dann eine Sicherungskopie erstellen, wenn sie einen Kopierschutz hat. Allerdings ist die Nutzung entsprechender Kopierprogramme verboten.

Sich von Ideen anderer Werke **anregen** zu lassen und sie aufzugreifen, ist erlaubt und wichtiger Bestandteil unserer Kultur. Komponisten aller Zeiten haben Melodien ihrer Vorgänger aufgegriffen, Goethes *Faust* basiert auf älteren Theaterstücken usw. Die Grenze zwischen illegalem Plagiat und legitimer Anregung ist allerdings fließend.

Die Rechtslage ist international unterschiedlich und kann sich verändern. Alle Darstellungen beziehen sich auf deutsches Urheberrecht. Sie sind sorgfältig recherchiert, trotzdem können wir keine Gewähr für Aktualität und Richtigkeit übernehmen.

Unter www **037-1** findest du eine Linkliste zur Rechtslage.

Datensicherheit auf dem eigenen PC

Gefahren

Beispiele
Einige Schlagzeilen zum Thema:

„Blaster" – Der Angriff aus dem Internet
Computervirus: Weltweit stürzen die Rechner ab. Wo es Hilfe gibt.
(*Hamburger Abendblatt*, 15.08.03)

Neuer Telekom-Trojaner im Umlauf – Als Rechnung getarnter Schädling will Schadcode nachladen.
(*www.computerwoche.de*, 30.08.06 um 11:14 Uhr)

Trojaner in angeblicher Ikea-Rechnung versteckt
(*Berliner Zeitung*, 24.02.07)

Phishen im Netz – Mit E-Mails versuchen Betrüger, an die Zugangsdaten für Konten zu gelangen
(*Berliner Zeitung*, 20.01.07)

Frieda hat ihren PowerPoint-Vortrag zum Thema *Das Lebenswerk Einsteins* fertig. Vier Stunden hat sie benötigt, denn die gute Note braucht sie unbedingt. Sie gönnt sich einen kurzen Besuch im Chat. Da taucht plötzlich eine Meldung auf: „Der Rechner schaltet sich in 60 Sekunden aus." Und das macht er auch. Nach erneutem Hochfahren schaltet sich der Computer wieder wie von Geisterhand von selbst aus. Das Entsetzen bei Frieda ist groß: *Was wird aus meinem Vortrag?*

Gefahren aus dem Internet. Die wichtigsten Daten, die sich auf einem Computer befinden, sind meist die – oft mit großem Aufwand – selbst erstellten Texte, Bilder, die Musiksammlung und Ähnliches. Diese Daten sind Gefahren verschiedener Art ausgesetzt, die Mindmap (▷ Bild 38|1) gibt einen Überblick über Gefahren aus dem Internet. Programme, die vom Benutzer unerwünschte und evtl. auch schädliche Funktionen ausführen, werden als **Schadprogramme** (engl. **malware**) bezeichnet.
Es gibt viele Wege, wie ein Schadprogramm auf einen Computer gelangen kann. Häufige Fälle sind:
– das Öffnen von infizierten E-Mail-Anhängen, z.B. von Word-, Multimedia- oder getarnten exe-Dateien,
– die Installation von Software aus zweifelhaften Quellen,
– das Downloaden einer infizierten Datei,
– der Besuch einer zweifelhaften Internetseite, in der ein Schadprogramm integriert ist.

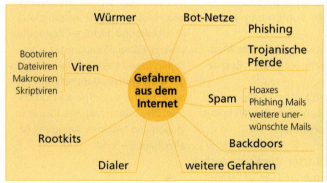

38|1 *Datenverlust durch Gefahren aus dem Internet und durch defekte Hardware*

1. *Finde Meldungen in Zeitungen oder im Internet, die vor Gefahren für den Computer warnen.*

2. *Wähle einen Begriff aus der Mindmap 38|1 und erkläre ihn kurz. Nutze das Internet und die nachfolgenden Seiten.* www **038-1**

Weitere Gefahren. Festplatten sind empfindliche Geräte mit begrenzter Lebensdauer. So ist der **Festplattencrash** die häufigste Ursache von Datenverlusten. Auch Herunterfallen, Feuer, Überspannung und Wasserschäden können den Computer zerstören.
Außerdem können Daten durch **Diebstahl**, z.B. des Notebooks, und **versehentliches Löschen**, z.B. durch einen anderen Nutzer des Schulnetzwerks, verloren gehen.

Daten können verloren gehen. Die häufigsten Ursachen sind defekte Hardware und Schadprogramme aus dem Internet.

Daten vor Verlust schützen

Die Gefahren des Datenverlustes kann man minimieren, indem man sich an folgende Verhaltensregeln hält:

1. Erstelle regelmäßig ein **Backup** (engl., Sicherungskopie) wichtiger Daten und Systemeinstellungen. Beim Backup speichert man einzelne Dateien und Ordner oder den Inhalt ganzer Festplatten auf einem zusätzlichen Datenträger (z.B. auf CD-ROMs, DVDs, externen Festplatten). Bei einem Datenverlust wird die Sicherungskopie zur Wiederherstellung der zerstörten Daten eingesetzt.
2. Erstelle eine **bootfähige Notfall-CD**. Bootfähig ist eine CD, wenn sie ein Betriebssystem enthält, das ohne Hilfe einer Festplatte den Computer starten kann.
3. Nutze **Sicherheitssoftware** (Personal Firewall, Virenscanner und Anti-Spyware) und halte sie mit regelmäßigen Updates auf dem neuesten Stand.
4. Nutze die empfohlenen **Sicherheitseinstellungen des Browsers**.
5. Führe regelmäßig **Updates** des Betriebssystems und der genutzten Programme wie z.B. des Browsers durch.
6. Setze deinen gesunden Menschenverstand ein: Kein Administrator fragt per E-Mail oder Telefon nach Passwörtern. Niemand verschenkt etwas. Kostenlose Projekte werden meist durch Werbung finanziert und Lockangebote werden oft zur Verbreitung von Spam (massenhaft per E-Mail versendete Werbung) oder von Schadprogrammen genutzt.

Die wichtigsten Maßnahmen zum Schutz der Daten sind regelmäßige Backups, aktuelle Sicherheitssoftware und der Einsatz des gesunden Menschenverstandes.

▷ Links zu Sicherheitssoftware findest du unter www 039-1. Mehr zu Firewall, Virenscanner und den Sicherheitseinstellungen des Browsers auf den folgenden Seiten.

1. *Erstelle ein Backup deiner Daten, die sich auf dem Schulserver befinden.*

2. *Erstelle eine Notfall-CD und teste sie. Ein Programm zum Erstellen einer Notfall-CD findest du unter* www *039-2.*

3. *Eine Werbeagentur möchte ein neues, kostenpflichtiges Online-magazin für Schüler auf den Markt bringen und will E-Mail-Adressen von Schülern sammeln, um diese per E-Mail zu werben. Wie könnte die Agentur an die E-Mail-Adressen möglichst vieler Schüler gelangen?*

Datenrettung

Wenn trotzdem etwas passiert ist, muss man besonnen vorgehen, um den Schaden nicht zu vergrößern. Sind wichtige Daten betroffen, z.B. mit viel Arbeit erstellte Dokumente oder persönliche Erinnerungen wie Fotos, dann sollte man die Hilfe eines **professionellen Fachmanns** suchen. Eigenes Herumprobieren oder ein unprofessionelles Vorgehen kann eine Rettung der Daten unmöglich machen, das gilt sowohl bei Hardwarefehlern als auch bei Schadprogrammen.

Wer dennoch sein Computersystem selbst von einem Schadprogramm befreien will, benötigt zumindest eine Boot-CD. So kann man vorgehen:

1. Backup vom infizierten System erstellen (Sicherung für den Fall, dass die Wiederherstellung misslingt).
2. Mit der Boot-CD das System hochfahren.
3. Mit aktualisierter Sicherheitssoftware (Anti-Viren- und Anti-Spyware-Programmen) das Problem beseitigen.

Bei Datenverlust sollte man schnell professionelle Hilfe suchen. Falsches Vorgehen kann die Datenrettung unmöglich machen.

Beispiele
Markus hat beim Versuch, sein Notebook hochzufahren, merkwürdige Geräusche gehört. Das Hochfahren schlug mehrmals fehl. Der Computerspezialist konnte seine Daten später nicht mehr retten, weil der defekte Lesekopf der Festplatte während der mehrmaligen Versuche die gesamte Festplatte zerkratzt hatte.
Frieda hingegen ist zu einem Computerhändler gegangen, der mit Hilfe einer Spezial-Software in 10 Minuten den Virus *Lovesan* von ihrem Computer entfernt und alle Daten gerettet hat.

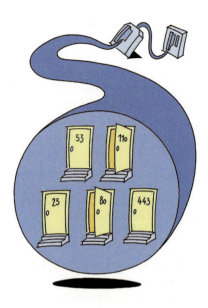

Sicherheitssoftware und Browsereinstellungen

Personal Firewall. Eine Personal Firewall kontrolliert den Datenverkehr zwischen dem eigenen Computer und dem Internet. Das Ziel ist, die unberechtigte Nutzung des Computers zu unterbinden. Verbindet man den Computer mit dem Internet, so öffnet sich für jeden möglichen Dienst (▷ Tabelle 40|1) ein Anschluss (engl. Port) zum Computer.

Port-Nummer	Dienst	Beschreibung
21	FTP	Daten übertragen
22	SMTP	E-Mail senden
110	POP3	E-Mail abholen
80	HTTP	Seiten im Browser anzeigen
443	HTTPS	Verschlüsselte Seiten im Browser anzeigen
23	Telnet	Fernsteuerung des Computers

40|1 *Die wichtigsten der insgesamt 65 535 Ports eines PCs*

1. Informiere dich über andere Arten von Firewalls. www 040-1

2. Welche Türen sind an meinem Rechner offen? Um das zu überprüfen, muss ein Portscanner installiert werden.
Achtung! Ein Portscanner darf nur im eigenen Netz und unter Zustimmung des Netzwerkadministrators genutzt werden. Eine Nutzung in anderen Netzen oder im Internet kann strafrechtliche Konsequenzen nach sich ziehen.
Installiere einen Portscanner und untersuche, welche Dienste auf deinem Computer genutzt werden können. www 040-2

Ohne eine Personal Firewall stehen alle 65 535 Ports offen, jeder Internetteilnehmer kann mit dem Computer nach Belieben kommunizieren und ihn steuern. Ein Computer ist einem Haus vergleichbar, bei dem alle Türen (wie die Ports) offen stehen und jeder ein- und ausgehen kann. Die Türen sollten besser geschlossen oder zumindest überwacht werden! Dafür nutzt man beim Computer eine Personal Firewall (engl., persönliche Brandmauer). Diese schließt offene Ports bzw. überwacht die Kommunikation mit dem Internet nach festgelegten Regeln, die bestimmen, über welche Ports bestimmte Arten von Programmen mit dem Rechner kommunizieren können.

Eine Personal Firewall ist ein Programm, welches mit Hilfe von Regeln kontrolliert, wie mit dem Computer über Netzwerke kommuniziert werden darf.

Eine Firewall kann auch umgangen werden, z. B. durch Ausnutzung einer für Browser bestimmten Regel durch ein sich tarnendes Schadprogramm. Deshalb müssen weitere Schutzprogramme installiert werden.

40|2 *Alarmmeldung eines Virenscanners*

Virenscanner. Ein Virenscanner ist eine Software, die nach bekannten Viren, Würmern und Trojanischen Pferden sucht und diese blockiert oder löscht. Ein Virenscanner hat Informationen zu bekannten Viren und anderer Schadsoftware gespeichert. Mit diesen Informationen vergleicht er die zu überprüfende Software, um mögliche Schadprogramme zu erkennen. Da jeden Tag neue Schadsoftware entdeckt wird, muss diese Datenbank mit regelmäßigen **Updates** auf dem neuesten Stand gehalten werden. Virenscanner arbeiten meist nach zwei Methoden:
– Die Hintergrundüberwachung (engl. **guard** = Wächter) prüft ständig alle momentan genutzten Dateien des Systems (engl. **on access**).
– Auf Anfrage (engl. **on demand**) des Nutzers prüft der Virenscanner einzelne Dateien, Ordner oder auch die gesamte Festplatte.

Anti-Spyware. Spyware (Kunstwort aus engl. *spy* = Spion und Soft*ware*) versucht Informationen über den Computer und dessen Besitzer zu sammeln. So werden z. B. Surfgewohnheiten ausspioniert, um Werbung gezielter einzusetzen. Die Spyware schickt dabei die gesammelten Daten an einen Rechner im Internet. Noch gefährlicher sind **Keylogger**, die alle Tastatureingaben des PC-Benutzers überwachen und so auch Passwörter und andere vertrauliche Daten ausspionieren können.

Browsereinstellungen. Browser haben Einstellungsmöglichkeiten, die das Surfen sicherer machen. Meist reichen die Voreinstellungen aus.

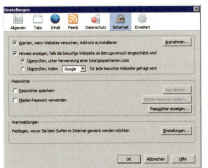 

41|1 *Sicherheitseinstellungen bei* Firefox *und beim* Internet Explorer

Die genauen Einstellungen kann man z. B. beim *Internet Explorer* ansehen unter Extras ▸ Internetoptionen ▸ Sicherheit ▸ Stufe anpassen (▷ Bild 41|1). Folgende Bereiche sind besonders wichtig:

1. Gefahren durch Spyware: Nenne weitere Informationen, die auf deinem Rechner gespeichert sind und für andere interessant sein könnten.

2. Verschiedene für den Privatanwender kostenlose Anti-Spyware-Programme findest du unter www *041-1. Suche mit Hilfe dieser Programme nach Spyware auf deinem Rechner.*

3. Sieh dir die Sicherheitseinstellungen in deinem Browser an. Überlege und begründe eine mögliche Optimierung.
Achtung! Eine evtl. Veränderung musst du zuvor mit dem Eigentümer des Computers abstimmen.

4. Entwickle Verhaltensregeln zum Schutz vor Viren und Spyware.
www *041-2*

Erklärung	Empfohlene Einstellung
Plug-ins erweitern den Funktionsumfang des Browsers, sodass z. B. Flash-Animationen oder PDF-Dokumente direkt im Browser angezeigt werden können. Die meisten Plug-ins sind harmlos.	Automatisches Laden deaktivieren. Wenn eine vertrauenswürdige Webseite ein Plug-in benötigt, kann man es herunterladen.
Cookies sind kleine Dateien, die ein Webserver zum Browser überträgt. Dieser speichert sie so, dass sie später wieder vom Webserver abgerufen werden können. Oft sind Cookies zum Betrachten einer Seite notwendig oder machen es komfortabler. Sie können aber auch Surfgewohnheiten ausspionieren.	Cookies akzeptieren, aber nur, bis der Browser geschlossen wird.
JavaScript ist eine Programmiersprache, die jeder Browser beherrscht. Sie wird für die Erstellung dynamischer Webseiten eingesetzt. JavaScript ist zum Betrachten mancher Inhalte notwendig, kann aber auch Schadroutinen enthalten.	Nur bei Bedarf und bei vertrauenswürdigen Webseiten aktivieren.
Visual Basic Script (VB Script) ist eine von *Microsoft* entwickelte Programmiersprache, die sich in HTML-Seiten integrieren lässt. Häufiger Angriffspunkt für Viren, diese Skripte werden sogar von *Microsoft Outlook* blockiert.	Im Browser blockieren.
Java-Applets. Java ist eine Programmiersprache mit vielen Möglichkeiten für Schadprogramme. Da Java-Applets in einer abgeschotteten Laufzeitumgebung laufen, können sie, wenn diese sogenannte *sandbox* funktioniert, keinen Schaden anrichten.	Deaktivieren. Auf vertrauenswürdigen Seiten ggf. vorübergehend aktivieren.
ActiveX-Komponenten erweitern die Möglichkeiten des *Internet Explorers*. ActiveX besitzt keine eigenen Sicherheitsfunktionen, diese müssen vom Programmierer der Komponente erstellt werden, der somit viele Möglichkeiten zum Ausspionieren und Manipulieren von Daten hat.	Automatisches Laden deaktivieren. ActiveX-Komponenten nur aus sicheren Quellen verwenden.

Datenschutz

Die automatisierte Datenverarbeitung mit Computern ermöglicht ein schnelles Suchen und Weiterleiten von Informationen. Verschiedene Datensammlungen lassen sich leicht miteinander verknüpfen, wenn sie über ein gemeinsames Kriterium, z. B. den Namen, verfügen. So entstehen umfangreiche Profile, die z. B. Auskunft über persönliche Vorlieben, Aufenthaltsorte und ausgeübte Tätigkeiten einer Person geben.

Beispiel

Gefahren automatisierter Datenverarbeitung: In der *Radio Frequency Identification*-Technologie *(RFID)* werden kleine Chips genutzt, die gespeicherte Daten per Funk senden, sobald ein Lesegerät in der Nähe ist. Diese Chips werden z. B. in Preisschilder integriert, damit Waren von einer automatischen Kasse erkannt werden können oder damit ein „intelligenter" Einkaufswagen dem Kunden Informationen zu Produkten anzeigen kann.

Durch solche Datensammlungen ist das durch das Grundgesetz geschützte Recht auf freie Entfaltung der Persönlichkeit gefährdet. Aus diesem Grundrecht auf freie Entfaltung folgerte das Bundesverfassungsgericht das Recht auf **informationelle Selbstbestimmung**:
Das Grundrecht gewährleistet … die Befugnis des Einzelnen, grundsätzlich selbst über die Preisgabe und Verwendung seiner persönlichen Daten zu bestimmen. (Volkszählungsurteil vom 15. 12. 1983)

Während Datensicherheit die Daten selbst schützt, bewahrt der Datenschutz Personen vor einem Missbrauch ihrer persönlichen Daten.

Aufgaben von Datenschutzbeauftragten. Der Umgang mit personenbezogenen Daten wird durch Gesetze geregelt. Stellen, die personenbezogene Daten verwalten, haben einen Datenschutzbeauftragten, der die Einhaltung dieser Gesetze überwacht. Die Datenschutzbeauftragten der Bundesländer und der Bundesdatenschutzbeauftragte sind darüber hinaus dafür zuständig, dass neue Gesetze im Einklang mit den Belangen des Datenschutzes stehen.

42|1 Eine Kundin informiert sich mit Hilfe eines RFID-Preisschilds

Da die zum Teil versteckten Chips auch nach dem Einkauf unbemerkt lesbar sind, funktionieren sie wie ein Peilsender, über den sich ein Bewegungsprofil der Kunden erstellen lässt. Trotz dieser Bedenken werden heute auch Fingerabdrücke in Reisepässen auf *RFID*-Chips gespeichert.

Ich habe doch nichts zu verbergen! Wer sich korrekt verhält, braucht auch keine Geheimnisse – oder doch? Beim bargeldlosen Einkaufen und Surfen im Internet legen Firmen konsequent Benutzerprofile an, die eine Analyse des Kunden-Verhaltens ermöglichen und Firmen so zu gezielter Werbung und angepassten Marktstrategien verhelfen. Diese sehr wertvollen Informationen stellen Kunden in der Regel **freiwillig und ohne Gegenwert** zur Verfügung. Auch ein geringer Rabatt von 1 % beim Einsatz einer Kundenkarte unterbietet oft den Vorteil, den Firmen aus der Analyse der Daten erzielen.
Auch staatliche Stellen sammeln zunehmend Daten. So wächst die DNA-Analyse-Datei des Bundeskriminalamtes („Gen-Datenbank") jährlich um die Daten von etwa 100 000 Personen; eine Schüler-ID wird diskutiert.
Eine **Rasterfahndung** kann dazu führen, dass unbescholtene Mitbürger in den Verdacht geraten, eine Straftat begangen zu haben, weil sie gewisse Merkmale mit gesuchten Tätern teilen, z. B. in dieselbe Disko gehen und die gleichen Schuhe tragen. Andererseits werden auf diese Weise auch viele Verbrechen aufgeklärt.
Wer aber garantiert, dass diese Daten nicht durch Dritte manipuliert wurden? Hacker haben sich z. B. wiederholt Zugriff auf Kundendaten bekannter Firmen verschafft.

Erst das Vorhandensein von Daten ermöglicht ihren Missbrauch. Man sollte stets bewusst entscheiden, welche Informationen man preisgibt.

42|2 Ein RFID-Chip

Auszug aus dem Bundesdatenschutzgesetz **043-1**

§1 Zweck und Anwendungsbereich des Gesetzes

Zweck dieses Gesetzes ist es, den Einzelnen davor zu schützen, dass er durch den Umgang mit seinen personenbezogenen Daten in seinem Persönlichkeitsrecht beeinträchtigt wird.

§3 Weitere Begriffsbestimmungen

Personenbezogene Daten sind Einzelangaben über persönliche oder sachliche Verhältnisse einer bestimmten oder bestimmbaren natürlichen Person (Betroffener). ... Besondere Arten personenbezogener Daten sind Angaben über die rassische und ethnische Herkunft, politische Meinungen, religiöse oder philosophische Überzeugungen, Gewerkschaftszugehörigkeit, Gesundheit oder Sexualleben. ... Gestaltung und Auswahl von Datenverarbeitungssystemen haben sich an dem Ziel auszurichten, keine oder so wenig personenbezogene Daten wie möglich zu erheben, zu verarbeiten oder zu nutzen.

§4 Zulässigkeit der Datenerhebung, -verarbeitung und -nutzung

Die Erhebung, Verarbeitung und Nutzung personenbezogener Daten sind nur zulässig, soweit dieses Gesetz oder eine andere Rechtsvorschrift dies erlaubt oder anordnet oder der Betroffene eingewilligt hat. Werden personenbezogene Daten beim Betroffenen erhoben, so ist er über die Identität der verantwortlichen Stelle [und] die Zweckbestimmungen der Erhebung, Verarbeitung oder Nutzung zu unterrichten.

§9 Technische und organisatorische Maßnahmen

Stellen, die selbst oder im Auftrag personenbezogene Daten erheben, verarbeiten oder nutzen, haben die technischen und organisatorischen Maßnahmen zu treffen, die erforderlich sind, um die Ausführung der Vorschriften dieses Gesetzes zu gewährleisten. Werden personenbezogene Daten automatisiert verarbeitet, so sind Maßnahmen zu treffen, die je nach der Art der zu schützenden personenbezogenen Daten geeignet sind zu gewährleisten, dass die zur Benutzung eines Datenverarbeitungssystems Berechtigten ausschließlich auf die ihrer Zugriffsberechtigung unterliegenden personenbezogenen Daten zugreifen können.

§19 Auskunft an den Betroffenen

Dem Betroffenen ist auf Antrag Auskunft zu erteilen über die zu seiner Person gespeicherten Daten, auch soweit sie sich auf die Herkunft dieser Daten beziehen, die Empfänger oder Kategorien von Empfängern, an die die Daten weitergegeben werden, und den Zweck der Speicherung.

§20 Berichtigung und Löschung von Daten

Personenbezogene Daten sind zu berichtigen, wenn sie unrichtig sind [, und] zu löschen, wenn ihre Speicherung unzulässig ist.

---

1. *Ordne folgende Begriffe den Abschnitten des Bundesdatenschutzgesetzes zu:*
– *Recht auf Auskunft,*
– *Notwendigkeit der Einwilligung,*
– *Recht auf Berichtigung / Löschung,*
– *Pflicht zur Zugriffskontrolle,*
– *Recht auf Benachrichtigung.*

2. *Warum nennt das Gesetz in §3 explizit besondere Arten personenbezogener Daten?*

3. *Entscheide anhand der Auszüge aus dem Bundesdatenschutzgesetz, ob bzw. unter welchen Umständen folgende Szenarien rechtens sind:*
a) Ein Reisebüro veranstaltet ein Preisausschreiben, um den reiselustigen Teilnehmern im Anschluss jedes Jahr ihren aktuellen Katalog zuzusenden.
b) Ein Lebensversicherer möchte sicherstellen, dass er vor allem gesunde Kunden hat, die in absehbarer Zeit nicht an einer Krankheit sterben werden. Von einer Krankenversicherung kauft er eine Kopie ihrer Kundendaten. Kranke Antragsteller können so durch Abgleich von Namen und Geburtsdatum identifiziert werden.
c) Der Betreiber einer Internetsuchmaschine protokolliert die IP-Adressen seiner Nutzer zusammen mit den eingegebenen Suchwörtern. Diese Informationen bietet er anderen Firmen an, die auf ihren Webseiten gezielt die Werbung platzieren können, die sich an den Interessen der jeweiligen Nutzer orientiert.

4. *Dürfen besorgte Eltern Namen und Wohnort von Menschen veröffentlichen, die des Kindesmissbrauchs überführt wurden und ihre Strafe abgesessen haben? Diskutiert, ob eine Veröffentlichung wünschenswert ist.*

Projekt 1	Projekt 2	Projekt 3	Projekt 4	Projekt 5

Was ist erlaubt? Entscheide, ob der Umgang mit Medien in den folgenden Beispielen mit dem Urheberrecht in Einklang steht. Überlege ggf., ob legale Alternativen möglich sind.

Bei manchen der geschilderten Fälle fehlen Details zum Verlauf der Geschichte, um über die Rechtmäßigkeit des Verhaltens zu entscheiden. Ergänze sie jeweils in zwei Versionen: einmal so, dass das Verhalten erlaubt ist und einmal so, dass es illegal ist.
Gibt es Fälle, in denen die Rechtslage unklar ist? Begründe.
Schreibe zwei weitere kurze Geschichten über erlaubtes und illegales Verwenden von Medien und lege sie einem Partner zur Beurteilung vor.

Luke kopiert zum Aufbessern seines Taschengeldes aktuelle Filme auf DVD, verschenkt sie an gute Freunde und verkauft sie an Mitschüler für wenige Euro.

Frieda sucht im Internet Anregungen für ihre eigene Homepage. Auf einer Seite gefällt ihr besonders die Gestaltung des Menüs, auf einer anderen der Hintergrund und auf einer weiteren das Aussehen der Links. Von diesen Ideen angeregt, entwirft sie eine eigene Homepage.

Clara hat zum Geburtstag ein PC-Spiel erhalten. Sie erstellt sofort eine Sicherungskopie für den persönlichen Gebrauch.

Andy stellt seinen PC für eine Online-Tauschbörse für MP3-Musikdateien als Server zur Verfügung. Die Mitglieder der Tauschbörse können Andys Musikdateien von seiner Festplatte kostenlos downloaden.

Angela kopiert für ihre Hausaufgabe zum Thema *Die Reformation* mehrere Artikel aus dem Internet in eine Word-Datei, löscht einige Sätze, fügt ein Bild von *Martin Luther* aus dem Internet hinzu, schreibt oben ihren Namen hin, druckt das Dokument aus und gibt es beim Lehrer ab.

Paul kopiert Musik-CDs und tauscht sie auf dem Schulhof gegen andere Musik-CDs, die er nur privat nutzt.

Herr Laut ist LKW-Fahrer und hört gerne während seiner langen Fahrten Musik. Er kopiert von verschiedenen gekauften CDs seine Lieblingslieder auf die Festplatte seines PCs und brennt sich anschließend eine Musik-CD.

Tim hat für seine *PowerPoint*-Präsentation, die er zu seinem Referat in der Klasse zeigt, einige Bilder aus dem Internet verwendet. Die Bildquelle hat er jeweils unter das Bild geschrieben.

Frau Sorglos hat im Ausland für ihren Sohn Sportschuhe einer bekannten Marke für den halben Preis erworben. Weil ihr Sohn vermutet, es könnte sich um eine Fälschung handeln, bietet er sie bei *eBay* zum Kauf an. Für die Präsentation nutzt er ein Foto der Schuhe von der Website des Herstellers.

Projekt 1	Projekt 2	Projekt 3	Projekt 4	Projekt 5

Recherche zu Lizenzarten. Recherchiert in Gruppenarbeit in Internet-Bilddatenbanken und in der *Wikipedia,* mit welchen Arten von Lizenzen dort Bilder angeboten werden. www 044-1
Lest die Bedingungen genau: Für welchen Zweck darf welches Bild verwendet werden?
Erstellt eine Übersicht.

Projekt 1 **Projekt 2** **Projekt 3** **Projekt 4** **Projekt 5**

Führt eine Umfrage zum Umgang mit der Datensicherung durch. Die wichtigsten Daten auf dem PC sind die eigenen Daten und den besten Schutz bietet eine regelmäßige Datensicherung (Backup). Erforscht, wie genau es Computerbesitzer mit dem Anfertigen von Backups nehmen. Startet eine Umfrage, mit der ihr untersucht, ob und wie Backups gemacht werden.
Befragt verschiedene Personengruppen, z.B.
- Schüler der Schule,
- Lehrer der Schule,
- Firmen in eurer Umgebung (z.B. Arztpraxen, Anwälte).

Innerhalb der Untersuchung soll geklärt werden:
- Wie führen die Befragten das Backup durch?
- Auf welchem Datenträger werden die Daten gesichert?
- Wie oft führen die Befragten das Backup durch?

Teilt euch dazu in Arbeitsgruppen ein. Legt fest, welche Arbeitsgruppe welche Personengruppe untersucht. Führt die Befragung durch und wertet die Daten mit einem Tabellenkalkulationsprogramm aus. Teilt dazu die Antworten in Kategorien ein und stellt die Ergebnisse dann mit geeigneten Diagrammen dar.

Entsprechen die Ergebnisse euren Erwartungen oder überraschen sie euch? Bewertet eure Ergebnisse.

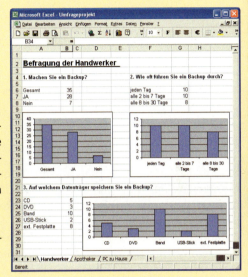

Projekt 1 **Projekt 2** **Projekt 3** **Projekt 4** **Projekt 5**

Gutes Hacken – schlechtes Hacken. Neben kriminellen Hackern gibt es auch Hacker, die aus sportlichem Ehrgeiz Sicherheitslücken aufspüren und diese dann veröffentlichen, anstatt sie auszunutzen. So können Informationssysteme sicherer gestaltet werden. Und sie weisen Benutzer auf Unzulänglichkeiten von Systemen hin, denen sie bislang vertrauten.
Der *Chaos Computer Club* (CCC) dokumentiert solche „Hacks" und diskutiert aktuelle Belange der informationellen Selbstbestimmung. Recherchiere, womit sich der CCC zurzeit befasst. www **045-1**

Projekt 1 **Projekt 2** **Projekt 3** **Projekt 4** **Projekt 5**

Der Datenschutzbeauftragte ermittelt. In ihren jährlichen Tätigkeitsberichten veröffentlichen die Datenschutzbeauftragten der Bundesländer Fälle, in denen sie den Umgang mit Daten beanstanden. Einen solchen Jahresbericht findest du unter www **045-2**.
Erkläre, warum die im Abschnitt „Schule" beschriebenen Vorfälle im Konflikt mit dem Datenschutzgesetz stehen.

Zusammenfassung

Urheberrecht

Als Urheber wird der Schöpfer eines geistigen Werkes bezeichnet. Das Urheberrecht regelt die Wahrung der Rechte der Urheber bzw. der Rechteinhaber hinsichtlich der Veröffentlichung und Verwertung (finanzielle Vergütung) der Nutzung ihrer Werke. Alle Werke darf man für private Zwecke nutzen. Jede nicht private Nutzung erfordert die Zustimmung des Urhebers bzw. des Rechteinhabers oder den Erwerb entsprechender Lizenzrechte.

Verstöße gegen das Urheberrecht wie z. B. Besitz oder Verbreitung von Programmen, die den Kopierschutz digitaler Medien umgehen, können strafrechtlich und zivilrechtlich verfolgt werden. Das Gesetz sieht hier Geldstrafen bis zu 100 000 € und Freiheitsstrafen bis zu einem Jahr vor.

Möchte man bestimmte Werke nicht nur privat nutzen, sollte man sich hinsichtlich der Urheberrechte genau informieren, ggf. beim Urheber bzw. Rechteinhaber nachfragen und erforderliche Genehmigungen schriftlich einholen.

Erhält man Abmahnungen bezüglich der Verletzung von Urheberrechten, sollte man sich daher umgehend bei einem spezialisierten Anwalt oder einer Verbraucherschutzzentrale beraten lassen.

Datensicherheit

Der Verlust der eigenen Daten ist eine der größten Gefahren bei der Arbeit mit dem Computer. Der Erhalt von Daten sollte daher durch geeignete Maßnahmen sichergestellt werden.

Gefahren für Daten ergeben sich sowohl von der Software wie der Hardware. **Schadprogramme** wie Viren oder Würmer werden meist unbemerkt durch den Aufruf von E-Mail-Anhängen, Dateien oder Software aus zweifelhaften Quellen oder beim Besuch von bestimmten Internetseiten installiert.

Auch durch Defekte bei USB-Sticks, Festplatten oder CDs können wichtige Daten verloren gehen. Die wichtigste Maßnahme zum Erhalt von Daten ist das regelmäßige Anlegen von **Sicherheitskopien (Backups)** auf externen Speichermedien.

Um den Befall eines Computers mit **Schadprogrammen** zu verhindern, sollten Firewall, Virenscanner und Anti-Spyware-Programme eingesetzt werden.

Für das Surfen im Internet sollten bei **Browsereinstellungen** alle nicht unbedingt erforderlichen Funktionen deaktiviert werden. Plug-ins, ActiveX-Komponenten und andere Zusatzsoftware sollten nur im Einzelfall für vertrauenswürdige Websites gestattet werden.

Sollten trotz aller Vorsicht Daten verloren gehen oder sollte sich ein Schadprogramm installiert haben, empfiehlt es sich, schnell einen Fachmann aufzusuchen, um weitere Schäden zu vermeiden.

Datenschutz

Automatisierte Datenverarbeitung ermöglicht ein sehr schnelles Suchen und Weiterleiten von Informationen. Über ein gemeinsames Kriterium lassen sich Datensammlungen miteinander verknüpfen und zu umfangreichen Profilen zusammenstellen.

Das Bundesdatenschutzgesetz sichert jeder Person das Recht auf Benachrichtigung über die Erhebung von Daten, das Recht auf Auskunft über die Art der erhobenen Daten sowie das Recht auf Berichtigung oder Löschung falscher Daten zu.

Stellen, die Daten erheben und verarbeiten, müssen die Daten vor dem Zugriff Unberechtigter schützen. Die Erhebung von Daten außerhalb gesetzlicher Vorgaben bedarf der Zustimmung der betroffenen Personen.

Mit dem Zusammenstellen umfangreicher Datenmengen steigt auch die Gefahr eines Missbrauchs von Daten. Unschuldige Bürger werden zunehmend in ihrer Privatsphäre überwacht und ausspioniert, was unter anderem zu einer unberechtigten Verdächtigung führen kann.

Mit Texten, Briefen und Bildern arbeiten

In diesem Kapitel lernst du, wie man mit dem Textverarbeitungsprogramm *Microsoft Word* Texte für verschiedene Zwecke gestalten kann.

Themen sind
– das wirkungsvolle Einbinden von Bildern,
– das lesefreundliche Gestalten langer Texte,
– das Erstellen von offiziellen Briefen, z. B. einem Bewerbungsanschreiben, sowie
– eine Einführung in die Benutzung von Format- und Dokumentvorlagen.

Erste Schritte

Die Ausführungen in diesem Kapitel beziehen sich auf das Programm *Word* in der Version 2003.
Die beschriebenen Funktionen sind bei anderen *Word*-Versionen weitgehend identisch, nur die Benutzerführung weicht manchmal leicht ab. Auch andere Textverarbeitungsprogramme wie z. B. *Open Office Writer* haben sehr ähnliche Funktionen.

Beim Start des Textverarbeitungsprogramms öffnet sich das Programm mit einer Arbeitsoberfläche (▷ Bild 48|2). Wie andere Programme hat *Word* eine Menüleiste, einige Symbolleisten sowie mehrere kleine Fensterbereiche.

Ein Dokument kann durch die Gestaltung seines Äußeren, genannt Layout, eine gezielte Ausdruckskraft erhalten. Durch den Einsatz von Schriftstil und Schriftgröße sowie durch eine sinnvolle Gliederung können bestimmte Textpassagen hervorgehoben oder als gewollte Ergänzung gekennzeichnet werden. Die Arbeit mit *Word* kann u. a. durch folgende Möglichkeiten sehr effektiv gestaltet werden:
– Verwenden von bereits existierenden Textbausteinen (▷ s. u.),
– Einfügen von Gestaltungsmöglichkeiten wie Rahmen oder Tabellen,
– Nutzen der automatischen Rechtschreib- und Grammatikprüfung,
– Nutzen von automatischen Aufzählungszeichen und Nummerierungen,
– Versenden von Dokumenten als Fax oder E-Mail (▷ Bild 48|1).

Das ist nur eine Auswahl der Funktionen, die dabei helfen, professionell aussehende, kreative Dokumente zu erstellen. Alle hier aufgezählten Funktionen können über die Symbolleisten aufgerufen werden.
So kann man z. B. eine Textpassage kopieren:
1. Textpassage mit der Maus markieren, Symbol *Kopieren* anklicken.
2. Im Dokument an die Stelle klicken, an der die Passage eingefügt werden soll.
3. Das Symbol *Einfügen* anklicken.

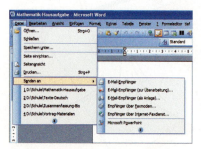

48|1 Ein Dokument als E-Mail senden über das Menü Datei ▶ Senden an ▶ E-Mail-Empfänger (als Anlage)

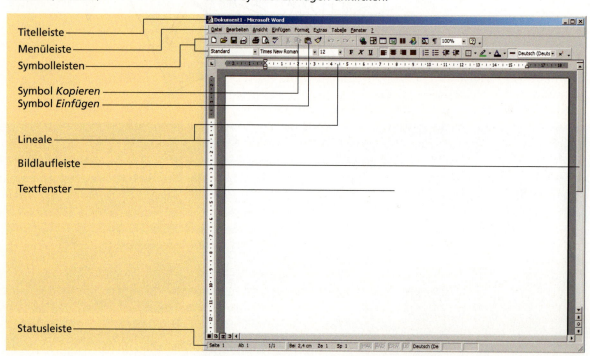

Titelleiste
Menüleiste
Symbolleisten
Symbol *Kopieren*
Symbol *Einfügen*
Lineale
Bildlaufleiste
Textfenster
Statusleiste

48|2 Arbeitsoberfläche eines Textverarbeitungsprogramms (hier Word*)*

Exkurs: Bilder am Computer

Verschiedene Dateiformate. Die **Bildqualität** hängt ab von der **Farbtiefe**, d.h. der Anzahl der benutzten Farben, und der Anzahl der Bildpunkte (**Pixel**), in die ein Bild zerlegt ist. Je größer die Farbtiefe einer Bilddatei ist und je mehr Pixel sie hat, desto größer ist ihr **Speicherbedarf**. Zum Verschicken eines Bildes per E-Mail oder zur Darstellung auf einer Webseite eignen sich kleinere Bilddateien mit geringerer Qualität, denn große Bilddateien brauchen lange bei der Datenübertragung. Zum Herstellen eines Posters, beim Retuschieren eines Bewerbungsfotos oder zum Druck eines Buches benötigt man aber eine hohe Qualität und muss den großen Speicherbedarf der Bilddateien in Kauf nehmen.

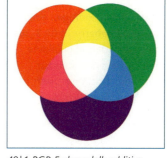

49|1 RGB-Farbmodell: additive Farbmischung

Farbtiefe. Das **RGB-Farbmodell**, das von Monitoren benutzt wird, ist eine **additive Farbmischung**, bei der die Grundfarben Rot, Grün und Blau sich überlagern können, sodass andere Farben entstehen (RGB Abk. für **R**ot-**G**rün-**B**lau). Wie bei einem Scheinwerfer entsteht die Farbe Weiß, wenn alle drei Farben mit voller Intensität leuchten (▷ Bild 49|1).
Bei Bilddateien mit einer Farbtiefe von 24 Bit steht für jeden der drei Farbanteile ein Speicherplatz von 8 Bit zur Verfügung. Rot, Grün und Blau können jeweils einen Intensitätswert im Bereich von 0 bis 255 annehmen ($2^8 = 256$). So können $256^3 = 16\,777\,216$ verschiedene Farben dargestellt werden. Bei Dateiformaten mit geringerer Farbtiefe (z. B. 8 Bit) wird nur eine Auswahl dieser rund 17 Mio. Farben dargestellt.
Bei der RGB-Kodierung wird eine Farbe durch drei Zahlwerte aus dem Bereich von 0 bis 255 liegen beschrieben. So liefert das Tripel (R,G,B) = (0,255,0) ein reines Grün und (R,G,B) = (0,128,128) ein dunkles Grün. Werden zwei RGB-Farben gemischt, so wird das arithmetische Mittel der einzelnen Farbanteile gebildet, um den neuen Farbton zu erzeugen.

Komprimierung. Um Speicherplatz zu sparen und trotzdem die Bildqualität nicht zu gering werden zu lassen, werden Bilder komprimiert (z. B. im Format *JPEG*). Bei unkomprimierten Bilddateien werden für jeden Pixel die drei Farbwerte (R,G,B) gespeichert. Bei **verlustfreien Komprimierungsverfahren** werden die Bilddaten mit mathematischen „Tricks" so angeordnet und gespeichert, dass sie bei gleicher Bildqualität weniger Speicherplatz benötigen. Bei **verlustbehafteten Komprimierungsverfahren** wird außerdem nach Zusammenhängen bei Farbwerten benachbarter Pixel gesucht, dabei wird die Bildqualität etwas schlechter.

1. Für welche Art von Word-Dokumenten würdest du Bilder mit hoher (mittlerer, niedriger) Bildqualität wählen?

2. Mache eine Kopie von einem Foto und öffne diese Kopie mit Paint oder einem anderen Bildbearbeitungsprogramm.
Speichere das Bild nun (mit unterschiedlichen Namen) in verschiedenen Formaten und unterschiedlicher Auflösung (Pixelanzahl) ab. Vergleiche die Dateien hinsichtlich Bildqualität und Speicherplatz. Erstelle eine Übersicht über deine Ergebnisse.

3. Bestimme in Word die Schriftfarbe mit dem RGB-Farbmodell. Wähle dazu im Menü FORMAT ▶ ZEICHEN und klicke im Dialogfenster auf SCHRIFTFARBE ▶ WEITERE FARBEN. Im Fenster Farbe wähle die Registerkarte ANPASSEN.

  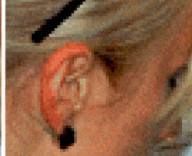

49|2 Originalbild (links); vergrößerter Ausschnitt: Pixel sind zu erkennen (Mitte); derselbe Ausschnitt mit geringer Farbtiefe (rechts)

Bilder einfügen und bearbeiten

▷ Beachte beim Einfügen eines Bildes das Urheberrecht (▷ S. 36 f.). Beachte zudem, dass abgebildete Personen ihr Einverständnis zur Veröffentlichung geben müssen.

Durch Bilder und Grafiken kann ein Text attraktiver gestaltet werden. Das Einfügen einer Grafik aus einer Datei geschieht über das Menü EINFÜGEN ▶ GRAFIK ▶ AUS DATEI (▷ Bild 50|1).
Ein Bild von einem Scanner oder einer Digitalkamera kann man auf ähnliche Weise einfügen (▷ Einzelheiten im Kapitel „Präsentationen erstellen", S. 63).

ClipArt einfügen. Wenn man kein Bild zur Verfügung hat, kann man in den *Microsoft ClipArts* nach einem Motiv suchen:
1. Nach Klick in der Menüzeile auf EINFÜGEN ▶ GRAFIK ▶ CLIPART EINFÜGEN öffnet sich der Arbeitsbereich *ClipArt* (▷ Bild 50|2).
2. Im Feld *Suchen* kann ein Begriff eingegeben werden, der den gewünschten Clip beschreibt (im Beispielbild der Begriff „Sport").
3. Im Feld *Ergebnisse* werden die gefundenen Clips präsentiert und können nach Klick auf EINFÜGEN übernommen werden.

50|1 Grafik einfügen über das Menü

50|2 Arbeitsbereich ClipArt

Bilder im Text platzieren

Oft möchte man ein Bild im Text platzieren, z. B. beim Gestalten einer Einladung. Das Bild kann vor dem Text oder dahinter erscheinen. Eine weitere Variante ist, dass der Text ein Bild umfließt.
So kann man diese Möglichkeiten ausprobieren:
1. Bild wie oben beschrieben einfügen.
2. Durch Doppelklick auf das Bild mit der linken Maustaste öffnet man das Dialogfenster *Grafik formatieren*.
3. Registerkarte LAYOUT auswählen (▷ Bild 50|3).
4. Nun kann durch Aktivierung der angegebenen Umbrucharten das Bild im Text platziert werden.

Bildposition. In derselben Registerkarte LAYOUT (▷ Bild 50|3) erreicht man über den Button WEITERE zusätzliche und detaillierte Möglichkeiten der Bildpositionierung. Besonders wichtig sind die unteren drei Optionen:
– *Objekt mit Text verschieben:* Wenn ein Bild immer über bzw. unter einer bestimmten Textpassage erscheinen soll, ist die Option *Objekt mit Text verschieben* zu aktivieren. Dies ist beispielsweise erforderlich, um ein Bild mit einer Bildunterschrift zu verknüpfen.
– *Verankern:* Jedes in *Word* eingefügte Bild ist an einen Absatz des Textes gebunden. Wird der Absatz kopiert oder gelöscht, so wird auch das angebundene Bild kopiert bzw. gelöscht.
Wird ein nicht verankertes Bild mit Drag & Drop im Dokument verschoben, so wird es ggf. an einen anderen Absatz gebunden.
Ist das Bild bei einem Absatz verankert, bleibt es trotz Verschieben an diesen Absatz gebunden.
– *Überlappen zulassen:* Beim Aktivieren dieser Option können mehrere Bilder so positioniert werden, dass sie sich überlappen. Wird die Option deaktiviert, kommt es zu keiner Überlappung der Bilder, stattdessen werden sie (je nach Layouteinstellung) neben- oder untereinander positioniert.

50|3 Grafik formatieren – Textfluss

1. *Entwirf eine Einladung zu einer Klassenfete mit einem Bild. Untersuche die Wirkung verschiedener Platzierungen des Bildes.*

Textfelder. Textfelder haben den Vorteil, dass Text und Bild geeignet kombiniert und auf einfache Weise beliebig platziert werden können. Zudem können sie mit einem attraktiven Rahmen versehen werden.
Um ein Textfeld zu erzeugen, empfiehlt sich folgende Vorgehensweise:
1. Klicke mit der Maus dorthin, wo ein Bild platziert werden soll.
2. Wähle über die Menüleiste EINFÜGEN ▶ TEXTFELD oder klicke in der Symbolleiste *Zeichnen* das Textfeld-Symbol an.
Nun erscheint im *Word*-Dokument ein grauer Rahmen, in den Textfelder und andere Objekte wie Bilder, *ClipArts* oder Linien eingefügt und in vielfältiger Art bearbeitet werden können.

Bilder bearbeiten

Digitalkameras gehören heute im privaten und im beruflichen Bereich zum Alltag. Zum Veröffentlichen werden Bilder oft mit einem Bildbearbeitungsprogramm bearbeitet. Grundlegende Funktionen bietet *Paint*. Dieses einfach zu bedienende Programm kann man auf der Taskleiste des Desktops über die Schaltfläche START ▶ ALLE PROGRAMME ▶ ZUBEHÖR ▶ PAINT starten.

Skalieren. Oft ist es notwendig, die Größe eines Bildes zu verändern (zu skalieren). *Paint* bietet folgende Möglichkeit:
1. Ist das Bild in *Paint* geladen, kann im Menü BILD ▶ STRECKEN/ZERREN geöffnet werden (▷ Bild 51|1).
2. Soll das Bild beispielsweise mit dem Faktor 0,5 verkleinert werden, gibt man im Bereich *Strecken* in die Felder *Horizontal (%)* und *Vertikal (%)* jeweils die Zahl 50 ein. So bleiben die Seitenverhältnisse des Bildes erhalten. Zum Vergrößern gibt man eine Zahl größer als 100 ein.

Eine weitere einfache Möglichkeit stellt *Word* selbst zur Verfügung:
1. Auf dem bekannten Weg ein Bild in einen Text einfügen.
2. Durch Mausklick das Bild markieren und mit dem Mauszeiger einen Eckpunkt des Rahmens auswählen.
3. Mit gedrückter linker Maustaste das Bild skalieren.

Zuschneiden. Möchte man einen Ausschnitt des eingefügten Bildes behalten, so kann man das Bild in *Word* zuschneiden:
1. Markiere die Grafik mit der linken Maustaste und öffne die Symbolleiste *Grafik* über das Menü ANSICHT ▶ SYMBOLLEISTE ▶ GRAFIK.
2. Aktiviere in dieser Symbolleiste die Option *Zuschneiden* (▷ Bild 51|2), der Mauszeiger nimmt das Aussehen des Zuschneiden-Symbols an.
3. Klickt man nun mit dem Mauszeiger auf einen der Kennzeichnungspunkte in den Ecken und Seitenmitten der Grafik, so ändert sich das Aussehen des Mauszeigers und man kann bei gedrückter linker Maustaste das Bild zuschneiden.

Auch in *Paint* kann man leicht einen Bildausschnitt auswählen, dazu aktiviert man die Option *Freihandauswahl* oder *Auswahl* (▷ Bilder 51|3). *Freihandauswahl* ermöglicht einen Bildausschnitt in selbst gewählter Form, während *Auswahl* immer einen rechteckigen Ausschnitt erzeugt.

1. *Erstelle ein Textfeld und platziere dort zusammen mit einem Text eine Grafik. Ändere die Größe des Textfeldes, die Hintergrundfarbe und die Textfarbe. Kopiere das Textfeld in die Zwischenablage und erzeuge an anderen Stellen des Dokuments Kopien des Textfeldes.*

2. *Lade ein Bild in* Paint *und teste die Funktion* Zerren *im Dialogfenster* Bild strecken und zerren.

3. *Teste das Zuschneiden in* Word.

▷ Im Band „Informatik/ITG, ab Klasse 7" ist *Paint* auf S. 41 ff. ausführlich beschrieben.

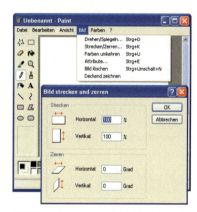

51|1 *Skalierung von Bildern in* Paint

51|2 *Symbol* Zuschneiden *in* Word

51|3 *Symbole* Freihandauswahl *und* Auswahl *in* Paint

Lange Texte lesefreundlich gestalten

1. Erstelle drei neue Formatvorlagen (▷ S. 53). Was bewirken im Dialogfenster Neue Formatvorlage die verschiedenen Optionen? Nutze die Word-Hilfe und probiere es aus.

2. Kopiere einen Text in ein Word-Dokument (ca. 2 bis 4 Seiten). Gestalte den Text lesefreundlich. Verwende u. a. mehrere Überschriften, nutze Formatvorlagen und erstelle ein Inhaltsverzeichnis.

Ein mehrseitiger Text, z. B. eine schriftliche Hausarbeit oder eine Seminararbeit, der evtl. auch Bilder umfasst, erfordert eine Gestaltung, die es dem Leser leicht macht, sich im Text zurechtzufinden. Bild 52|1 zeigt die erste Seite eines längeren Textes, in dem einige lesefreundliche Gestaltungsmerkmale zu erkennen sind:

– Angabe der Seitenzahl,
– eine vorangestellte Kurzzusammenfassung,
– einheitliche Absatzgestaltung,
– Aufzählungszeichen,
– gelungene Bildintegration,
– weiterführende Gedanken in Fußnoten.

Die hier gezeigten Gestaltungsmerkmale können ergänzt werden durch Inhalts- und Literaturverzeichnis, Querverweise und Bildunterschriften. Bei der Gestaltung der äußeren Form ist auf die Einheitlichkeit zu achten, damit der Leser die Gesamtstruktur des Textes schnell erfassen kann.

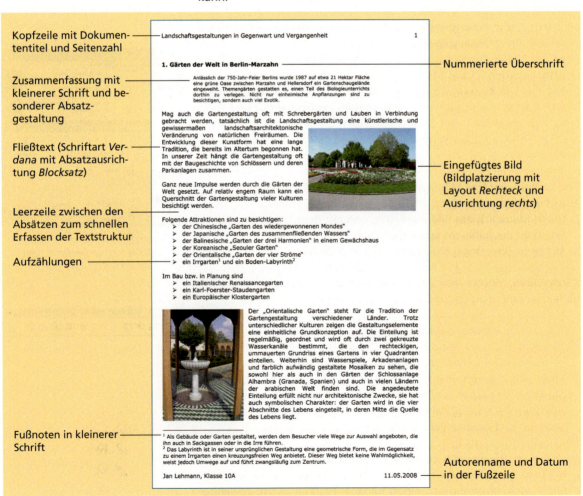

52|1 Beispiel für Gestaltungselemente eines längeren Textes

Umsetzung mit *Word*

Seitenzahlen einfügen.
1. Über das Menü Einfügen ▶ Seitenzahlen auswählen (▷ Bild 53|1).
2. Position der Seitenzahlen (z. B. am *Seitenanfang* oder *Seitenende*) und Ausrichtung (z. B. *Rechts*, *Mitte* oder *Links*) festlegen.
3. Ein Klick auf den Button Format öffnet eine Dialogbox, in der z. B. römische Zahlen gewählt und die Startnummer der Seitennummerierung bestimmt werden können.

53|1 Seitenzahlen einfügen

Fuß- und Endnoten. Oft ist die Unterbrechung eines Textflusses für eine zusätzliche Information störend, dann kann die Einführung von Fußnoten (auf der aktuellen Seite) oder Endnoten (am Ende des Dokuments) sinnvoll sein (▷ Fußnoten im Bild 52|1).
1. Um Fußnoten zu setzen, wird der Cursor hinter das Wort gesetzt, das mit einer Fußnote ergänzt werden soll.
2. Durch Auswahl von Einfügen ▶ Referenz ▶ Fussnote wird die Dialogbox *Fuß- und Endnote* (▷ Bild 53|2) geöffnet.
3. Nach Auswahl von *Fußnoten* und *Seitenende* kann die vorgegebene Formatierung durch Klick auf Einfügen übernommen werden.
4. Nach Schließen der Dialogbox kann unter der entsprechenden Fußnotennummer der vorgesehene Text eingegeben werden.

53|2 Dialogbox Fuß- und Endnote

Formatvorlagen zuweisen. Eine einheitliche Textgestaltung erreicht man am zuverlässigsten, indem man den entsprechenden Gestaltungselementen, z. B. den Überschriften und besonderen Textarten, eine Formatvorlage zuweist:
1. Den zu formatierenden Text markieren.
2. Im Arbeitsbereich *Formatvorlagen* die Formatvorlage auswählen (▷ Bild 53|3).

Neue Formatvorlagen erstellen. Man kann auch eigene Schriftformate als Formatvorlage speichern:
1. Im *Word*-Dokument ein Wort schreiben und Enter-Taste drücken.
2. Diesen kurzen Absatz so gestalten wie gewünscht (z. B. wählen von Schriftart, -farbe und -größe, kursiv, linksbündig oder zentriert).
3. Den kurzen Absatz markieren.
4. Über das Menü Format ▶ Formatvorlage auswählen.
5. Auf Neu klicken, im Fenster *Neue Formatvorlage* der neuen Formatvorlage einen Namen geben und mit OK bestätigen.
Weitere Informationen dazu gibt es in der *Word-Hilfe.*

Inhaltsverzeichnis. Wenn man alle Überschriften mit Formatvorlagen formatiert hat, kann *Word* ein Inhaltsverzeichnis erstellen:
1. Klicke dort im Text, wo das Inhaltsverzeichnis platziert werden soll.
2. Wähle über das Menü Einfügen ▶ Index und Verzeichnisse und im sich öffnenden Fenster die Registerkarte Inhaltsverzeichnis.
3. Hier kann man verschiedene Gestaltungsmöglichkeiten wählen.
4. Über Optionen gelangt man zu einem Dialog, in dem man auswählen kann, welche mit Formatvorlagen gekennzeichneten Überschriften im Inhaltsverzeichnis berücksichtigt werden sollen.

53|3 Formatvorlage zuweisen

Offizielle Briefe schreiben

Gestaltung eines Bewerbungsanschreibens

1. Informiere dich über den Begriff Initiativbewerbung und beschreibe kurz, wie sich diese von einer üblichen Bewerbung unterscheidet.

2. Informiere dich über die Anforderungen an ein Bewerbungsanschreiben und an einen Lebenslauf. Schaue dir Beispiele für gelungene Bewerbungen an.

Eine Bewerbungsmappe besteht aus einem Anschreiben, einem Foto, dem Lebenslauf und den Zeugnissen. Sie ist deine erste Arbeitsprobe und soll deine Chance erhöhen, die zweite Runde zu erreichen. Meist wenden die Adressaten wenig Zeit für die Durchsicht der Bewerbungen auf, für die erste Auswahl durchschnittlich eine knappe Minute. Deswegen muss die Bewerbung dem Adressaten auf den ersten Blick gefallen und seine Aufmerksamkeit wecken, sowohl mit einer ansprechenden äußeren Form als auch durch einen spannenden Inhalt.

Es ist sehr wichtig, sich an die für Bewerbungen bestehenden Normen zu halten. Dazu zählen Vorgaben zur äußeren Form ebenso wie zum Inhalt, über die man sich in entsprechenden Büchern informieren kann. Der Text sollte knapp formuliert und übersichtlich strukturiert werden. Beschreibe dich so, dass der Leser sich vorstellen kann, wie du bist und warum du die Stelle gerne ausfüllen möchtest. So weckst du seine Aufmerksamkeit und kannst positiv auffallen.

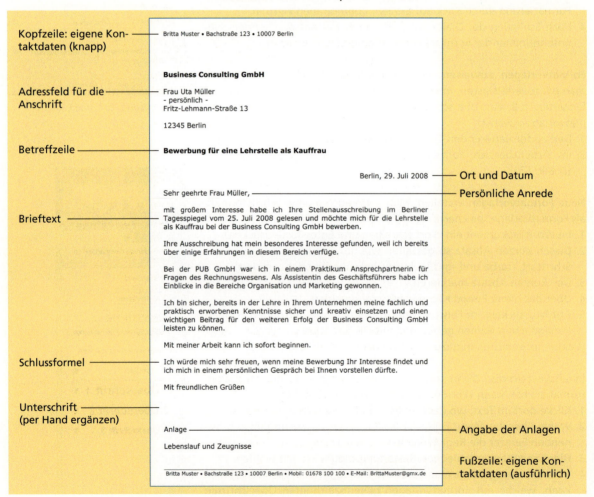

54|1 Beispiel für ein Bewerbungsanschreiben

Umsetzung mit *Word*: Dokumentvorlagen nutzen

Dokumentvorlagen. Wenn man immer wieder ähnlich aufgebaute Dokumente verfasst, z.B. Briefe, kann man sich die Arbeit mit Dokumentvorlagen erleichtern. Eine Dokumentvorlage ist ein Musterdokument, in dem Gestaltungselemente wie Seitenränder und Schriftarten (Formatvorlagen) und der Seitenaufbau voreingestellt sind. Auch immer auftauchende Textbausteine (z.B. die eigene Adresse und die Anrede) können in einer Dokumentvorlage gespeichert werden.

Dokumentvorlagen (engl. *document template*) werden mit der Endung *.dot* gespeichert. Wenn man nichts anderes auswählt, wird einem neuen Dokument die Standard-Dokumentvorlage *Normal.dot* zugeordnet.

So kann man eine Dokumentvorlage erstellen:

1. Im Menü DATEI ▶ NEU wählen.
2. Im Arbeitsbereich *Neues Dokument* unter *Vorlagen* die Option *Auf meinem Computer* aktivieren.
3. Im Dialogfeld *Vorlagen* durch Mausklick die Dokumentvorlage *Leeres Dokument* auswählen und mit OK bestätigen.

Das jetzt geöffnete Dokument ist die Dokumentvorlage, in der man alle gewünschten Formatierungen vornehmen kann.

Kopf- und Fußzeile. Die eigenen Kontaktdaten kann man in Kopf- und Fußzeile unterbringen:

1. Über das Menü ANSICHT ▶ KOPF- UND FUSSZEILE auswählen.
2. Die Daten eintragen (▷ Tipps in der Randspalte).

Adressfeld. Für ein Adressfeld gibt eine DIN-Norm folgende Maße an: 4 cm Höhe und 8,5 cm Breite; die linke obere Ecke 5 cm vom oberen und 2,4 cm vom linken Seitenrand entfernt. So kann man es erstellen:

1. An beliebiger Stelle ein Textfeld einfügen (Menü EINFÜGEN ▶ TEXTFELD).
2. Doppelklick auf den Rand öffnet das Fenster *Textfeld formatieren*. Im Karteireiter TEXTFELD drücken von ZU POSITIONSRAHMEN UMWANDELN.
3. Doppelklick auf den Rand des Positionsrahmens öffnet das Dialogfenster *Positionsrahmen*. Hier werden die Maße genau eingegeben.

Speichern und Öffnen. Nun speichert man die Dokumentvorlage unter einem sinnvollen Dateinamen, z.B. *Bewerbungsanschreiben* (▷ Bild 55|1). Diese Dokumentvorlage enthält nun wie ein Briefpapier Kopf- und Fußzeile mit Kontaktdaten und ein leeres Adressfeld.

Über das Menü DATEI ▶ NEU kann ein neues Dokument geöffnet werden, das auf der gewünschten Dokumentvorlage, z.B. *Bewerbungsanschreiben,* basiert (▷ Bild 55|2). Man kann es nun mit Adresse, Anrede und Text für das neue Bewerbungsanschreiben füllen. Nach der Bearbeitung speichert man das Dokument als normales *Word*-Dokument, die Dokumentvorlage *Bewerbungsanschreiben* bleibt dabei unverändert.

Weitere Elemente. In der Dokumentvorlage können weitere Eigenschaften eines Dokumentes gespeichert werden, z.B.

– Einstellung der Seitenränder über das Menü DATEI ▶ SEITE EINRICHTEN,
– weitere Standards wie die Anrede, die Schreibweise des Datums, die Schlussformel und der Verweis auf die Anlagen.

1. Erstelle eine eigene Dokumentvorlage für Briefe.

2. Markiere ein Wort und wähle über das Menü EXTRAS ▶ SPRACHE ▶ THESAURUS. *Informiere dich über die Wirkungsweise dieser Hilfe. Erstelle einen kurzen fachwissenschaftlichen Text und wende die Option auf geeignete Begriffe an.*

Tipps
Formatierungen in Kopf- und Fußzeile:
– Schriftart und Schriftgröße variieren.
– Den im Beispiel zur Trennung benutzten Punkt kann man über das Menü EINFÜGEN ▶ SYMBOL einfügen.

55|1 Speichern einer Dokumentvorlage im Ordner Vorlagen

55|2 Aufruf einer Dokumentvorlage

Projekt 1   **Projekt 2**   **Projekt 3**

Gestalte mit deinem Textverarbeitungsprogramm eine Seite mit Texten und Fotos oder Grafiken. Ihr könnt dieses Projekt auch in einer Gruppe machen.

Vorbereitung: Wähle zunächst ein Thema und schreibe dann einen Text. Wie viel Text passt ungefähr auf eine Seite mit Bildern? Es soll nur eine Seite werden!
Mache Fotos bzw. erstelle Grafiken oder besorge passende.

Nun gestalte die Seite:
a) Füge eine Überschrift mit *WordArt* ein (▷ Tipps).

b) Gliedere deinen Text in Absätze und formatiere ihn: Weise ihm Schriftart und Schriftgröße zu.

c) Formatiere die Absätze: Soll der Text links- oder rechtsbündig sein oder möchtest du Blocksatz?

d) Füge die Bilder ein (▷ „Bilder einfügen", S. 50). Am flexibelsten in der Platzierung der Bilder bist du, wenn du jedes Bild in ein eigenes Textfenster einfügst (▷ „Textfelder", S. 51).

e) Passt alles auf eine Seite? Kürze ggf. den Text, lösche ein Bild aus dem *Word*-Dokument oder verändere ihre Größe (▷ „Skalieren" oder „Zuschneiden", S. 50).

f) Probiere verschiedene Anordnungen aus. Speichere zwischendurch unterschiedliche Versionen unter verschiedenen Namen, damit du sie zum Schluss vergleichen und dich für eine entscheiden kannst.

Die Klassenfahrt nach Usedom

Ein Bericht von Tim und Bea über den 16. Juni 2007.

 Das ewige Sitzen im Klassenraum hat nun ein Ende. Wir sind in der Jugendherberge in Heringsdorf an der Ostsee angekommen. Das Seebad Heringsdorf liegt auf Usedom, der zweitgrößten Insel Deutschlands.

Der Aufenthalt am Sandstrand war echt Klasse. Wir hatten viel Platz und konnten uns im Wasser und im weichen Sand mächtig austoben.

 Dann kam der 16. Juni. Es war eine Radwanderung geplant. Wir mussten früh aufstehen.

Am Morgen gab es noch kräftigen Gegenwind. Sogar der Gothensee, ein Binnengewässer, wurde stark aufgewühlt.

 Etwas ruhiger war es in Stolpe, wo wir ein Schloss besichtigt haben. Von dort ging es dann wieder in die Jugendherberge. Am Abend fielen wir müde in die Betten.

Tipps

Klassenprojekt. Ihr könnt auch in der Klasse ein gemeinsames Oberthema verabreden, zu dem jede und jeder bzw. jede Kleingruppe eine Seite beiträgt, z. B.:
– Berichte zu Ereignissen einer Schulwoche,
– Darstellungen eurer Hobbys,
– über Orte in eurer Umgebung,
– eine Sammlung von Tagesberichten über eine Klassenfahrt (▷ Bild links),
– Gedichte mit Bildern illustrieren.

Einfügen von *WordArt*:
1. Über EINFÜGEN ▶ GRAFIK ▶ WORDART öffnet man den *WordArt-Katalog*:

2. Ein *WordArt*-Format auswählen.
3. In das sich öffnende Fenster den Text (z. B. die Überschrift) eingeben.

Projekt 1   **Projekt 2**   Projekt 3

Erstelle deinen Lebenslauf. Besorge dir eine Tageszeitung mit Stellenausschreibungen und wähle eine Stellenanzeige aus, die dich interessiert. Denke dir einen Lebenslauf für eine mögliche Bewerbung aus. Stelle dir dazu vor, dass du deine von dir gewünschte zukünftige Ausbildung (Hochschule, Lehre, Praktika, Sprachen, Auslandsaufenthalte) bereits absolviert hast.

Ein Lebenslauf soll klar gegliedert und lückenlos sein. Eine Gliederung in Ausbildungszeiten und -inhalte, praktische Erfahrungen, Sprachkenntnisse und persönliche Interessen ist sinnvoll.
Der Lebenslauf wird immer der jeweiligen Stelle angepasst: die Eigenschaften, die für die Stelle von besonderem Interesse sein könnten, werden deutlich hervorgehoben.
Beispiel: In einem Lebenslauf für eine Praktikumsbewerbung beim Fanartikelverkauf erwähnt man seine Mitgliedschaft im Fanclub. In einer Bewerbung für eine Lehrstelle beim Tischler ist das evtl. nicht wichtig.

Es gibt unterschiedliche Formvorgaben.
Unter www 057-1 findest du Muster für europaweit anwendbare, genormte Lebensläufe.

Persönliche Daten		
Name	Jan Lehmann	
Anschrift	Eichenweg 13	Foto
	12345 Astadt	
	Tel. 007/12 34 56	
	jan.lehmann@abc.de	
geboren am	20.10.1986 in Bstadt	
Familienstand	ledig	

Schulausbildung und Lehre	
1992–2002	Grund- und Realschule in Astadt
2002–2005	Lehrausbildung zum IT-Kaufmann
2005–2007	Gymnasium in Ystadt: Abiturnote 1,8

Studium	
10/2007–07/2009	Studium der technischen Informatik an der Technischen Universität Clausthal: Vordiplom mit Note 1,7
09/2009–03/ 2011	Auslandsstudium an der University of Liverpool - business administration
03/2011–07/2014	Studium der Allgemeinen Informatik an Technischen Universität Berlin, Abschluss: „Diplom-Informatiker" mit der Note 1,6 Thema der Diplomarbeit: „Entwicklung und Aufbau einer IT-Anlage zur Datenerfassung und Steuerung einer Erdwärmenutzungsanlage"

Praktika	
07/2009–09/2009	Praktikum im Bereich der IT-Abteilung der Energie AG Cstadt
07/2010–09/2010	Praktikum in der Abteilung data security der Data Inc. in London

Tätigkeiten	
01/2008–07/2008	Studentische Hilfskraft zur Betreuung der IT-Anlage der TU Clausthal
01/2010–07/2010	Mitarbeit bei der Systemverwaltung der IT-Anlage der University of Liverpool

Kenntnisse	
EDV	Programmiersprachen Java, JavaScript, C++, Delphi, Adobe Photoshop, Erstellung von Internetseiten, Internet
Fremdsprachen	Englisch: verhandlungssicher Chinesisch: gut Französisch: Grundkenntnisse

Sonstiges	
	Stipendiat der Erasmus - Stiftung

Astadt, 29. September 2014

Projekt 1   Projekt 2   **Projekt 3**

Gestaltet eine Klassenzeitung. Wie sind Zeitungen aufgebaut, wie ist der Text gestaltet?
Sammelt Informationen über die Klasse, Mitschüler, Lehrer, Lieblingsfächer, erstellt Textentwürfe und sammelt Bildmaterial.
Dieses Projekt kann gut in Teamarbeit durchgeführt werden. Dabei können die Teammitglieder eine Zeitungsredaktion darstellen, z. B. könnt ihr Autoren, Kolumnisten, einen Sportreporter, einen Reporter für „Klatsch und Tratsch" einen Fotoreporter, Textredakteure und einen Bildredakteur ernennen und einen oder mehrere Spezialisten für die Endgestaltung der Zeitung.
Verabredet in einem Zeitplan, wer wann was abliefert – wie bei einer richtigen Zeitung.

Weitere Kurzprojekte:
– Erstellung von attraktiven Lesezeichen
– Entwurf von Etiketten, z. B. für deine Tees, für die Beschriftung deiner Ordner, …
– Werbung für Nachhilfeunterricht
– Einladungen zu Klassenfesten, Elternabenden oder schulischen Theateraufführungen

1. Probiere aus, welche Namen und Fremdwörter dein Textverarbeitungsprogramm erkennt. Füge ggf. Wörter hinzu.

2. Warum erkennt die Rechtschreibkorrektur hier keine Fehler: „Diese Statt hat fiele Säen!"?

3. Im Fenster Rechtschreibung und Grammatik kann man weitere Optionen einstellen. Probiere verschiedene Möglichkeiten der Grammatik- und Schreibstilprüfung aus.

Tipp
Vielleicht ist der Besuch eines Schreibmaschinenkurses oder die Nutzung einer entsprechenden Lernsoftware sinnvoll? Tippen mit zehn Fingern geht viel schneller und vermeidet Fehler, weil man dabei auf den Bildschirm schauen kann.

Automatische Rechtschreibprüfung

Rechtschreibprüfung. Textverarbeitungsprogramme können helfen, Tipp- und Rechtschreibfehler zu erkennen. Meist ist *Word* so eingestellt, dass falsch geschriebene Wörter schon während der Eingabe mit einer roten Wellenlinie markiert werden.
So kann man diese Funktion aktivieren bzw. deaktivieren:
1. In der Menüleiste EXTRAS ▶ OPTIONEN wählen, dann die Registerkarte RECHTSCHREIBUNG UND GRAMMATIK.
2. Die Option *Prüfung während der Eingabe* aktivieren bzw. deaktivieren.

Textverarbeitungsprogramme vergleichen die eingegebenen Wörter mit einem internen **Wörterbuch**. Alle eingegebenen Wörter, die dort nicht aufgeführt sind, werden als falsch markiert, manchmal auch richtig geschriebene Wörter, besonders Namen und Fremdwörter.
Über das Kontextmenü kann man unbekannte, aber richtig geschriebene Wörter dem Wörterbuch hinzufügen. Das Kontextmenü erreicht man, indem man mit der rechten Maustaste auf das rot markierte Wort klickt.
Auch die **Grammatik** kann *Word* prüfen. Aber das ist schwieriger: Es findet manche Grammatikfehler, aber viele auch nicht, und es markiert auch einige korrekte Formulierungen als falsch.

Zusammenfassung

Mit Textverarbeitungsprogrammen wie *Microsoft Word* können auch umfangreiche Texte mit Bildern für verschiedenste Zwecke erstellt und bearbeitet werden. Die Korrekturmöglichkeiten erleichtern die Arbeit mit Texten.

Speichern. Wichtig ist, Dokumente häufig zwischenzuspeichern. Denn ein versehentlicher Verlust von Texten, die man in stundenlanger Arbeit und mit vielen Gedanken entwickelt hat, ist sehr ärgerlich. Daher sollte ein neues Dokument sofort nach dem Öffnen unter einem sinnvollen Dateinamen in einem geeigneten Ordner gespeichert werden.

Inhalt, Form und Zweck. Ein Text wird nicht nur nach seinem Inhalt, sondern auch nach der äußeren Form beurteilt. Von Vorteil ist, dass ein am Bildschirm erstellter Text sofort auf seine Wirkung hin untersucht werden kann (**WYSIWYG**-Prinzip, Abk. für engl. What-You-See-Is-What-You-Get).
Weitere Vorteile bieten die Möglichkeiten der Mehrfachverwendung eines ganzen Textdokuments oder von Textbausteinen durch einfaches **Kopieren**.

Für die äußere Form sind **Gestaltungselemente** wie Schriftart, Schriftgröße, Ausrichtung von Absätzen und Abständen wichtig. **Bilder** können Texte inhaltlich ergänzen oder auflockern.
Bei Verwendung dieser Elemente ist stets auf den Zweck des Dokumentes und auf den Zusammenhang zwischen Inhalt und Form zu achten. In einer Bewerbung haben Bilder nichts zu suchen (außer ggf. dem Bewerbungsfoto). Dagegen wirken Klassenzeitungen oder Berichte über Veranstaltungen ohne Bilder trocken und langweilig.

Lange Texte. Um das Lesen längerer Texte zu erleichtern, sollten einheitlich wiederkehrende Formatierungen gewählt werden. Ein Inhaltsverzeichnis, Seitenzahlen und ggf. Fußnoten erleichtern dem Leser die Orientierung.

Format- und Dokumentvorlagen. Zum Schreiben langer Texte bzw. ähnlicher Textdokumente (z.B. von Briefen) gibt es Arbeitserleichterungen in Form von Format- und Dokumentvorlagen. Diese sorgen für ein einheitliches Layout eines Textes und sind auf gleichartige Texte leicht zu übertragen.

Präsentationen erstellen

Ob Aktionärsversammlung, Referat oder Präsentationsprüfung:
Bei der Präsentation von Lern- und Arbeitsergebnissen ist neben einem Vortrag mit freier Rede der gekonnte Einsatz multimedialer Hilfsmittel von Vorteil.

Themen dieses Kapitels:
– Erstellung einer Präsentation,
– Planen des Arbeitsablaufes und Arbeiten mit einem Drehbuch,
– Einbinden von Multimedia-Elementen und Diagrammen,
– Erstellen von interaktiven Präsentationen und
– Vorführen einer Präsentation auf einem anderen Computer.

Erste Schritte

▷ Auf dieser und der folgenden Seite werden die ersten Schritte mit *PowerPoint* wiederholt. Die hier vorgestellten Möglichkeiten werden im Band „Informatik/ITG ab Klasse 7" auf den Seiten 49–52 ausführlich beschrieben.

Eine Entwurfsvorlage umfasst: Schriftgröße, -art und -farbe des Textes und der Überschriften, Hintergrundbild, Gliederungszeichen, Ausrichtung.
Wenn man die Folien selbst gestalten möchte, sollte man darauf achten, dass die Gestaltungsformate gut zusammenpassen, dem Inhalt entsprechen und die Lesbarkeit unterstützen.

Bei der Präsentation von Lern- und Arbeitsergebnissen spielt neben einem Vortrag mit freier Rede und der Verwendung der Tafel zunehmend der Einsatz multimedialer Hilfsmittel eine Rolle. So sind Laptop und Beamer sowie ein geeignetes Präsentationsprogramm aus vielen Präsentationsprüfungen nicht mehr wegzudenken. Das Programm *Microsoft PowerPoint* ist ein Werkzeug, mit dessen Hilfe eine gute Präsentation erstellt werden kann.

Nach dem Start von *PowerPoint* öffnet sich das Programm mit der Arbeitsoberfläche (▷ Bild 60|1). Wie andere Programme haben auch Präsentationsprogramme eine Menüleiste, einige Symbolleisten sowie mehrere kleine Fensterbereiche.

Erstellen einer neuen Präsentation. Nach dem Start des Programms gibt es mehrere Möglichkeiten, eine neue Präsentation zu erstellen.
Im Bereich *Neue Präsentation* kann man eine der Varianten auswählen:
– **Leere Präsentation**. Als Erstes wählt man die Struktur der Folien, das sogenannte Folienlayout, aus mehreren Möglichkeiten aus. Nun kann man die Folien sehr frei gestalten.
– **Von einer Entwurfsvorlage**. Eine Entwurfsvorlage stellt eine fertige Gestaltung der Folien ohne konkrete Inhalte bereit. Es gibt viele Entwurfsvorlagen zur Auswahl.
– **Vom *AutoInhalt-Assistenten***. Der *AutoInhalt-Assistent* bietet Präsentationstypen für verschiedene typische Zwecke an, z. B. „Projektplan", „Brainstormingsitzung" oder „Fachbericht". Die Präsentationstypen geben bereits jeweils eine zum Thema passende Gliederung vor und eine Gestaltung der Folien. Diese Vorgaben aus Gliederung und Gestaltung braucht man nur noch mit den eigenen Inhalten zu

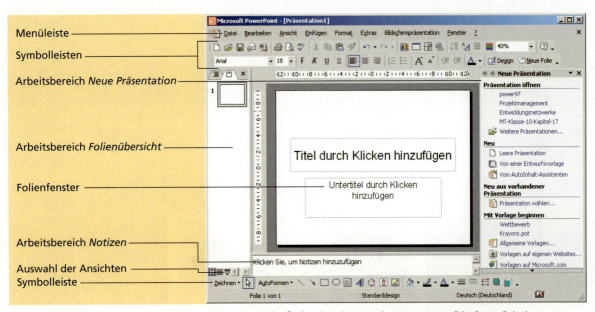

60|1 Arbeitsoberfläche eines Präsentationsprogramms (hier PowerPoint*)*

füllen. Diese Variante ist besonders hilfreich, wenn man sich mit dem Programm nicht gut auskennt.

– **Neu aus vorhandener Präsentation**. Über ein Dialogfenster können Präsentationen, die auf dem PC vorhanden sind, gesucht, geöffnet und anschließend bearbeitet werden.

Präsentation mit *AutoInhalt-Assistenten* erstellen. So geht man vor:

1. In der Menüleiste DATEI ▶ NEU anklicken.
2. AUTOINHALT-ASSISTENT auswählen.
3. Einen der angebotenen Präsentationstypen auswählen und weitere Optionen bestimmen.

Foliensortierungsansicht. Die Folgensortierungsansicht zeigt alle Folien als kleine Vorschaubilder im Überblick. In dieser Ansicht kann man Folien bequem verschieben, einfügen oder löschen.

Um diese Ansicht zu öffnen, kann man entweder

– in der Menüleiste ANSICHT ▶ FOLIENSORTIERUNG wählen oder
– unten auf das Symbol Folgensortierungsansicht klicken (▷ Bild 61|1).

Starten einer Bildschirmpräsentation. Zum Starten einer Bildschirmpräsentation gibt es drei Möglichkeiten:

– In der Menüleiste auf ANSICHT ▶ BILDSCHIRMPRÄSENTATION klicken,
– unten auf das Symbol BILDSCHIRMPRÄSENTATION klicken (▷ Bild 61|1) oder
– die F5-Taste auf der Tastatur drücken.

Wenn die Präsentation gestartet wurde, blättert man zur nächsten Folie normalerweise per Mausklick oder mit der Enter-Taste.

Sichern und Beenden einer Präsentation. Wenn die Präsentation fertig gestellt ist, sollte sie gespeichert und das Präsentationsprogramm beendet werden.

Alle beschriebenen Vorgehensweisen beziehen sich auf das Programm *PowerPoint* in den Versionen 2002 und 2003.

Die beschriebenen Funktionen sind bei älteren Versionen weitgehend identisch, nur die Benutzerführung weicht manchmal leicht ab.

Auch andere Textverarbeitungsprogramme wie z. B. das kostenfreie *Open Office Impress* haben sehr ähnliche Funktionen.

1. *Öffne das Programm* PowerPoint, *suche eine vorhandene Präsentation auf deinem Computer bzw. im Netzwerk und starte sie.*
Wenn du keine Präsentation findest, downloade eine Präsentation aus dem Webangebot. WWW **061-1**
Nach Ansicht der Präsentation beende sie und verlasse PowerPoint.

2. *Öffne das Programm* PowerPoint *und wähle eine Entwurfsvorlage aus. Füge passende Titel und Untertitel ein, sichere die Präsentation unter einem neuen Namen und beende sie.*

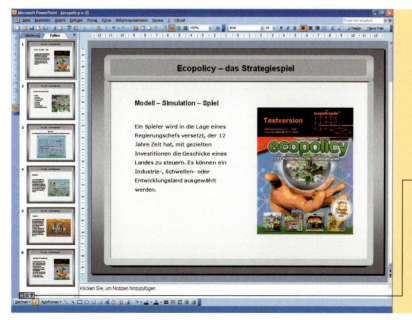

Auswahl verschiedener Ansichten, z. B.:

Normalansicht

Foliensortierungsansicht

 Bildschirmpräsentation

61|1 Beispielansicht einer geöffneten Präsentation

Die Präsentation selbst gestalten

▷ Auf dieser Seite werden die grundlegenden Arbeitstechniken zum Gestalten einer Präsentation aus dem Band „Informatik/ITG ab Klasse 7" wiederholt. Dort werden auf den Seiten 60–66 auch weitere Möglichkeiten beschrieben, z.B. Animationen, Folienübergänge und der Umgang mit dem Folienmaster.

Die Arbeit mit Text und Bild bildet die Grundlage für die Folienerstellung. Treten hier Fehler auf, so sind diese auch nicht mit den besten Animationen oder anderen Showeffekten zu überdecken. Zur Verwendung der folgenden Gestaltungsmöglichkeiten sollten Inhalt und Gliederung der Präsentation fertig vorliegen.

Neue Präsentation erstellen. So kann man leere, noch ungestaltete Folien erzeugen:
1. Im Menü DATEI ▶ NEU ▶ LEERE PRÄSENTATION wählen.
2. Unter *Inhaltslayouts* die LEERE FOLIE anklicken.

Titel
Aufzählung
Inhalt

62|1 Folie mit drei Platzhaltern

Vor dem Einfügen von Text sollen zwei Begriffe geklärt werden: **Objekte** und **Platzhalter**. Elemente auf der Folie, z.B. Texte und Bilder, werden als Objekte bezeichnet. Platzhalter sind Felder mit punktiertem Rand. Wenn beispielsweise aus dem Arbeitsbereich *Folienlayout* ein Layout übernommen wird, so enthält die Folie je nach Auswahl unterschiedliche Platzhalter. Die Folie im nebenstehenden Bild enthält die drei Platzhalter Titel, Aufzählung und Inhalt (▷ Bild 62|1).

Die Texterstellung auf einer leeren Folie erfolgt über Klick auf EINFÜGEN ▶ TEXTFELD in der Menüleiste. Der Mauszeiger ändert seine Gestalt und kann durch Klick dort positioniert werden, wo der Text stehen soll. Mit gedrückter linker Maustaste wird ein Textfeld aufgezogen. Das Textfeld kann auch später noch präzise platziert werden.
Nach Eingabe des Textes kann man die Texteingabe durch einen Mausklick außerhalb des Textfeldes beenden.

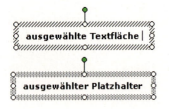

62|2 Randformen eines Textfeldes

Platzhalter aktivieren und formatieren. Der Rand eines Platzhalters (z.B. eines Textfeldes) zeigt, wie mit dem Platzhalter umzugehen ist (▷ Bild 62|2):
– Ist der Rand gestrichelt, so ist die Textfläche ausgewählt und man kann Text hinzufügen und Text verändern. Zum Beispiel kann der Text an der Cursorposition neu formatiert werden.
– Bei einem punktierten Rand ist der Platzhalter selbst aktiv und kann auf der Folie bewegt werden oder das Textfeld kann als Ganzes formatiert werden. Um einen punktierten Rand zu erzeugen, wird auf den Rand geklickt.
Beispiel: Um dem Textfeld einen Rahmen zu geben, ist nach Aktivierung des Textfeldes im Menü FORMAT ▶ TEXTFELD auszuwählen. In der sich öffnenden Dialogbox *Text formatieren* ist die entsprechende Änderung bei *Farben und Linien* vorzunehmen.

1. *Erzeuge auf einer leeren Folie ein Textfeld und trage einen Satz ein. Wähle das Textfeld aus und ändere seine Position und die Größe. Untersuche weitere Möglichkeiten wie Rotation, Vervielfältigen durch Kopieren und Löschen.*

Textgestaltung. Das Arbeiten mit Texten in PowerPoint ähnelt dem Umgang mit Texten in einem Textverarbeitungsprogramm. So können nach dem Markieren von Texten in einem Textfeld u.a. Schriftart, Schriftgröße, Stil, Farbe und weitere Effekte wie Textausrichtung oder Aufzählungen und Nummerierung aktiviert werden. Entsprechende Dialogboxen kann man im Menü FORMAT öffnen, für Schriftformatierungen wählt man dort den Punkt ZEICHEN.

Bilder einfügen

Es gibt verschiedene Möglichkeiten, Bilder in eine Folie einzufügen.

Fertige Bilder aus einer Datei einfügen.
1. Auswahl der Folie, auf der das Bild eingefügt werden soll.
2. In der Menüleiste klicken auf EINFÜGEN ▶ GRAFIK ▶ AUS DATEI (▷ Bild 63|1).
3. Es öffnet sich das Dialogfenster *Grafik einfügen* (▷ Bild 63|2), in dem man zunächst den Ordner mit dem gewünschten Bild und dann das Bild auswählt.
4. Das Bild auf der Folie positionieren und ggf. bearbeiten (s. u.).

1. Nimm mit einer Digitalkamera Bilder deiner Schule auf. Gestalte eine oder mehrere PowerPoint-Folien, mit denen du deine Schule vorstellst.

63|1 Grafik einfügen über das Menü

63|2 Grafik aus Datei einfügen

Bild von einem Scanner oder einer Digitalkamera einfügen.
1. Auswahl der Folie, auf der das Bild eingefügt werden soll.
2. In der Menüleiste klicken auf EINFÜGEN ▶ GRAFIK ▶ VON SCANNER ODER KAMERA.
3. Im sich öffnenden Dialogfenster das Gerät auswählen (im Bild 63|3 hat die angeschlossene Digitalkamera den Namen *E3700*).
4. Je nach Typ der Kamera bzw. des Scanners öffnet sich ein weiteres Dialogfenster zur Auswahl des einzufügenden Bildes.

63|3 Bild von Kamera oder Scanner einfügen

Bildbearbeitung. Um das Bild dem geplanten Folienlayout anzupassen, kann es bearbeitet werden.
1. Das zu bearbeitende Bild anklicken, sodass es aktiv ist.
2. In der Menüleiste FORMAT ▶ GRAFIK auswählen.
3. Es öffnet sich das Dialogfenster *Grafik formatieren* (▷ Bild 63|4).

Im Fenster *Grafik formatieren* kann man das Bild z. B. pixelgenau positionieren, skalieren und zuschneiden.
Um Probleme zu vermeiden, die mit der Darstellung des Bildes am Bildschirm zusammenhängen können, empfiehlt es sich, die Option *Optimal für Bildschirmpräsentation* zu aktivieren und die Auflösung zu wählen, die der Bildschirm für die Präsentation bietet.
Mit dem Button VORSCHAU kann man das Ergebnis der Änderungen prüfen. Falls es nicht befriedigend ist, kann mit dem Button ZURÜCKSETZEN der alte Zustand wiederhergestellt werden.

63|4 Grafik formatieren

Arbeitsablauf und Drehbucherstellung

Vorbereitung. Damit die Präsentation gelingt, sollte man folgende Fragen geklärt haben:
– Welche Ziele sollen mit der Präsentation erreicht werden? (z. B. informieren, überzeugen oder Begeisterung wecken)
– Für welche Zuhörer ist die Präsentation gedacht? (z. B. Schulklasse, Freunde)
– Welche Vorkenntnisse haben die Zuhörer?

Arbeitsablauf. Sind diese Fragen geklärt, sollte ein Zeitplan erstellt und bei einer Gruppenarbeit die Arbeit aufgeteilt werden. Dann kann das Thema unter folgenden Gesichtspunkten aufbereitet werden:

1. Phase: **Recherche**
– Informationsquellen lesen, Schwerpunkte festlegen
– Quellenangaben notieren

2. Phase: **Vortrag gliedern**
– Erkenntnisse strukturieren, Gliederung entwerfen
– ggf. Arbeitsaufteilung und Zeitplan präzisieren
– Zusammenfassungen formulieren

3. Phase: **Vortrag inhaltlich ausarbeiten**
– Vortrag als Aufsatz formulieren
– Kernaussagen als Stichpunkte zusammenstellen

4. Phase: **Folien erstellen**
– Gesamtlayout festlegen (z. B. Textformate, Farben, Multimedia und Animationen), Musterfolie erstellen
– Drehbuch erstellen
– Folien nach Drehbuch gestalten

5. Phase: **Präsentation mit Stoppuhr üben**

6. Phase: **Handzettel (engl. handouts) formulieren und erstellen**

64|1 Arbeitsphasen beim Erstellen einer Präsentation

_1._ _Wähle ein Thema für eine kurze Präsentation aus und bereite es unter Berücksichtigung der Phasen 1 und 2 auf._

Drehbuch. Ein wichtiges Hilfsmittel bei der Erstellung einer Präsentation ist ein Drehbuch. Nicht nur bei der Produktion eines Films, auch bei der Gestaltung einer Präsentation müssen alle Arbeitsschritte gut überlegt werden.
Ein Drehbuch ist sinnvoll, wenn die Erstellung der Präsentation komplex ist, z. B. weil sie
– sehr umfangreich oder mit multimedialen Inhalten gestaltet wird,
– in Gruppenarbeit erstellt wird oder
– Hyperlinks zwischen den Folien umfasst, sodass man – ähnlich wie im Internet – verschiedene Möglichkeiten zu navigieren hat (mehr dazu ▷ S. 72 f.).

▷ Für eine weniger komplexe Präsentation kann die Gliederungsansicht von _PowerPoint_ eine Hilfe sein. Diese wird im Band „Informatik/ITG ab Klasse 7" auf den Seiten 53–55 beschrieben.

Beispiel: In den Bildern ▷ 65|1 bis ▷ 65|4 sind verschiedene Arbeitsphasen einer Gruppenarbeit gezeigt.
– Bild 65|1: Die Gruppe legt Gliederung und Arbeitsverteilung fest, später werden in diesem Dokument auch die Gestaltungsanweisungen ergänzt, die alle Folien betreffen.

– Bild 65|2: Eine Vorlage für die einzelnen Drehbuchseiten ist entstanden.
– Bild 65|3: Das Drehbuch wird ausgearbeitet, hier ohne Texte und Bilder.
– Bild 65|4: Das Drehbuch wird umgesetzt in *PowerPoint*-Folien.

Bei der Ausarbeitung des Drehbuchs können Texte bereits konkret formuliert, Bilder skizziert oder Farben vorgeschlagen werden.

Die Gestaltung der Drehbuchvorlage lässt viel Platz zur Formulierung von Ideen. Dies ist für eine Gruppenarbeit besonders wichtig, damit die einzelnen Drehbuchseiten von den Gruppenmitgliedern noch vor der Umsetzung in Folien ergänzt oder kommentiert werden können.
Dabei können auch häufige Fehler rechtzeitig erkannt und behoben werden, z. B.:
– Überladung einer Folie mit Texten und Bildern,
– fehlerhafte Auswahl von Schrifttyp, -größe und Farbgebung,
– Übertriebener Einsatz von Animationen oder Sound,
– Verlust des Sachzusammenhangs aufeinander folgender Folien.

1. *Vergleiche die Drehbuchseite mit der Folie. Beschreibe die Unterschiede und kommentiere die Umsetzung.*

2. *Drucke die Drehbuchvorlage aus dem Webangebot.* www **065-1**
Wähle eine der Folien 3 bis 9 (▷ Bild 65|1) und erstelle ein Drehbuch für die Folie. Diskutiere deine Drehbuchseite mit einem Partner, vermeidet dabei die häufigen Fehler.
Setze nun dein verbessertes Drehbuch in eine Folie um.

Präsentation zum Thema: Proportionalität   1. März 2009

Gruppe: Monika Hintze, Clara Mann, Jan Straudt, Achmed Behli

Gliederung:
1. Titelfolie (alle)
2. Aufgabe zur Einführung (Monika)
3. Eigenschaften der Proportionalität (Jan)
4. Merksätze und Regeln (Jan)
5. Grafische Darstellungen (Clara)
6. Tabellen (Clara)
7. Dreisatz (Achmed)
8. Quotientengleichheit (Achmed)
9. Weiterführende Aufgaben (Monika)
10. Zusammenfassung (alle)

Gestaltung:
– Folienlayout: Monika entwirft bis 15. März eine Musterfolie, dann ihr Layout für alle Folien kopieren
– Schriftart für Text: in der nächsten Sitzung festlegen
– Folienübergänge: in der nächsten Sitzung festlegen

65|1 Gliederung und Arbeitsverteilung für die Gruppenarbeit

Drehbuch Präsentation	Thema:		Autor:	Folien-Nr.:
Regieanweisungen	Folieninhalt und Folienlayout			

a) Überschrift der Präsentation (gilt für alle Folien)   a)

Hinweise:
- Schriftart für Text:
- Hintergrundfarbe:
- Folienwechsel:
- Animationen:

65|2 Vorlage für die Drehbuchseiten

Drehbuch Präsentation	Thema: Proportionalität	Autor: Monika Hinze	Folien-Nr.: 02
Regieanweisungen	Folieninhalt und Folienlayout		

a) Überschrift der Präsentation (gilt für alle Folien)   a)

b) Text: Einführung in das Thema mit Bezug auf Bild (c)

c) Bild: Darstellung von unterschiedlichen Downloadzeiten für DSL und ISDN   b)   c)

Hinweise:
- Schriftart für Text: Verdana
- Hintergrundfarbe: siehe Musterfolie
- Folienwechsel: manuell
- Animationen: Bild (c) nach Tastendruck: dehnen von links, kein Sound

65|3 Eine z. T. ausgearbeitete Seite des Drehbuchs

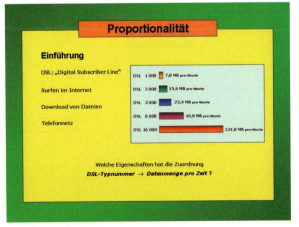

65|4 Nach dem Drehbuch gestaltete Folie

Multimediaelemente

Auf einer Folie können Multimediaelemente wie Musik, Audio- und Videoclips eingefügt werden und mit Animationen kann die Präsentation aufgelockert werden.

66|1 Einfügen von Film und Sound

Sound

PowerPoint stellt eine Fülle von Klängen zur Verfügung, über *Microsoft Office Online* können weitere Sounddateien geladen werden. Es ist möglich, Sound aus dem *Clip Organizer* einzufügen, Tracks von einer CD zu benutzen oder auch die eigene Stimme aufzuzeichnen (▷ Bild 66|1).

Einfügen eines Sounds aus dem *Clip Organizer*. Wenn man über keine eigene passende Sounddatei verfügt, kann man so vorgehen:
1. Die Folie auswählen, in die der Sound eingebunden werden soll.
2. In der Menüleiste EINFÜGEN ▶ FILM UND SOUND ▶ SOUND AUS CLIP ORGANIZER anklicken (▷ Bild 66|1).
3. Im Dialogfenster einen passenden Sound suchen (▷ Bild 66|2): Bei der Suche kann man unter *Suchen nach* eine Sound-Kategorie eingeben und unter *Suchen in* weitere Soundsammlungen, z. B. von *Microsoft Office, Microsoft Office Online,* oder eigene Sammlungen durchsuchen.
4. Mit VORSCHAU/EIGENSCHAFTEN (▷ Bild 66|2) spielt man den Sound ab.
5. Um die Sounddatei einzufügen, klickt man das Vorschaubild an.
6. In einem weiteren Dialogfenster wählt man aus, ob der Sound bei Aufruf der Folie automatisch oder nach Klick auf den kleinen Lautsprecher gestartet werden soll. Wenn man *Automatisch* wählt, sollte man das Lautsprechersymbol von der Folie entfernen.

Einfügen einer vorhandenen Sounddatei:
1. In der Menüleiste auf EINFÜGEN ▶ FILM UND SOUND ▶ SOUND AUS DATEI klicken (▷ Bild 66|1).
2. In der sich öffnenden Dialogbox kann z. B. der Ordner „Eigene Musik" geöffnet und ein Sound ausgewählt und eingefügt werden.

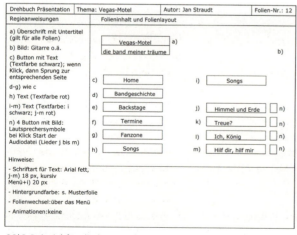

66|2 Dialogfenster ClipArt/Sound einfügen

66|3 Beispiel für die Verwendung von Sound in einer Präsentation (links das Drehbuch)

Einfügen von Tracks (Titeln) einer Audio-CD. Für Projekte, die sich z. B. mit Musik oder Theater beschäftigen, kann es nützlich sein, während der Präsentation einer Folie Teile einer Audio-CD abzuspielen. Um diese einzufügen, kann man so vorgehen:

1. Die CD in das Laufwerk des Computers einlegen und eventuell erscheinende Dialogboxen schließen.
2. Die Folie auswählen, in die der Audio-Track eingebunden werden soll.
3. In der Menüleiste EINFÜGEN ▶ FILM UND SOUND ▶ CD-AUDIOSPUR WIEDERGEBEN anklicken (▷ wie in Bild 66|1).
4. In einem Dialogfenster (▷ Bild 67|1) kann man Beginn und Ende des Tracks sekundengenau festlegen. Außerdem kann man weitere Optionen festlegen, z. B. die Lautstärke.

Beachte, dass in der Regel Töne und Musikstücke urheberrechtlich geschützt sind. Informiere dich, ob die benutzten Dateien frei verfügbar sind (▷ S. 36 f.).

67|1 *Dialogfenster* CD-Audio einlegen   67|2 *Dialogfenster* Sound aufzeichnen

1. Stelle in einer Kurzpräsentation mit zwei Folien deine Lieblingsband vor. Hinterlege auf einer Folie eine Sounddatei aus dem Internet und auf der anderen Folie deinen Lieblingssong von einer CD.

2. Stelle in einer Kurzpräsentation mit drei Folien dein Lieblingsbuch vor. Gestalte eine Folie mit einem von dir gesprochenen Auszug aus dem Buch.

Bei der Präsentation erfolgt das Abspielen des Tracks durch Klick auf ein kleines CD-Symbol, das auf der Folie erscheint.

Aufzeichnen von Sound. Es können auch eigene Klangaufzeichnungen erzeugt und in die Präsentation eingebunden werden.
So bindet man die eigene Stimme in eine Folie ein:

1. Text vorbereiten und – zum späteren Ablesen – aufschreiben.
2. Ein Mikrofon an den PC anschließen.
3. Die Folie auswählen, zu der man etwas aufzeichnen will.
4. In der Menüleiste EINFÜGEN ▶ FILM UND SOUND ▶ SOUND AUFZEICHNEN anklicken (▷ Bild 66|1).
5. Über das Dialogfenster (▷ Bild 67|2) kann die Aufzeichnung der Aufnahme gesteuert werden.

Der vorbereitete Text sollte nach Start der Aufzeichnung durch Betätigung des roten Aufnahmebuttons deutlich in das Mikrofon gesprochen werden. Die Aufnahme wird durch Klick auf den mittleren Button gestoppt. Mit einem Klick auf den Pfeil-Button (Play) kann die Aufzeichnung kontrolliert werden.

Diese Form der Soundaufzeichnung erstellt keine eigene Datei, sondern der Sound gehört wie ein Textfeld zur Folie. Er kann durch einen Klick auf das Lautsprechersymbol gestartet werden.

Tipp
Falls die Aufzeichnung mit dem Mikrofon nicht funktioniert, fehlt möglicherweise die entsprechende *Windows*-Einstellung. Um dies zu prüfen, empfiehlt sich folgendes Vorgehen:

1. Klicke auf START ▶ PROGRAMME ▶ ZUBEHÖR ▶ UNTERHALTUNGSMEDIEN ▶ LAUTSTÄRKE.
2. Klicke in der Menüleiste des Fensters *Lautstärke* auf OPTIONEN ▶ EIGENSCHAFTEN, es öffnet sich ein weiteres Dialogfenster.
3. In diesem Fenster zuerst AUFNAHME auswählen, dann vor dem Eintrag *Mikrofon* ein Häkchen setzen.

Animationen mit Sound

1. *Diese Aufgabe kann allein oder in einer Kleingruppe bearbeitet werden: Erstelle sechs Folien mit Hilfe des Au-toInhalt-Assistenten (▷ S. 60 f.) zu einem von dir gewählten Thema. Gestalte für jeden Folienübergang eine unterschiedliche benutzerdefinierte Animation.*
Kopiere deine fertige Präsentation. Für diese zweite Version wähle für alle Folienübergänge dieselbe benutzerdefinierte Animation aus. Diskutiert in einer Gruppe die Wirkung der beiden Varianten.

Sound bei Animationen. Eine weitere Möglichkeit zur Unterstützung einer Präsentation mit Sounds ist, eine Animation (z. B. das Einfliegen eines Textes) mit einem Sound-Effekt zu verbinden.
Der Einsatz solcher Effekte ist jedoch gut zu überlegen: Wenn z. B. jeder Folienwechsel von Applaus begleitet wird, ist dies für die Zuhörer auf Dauer ermüdend.
Wenn jedoch ein wohldurchdachtes Drehbuch die gezielte Einbindung von Sounds vorsieht, kann wie folgt vorgegangen werden:

1. In der Menüleiste auf BILDSCHIRMPRÄSENTATION ▶ BENUTZERDEFINIERTE ANIMATION klicken.
2. Das Objekt auf der Folie aktivieren, das animiert werden soll. Man erkennt ein aktiviertes Objekt daran, dass es durch rahmende Punkte markiert ist (z. B. im ▷ Bild 68|1 das Gitarrenbild).
3. Unter *Benutzerdefinierte Animation* das Feld EFFEKTE HINZUFÜGEN aktivieren. Dann unter ANIMATIONSPFADE AUSWÄHLEN eine vordefinierte oder eine eigene Animation wählen (▷ Bild 68|1).
4. Unter *Ändern: Links* wird mit Doppelklick auf einen der angezeigten Einträge (▷ im Beispielbild 68|2 markiert) das Dialogfenster *Links* (▷ Bild 68|2) geöffnet. Hier können Effekte und Zeitfenster eingestellt werden.

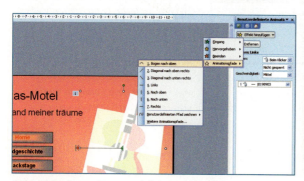

68|1 *Dialogfenster* Benutzerdefinierte Animation

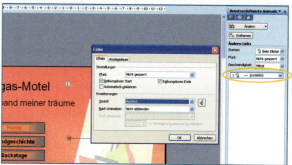

68|2 *Sound bei Animationen einfügen*

Videos

Einfügen eines Videos aus dem *Clip Organizer*. Das Einfügen von Videos aus dem *Clip Organizer* verläuft analog zum Einfügen von Sounds (▷ wie in Bild 66|1 und 66|2):

1. Die Folie auswählen, in die das Video eingebunden werden soll.
2. In der Menüleiste EINFÜGEN ▶ FILM UND SOUND ▶ FILM AUS GALLERY anklicken.
3. Im sich öffnenden Pull-down-Menü *Clipart-Fenster* kann wieder eine Kategorie angegeben werden. Aus den Angeboten wird ein passendes Video ausgewählt und eingefügt.

Wie bei der Einbindung von Sounds kann auch bei Videos ein Zeitfenster eingestellt werden.
Oft ist es wünschenswert, ein Video mit Hilfe **interaktiver Schaltflächen** zu starten. Das entsprechende Vorgehen wird später im Zusammenhang mit den interaktiven Schaltflächen behandelt (▷ S. 72).

69|1 *Folie mit eingefügter Videodatei*

Einfügen einer Videodatei. Eine zweite Möglichkeit ist, eine vorhandene Videodatei als Objekt einzufügen. In diesem Fall wird das Video von einer auf dem Computer befindlichen Video-Player-Software in einem eigenen Programmfenster abgespielt.

1. In der Menüleiste EINFÜGEN ▸ OBJEKT anklicken.
2. Im Dialogfenster *Objekt einfügen* (▷ Bild 69|2) die Option *Aus Datei erstellen* aktivieren.
3. Nach Klick auf DURCHSUCHEN das gewünschte Video auswählen.

69|2 *Dialogfenster* Objekt einfügen

Nun hat man noch zwei Wahlmöglichkeiten (▷ Bild 69|2):
Soll das Video in der Präsentation bei Aufruf der Folie sofort starten, bleibt **Als Symbol anzeigen** deaktiviert, andernfalls wird auf der *PowerPoint*-Folie ein Symbol eingefügt und das Video erst durch Mausklick auf das Symbol gestartet. Das Symbol wird vom Programm vorgeschlagen und kann geändert werden.
Bei Aktivierung von **Verknüpfung** wird nur der Pfad zum Video in der *PowerPoint*-Präsentation hinterlegt. So kann man vermeiden, dass die *PowerPoint*-Datei mit eingefügtem Video sehr groß wird. Will man die Präsentation später mit einem anderen Computer zeigen, muss man daran denken, auch das verknüpfte Video auf diesen Computer zu kopieren (▷ S. 75).

Fazit

Das Einbinden von Sounddateien und Videos kann eine Präsentation beleben und führt zusammen mit Texten und Grafiken zu multimedialen Effekten. Mit diesen Objekten werden beim Zuhörer mehrere Aufnahmekanäle angesprochen: Ohren und Augen. Dies kann zu einer gelungenen Präsentation beitragen. Werden aber die Effekte zu häufig eingesetzt und stehen eigentlich sie im Mittelpunkt einer thematisch orientierten Präsentation, so kann es leicht zu einer Abwertung führen.

1. *Erstelle allein oder in einer Kleingruppe zwei Folien zu einem frei gewählten Thema, die zweite Folie soll ein Video enthalten.*
Probiere je einmal die Möglichkeit, es automatisch bzw. nach Klick auf eine Schaltfläche zu starten.
Welche Startoption passt besser zum Video in deiner kurzen Präsentation? Begründe.
Wenn du auf dem Computer/im Netzwerk keine Videos findest, kannst du im Webangebot Videos downloaden.  **069-1**

PowerPoint im Verbund: Diagramme einfügen

In Präsentationen werden häufig Diagramme gezeigt, die mit einem Tabellenkalkulationsprogramm, z. B. *Microsoft Excel*, erstellt wurden. Wie man ein *Excel*-Diagramm in eine Folie übernimmt, wird am Beispiel eines Wahlergebnisses vorgestellt.

Die Sitzverteilung im deutschen Bundestag wird nach dem *Hare/Niemeyer*-Verfahren bestimmt. Die Parteien sollen so viele Sitze erhalten, wie es ihrem Stimmenanteil entspricht. Dazu wird für jede Partei die sogenannte Quote berechnet:

$$\text{Quote (Partei x)} = \frac{\text{Stimmenanzahl (Partei x) * Gesamtzahl Sitze}}{\text{Gesamtzahl aller Stimmen}}$$

Die Sitze werden nun in zwei Schritten verteilt:

1. Grundverteilung: Die Parteien erhalten so viele Sitze, wie sich durch Abrundung ihrer Quoten auf ganze Zahlen ergeben.
2. Restsitze: Die restlichen Sitze werden zugeteilt in der Reihenfolge der größten Nachkommastellen bei den Quoten.

Wegen Besonderheiten im deutschen Wahlrecht, der 5 %-Klausel und der Direktmandate weicht die tatsächliche Sitzverteilung von der hier berechneten leicht ab. Mehr dazu im Webangebot. www **070-2**

Vorarbeit mit Tabellenkalkulationsprogramm. Im Programm *Excel* wird zunächst eine Tabelle mit den Stimmenanzahlen der Parteien angelegt. (Die *Excel*-Datei ist im Webangebot unter www **070-1** hinterlegt.)
In der Tabelle (▷ oben im Bild 70|1) werden aus der Stimmenanzahl dann die Quoten und die Sitze der Parteien berechnet, vgl. dazu die Erklärung zur Sitzverteilung in der Randspalte.

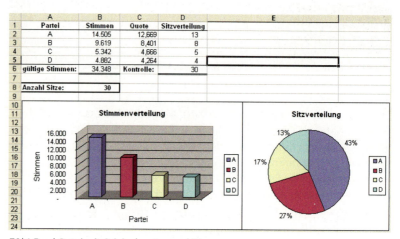

70|1 Excel-*Datei mit Originalwerten und Diagrammen*

Die Quote kann man in *Excel* durch Eingabe einer Formel mit relativem Zellbezug (▷ „Informatik/ITG ab Klasse 7", S. 73 f.) berechnen. Die Sitzverteilung trägt man in den links beschriebenen zwei Schritten manuell in die Tabelle ein. Im *Excel*-Arbeitsblatt wird dann die Anzahl der Stimmen und die Sitzverteilung durch Diagramme veranschaulicht.

Excel-Objekte in eine Folie übernehmen.

1. Die *Excel*-Datei muss sich im selben Ordner wie die *PowerPoint*-Datei befinden.
2. *Excel* starten, Arbeitsmappe laden und das gewünschte Objekt (Tabelle und/oder Diagramm) auswählen.
3. Im *Excel*-Menü Bearbeiten ▶ Kopieren anklicken, damit befindet sich das Objekt in der Zwischenablage.
4. Im *PowerPoint*-Menü Bearbeiten ▶ Inhalte einfügen auswählen.
5. Es erscheint das Dialogfenster *Inhalte einfügen* (▷ Bild 70|2), darin auswählen von *Microsoft Office Excel-Diagramm-Objekt* (die Bezeichnung dieses Eintrages variiert je nach Programmversion).
6. Wählen der Option **Einfügen** bzw. **Verknüpfung einfügen** (▷ Bild 70|2): Bei *Verknüpfen* werden spätere Änderungen der *Excel*-Werte auch in der *PowerPoint*-Präsentation aktualisiert, bei *Einfügen* werden solche Änderungen nicht berücksichtigt (▷ Bild 71|1).

70|2 Dialogfenster Inhalte einfügen *mit der Option* Einfügen

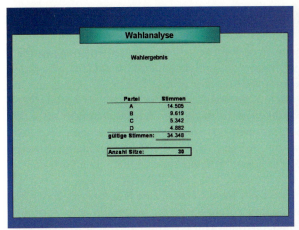 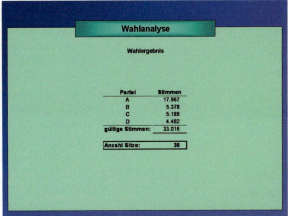

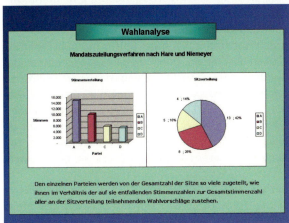 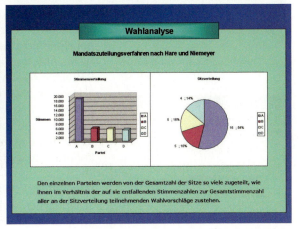

71|1 PowerPoint-*Präsentation zur Wahlanalyse. Die* Excel-*Datei ist inzwischen geändert worden: links die Folien* ohne *und rechts* mit *Aktualisierungen der Objekte*

Animierte Diagramme. *Excel*-Diagramme, die über die Zwischenablage in eine *PowerPoint*-Folie eingefügt wurden, können animiert werden, z. B. können in einem Säulendiagramm die einzelnen Säulen nacheinander erscheinen. So kann man ein Diagramm animieren:

1. Das Diagramm in der Folienansicht markieren.
2. Im Menü BILDSCHIRMPRÄSENTATION ▸ BENUTZERDEFINIERTE ANIMATION wählen.
3. Im Aufgabenbereich *Benutzerdefinierte Animation* auf ERSCHEINEN klicken und EFFEKT HINZUFÜGEN auswählen (▷ links im Bild 71|2).
4. Im Pull-down-Menü des Effekts Auswahl von *Effektoptionen*.
5. Auf das Register DIAGRAMMANIMATION klicken, darin Auswählen von *Nach Element in Kategorie* (▷ rechts im Bild 71|2).

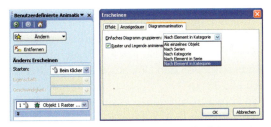

71|2 *Diagramme animieren: Schritt 3 und Schritt 5*

1. Erstelle eine kurze Präsentation, die eine Chart-Hitliste einer Band oder die Besucherzahlen neuer Kinofilme enthält.
Gestalte darin zwei Folien, die aus einer Excel-*Datei Daten in Form von Tabellen und Diagrammen übernimmt. Beachte dabei die Möglichkeiten* ohne *und* mit *Aktualisierung der Objekte.*

2. Erstelle mit einem Tabellenkalkulationsprogramm eine Tabelle und Diagramme (▷ Bild 70|1) zu einer aktuellen Wahl.
Binde Tabelle und Daten in eine kurze Präsentation ein.

Interaktive Navigation mit Hyperlinks

In die Folien können Hyperlinks zu anderen Folien eingefügt werden. Damit kann man von einer Folie aus ein anderes Objekt (z. B. eine Multimedia-Datei, eine Internetseite oder eine andere Folie) aktivieren. Und man kann eine Präsentation erstellen, in der man – wie im Internet – verschiedene Möglichkeiten zu navigieren hat. Man spricht auch von **nichtlinearen Präsentationen** oder **nichtlinearer Navigation**. Auf Seite 73 sind zwei Varianten gezeigt, wie man diese Möglichkeiten sinnvoll einsetzt, besonders für Präsentationen ohne begleitenden Vortrag.

72|1 Auswahl interaktiver Schaltflächen

72|2 Interaktive Schaltflächen erstellen

Navigation mit interaktiven Schaltflächen. Eine Präsentation wird meist erstellt, um einen Vortrag zu unterstützen. Man kann aber auch eine Präsentation erstellen, die ohne einen Vortrag abläuft, z. B. im Internet oder auf einer Ausstellung. Je nach Einstellung werden die Folien dabei automatisch oder auf Knopfdruck weitergeblättert.
Bei einer nichtlinearen Präsentation kann der Betrachter selbst interaktiv die Abfolge der Folien bestimmen. Durch dieses aktive Einbinden des Betrachters kann sein Interesse geweckt werden, das Thema selbst zu erforschen. Eine Gefahr ist, dass dadurch der Überblick bzw. der rote Faden des Themas verloren gehen kann. Daher sollte man genau überlegen, welche Navigationsmöglichkeiten man dem Betrachter gibt (▷ Bild 73|3), und in einem **Drehbuch** die Abfolge der Folien und ihre Verknüpfungen (ggf. auch zu weiteren Multimedia-Objekten) beschreiben.

Interaktive Schaltflächen erstellen. Im Bild 72|2 sind drei interaktive Schaltflächen auf einer Folie zu sehen: Durch Anklicken der Pfeile „links" bzw. „rechts" soll man zur jeweils vorherigen bzw. zur folgenden Folie wechseln können und über die Schaltfläche „Inhalt" zu einem vorbereiteten Inhaltsverzeichnis. So kann man sie erstellen:
1. In der Menüleiste auf BILDSCHIRMPRÄSENTATION ▸ INTERAKTIVE SCHALTFLÄCHEN klicken (▷ Bild 72|1).
2. Es öffnet sich ein Menü, aus dem eine Reihe von interaktiven Schaltflächen ausgewählt werden kann (▷ Bild 72|1).
3. Hat man die Schaltfläche auf der Folie platziert, öffnet sich die Dialogbox *Aktionseinstellungen* (oben im ▷ Bild 72|2). Über *Hyperlink zu* kann ein Link zu einem gewünschten Ziel gesetzt werden. Klickt man beispielsweise auf *Folie*, so öffnet sich das Dialogfenster *Hyperlink zur Folie* (unten im ▷ Bild 72|2), in dem man aus sämtlichen Folien der aktuellen Präsentation auswählen kann.

Menü mit Hyperlinks. Sehr übersichtlich für den Betrachter ist ein interaktives Menü (▷ Bild 73|1). So kann es gestaltet werden:
1. Für die geplanten Schaltflächen des Menüs Textfelder anlegen.
2. Jedes der Textfelder mit einem entsprechenden Hyperlink versehen: Textfeld markieren, Menü BILDSCHIRMPRÄSENTATION ▸ AKTIONSEINSTELLUNGEN wählen. Dann wie oben beschrieben den Link auf die entsprechende Folie setzen (▷ vgl. auch Bild 73|1).
3. Das Menü auf alle Folien kopieren, auf denen es sinnvoll ist.
4. Das Menü auf den Folien anpassen (z. B. auf der Folie „Fanzone" das Textfeld „Home" mit dem entsprechenden Link versehen).

Achtung: Hyperlinks sind nur während der Ausführung der Präsentation aktiv und nicht während der Erstellung der Präsentation.

73|1 Ein Navigationsmenü erstellen

73|2 Hyperlink zum Internet erstellen

Hyperlinks zum Internet erstellen. Ebenso kann man einen Link ins Internet erstellen, wenn man im Fenster *Aktionseinstellungen* unter *Hyperlink zu* den Eintrag *URL* auswählt (▷ Bild 73|2).
Den Link kann man dann entweder über eine Suche im Internet setzen (durch Klick auf Web durchsuchen) oder durch Eintragen einer bekannten Webadresse in das Textfeld *Adresse*.

Bei Verknüpfungen zum Internet ist es unerlässlich, sicherzustellen, dass die Adressen gültig und die Quellen vertrauenswürdig sind.

Komplexe Navigationsstruktur. Wenn die Navigationsstruktur komplexer ist, können die Betrachter die Abfolge der Präsentation noch stärker selbst steuern. So sind sie aktiver und vermutlich motivierter.

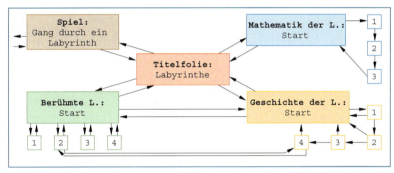

73|3 Entwurf einer Navigationsstruktur (Ausschnitt)

Hier ist eine sorgfältige Planung besonders wichtig, damit die Betrachter nicht die **Orientierung** verlieren, denn sie haben keinen Plan wie den obigen zur Hand! Man sollte sich zu jeder Folie vorstellen, wie sich der Betrachter in der Präsentation orientieren kann und welche Folie(n) er mit einem Klick erreichen möchte:
– Wenn man den Betrachtern zu viele Möglichkeiten gibt, kann es unübersichtlich werden und sie können das Gefühl bekommen, der Autor der Präsentation überlasse ihnen einfach die Arbeit der Gliederung.
– Bei zu wenig Möglichkeiten könnten sie sich eingeschränkt fühlen.
Zur Orientierung sind eine zentrale Startfolie und ggf. Titelfolien zu Unterthemen sinnvoll.

1. Zeichne die Grafik 73|3 ab. Stelle dir vor, du betrachtest die Präsentation, und zeichne ein, welchen Weg durch die Präsentation du wählst. Überlege bei jedem Schritt, wie du dich orientierst und warum du diesen Weg wählst.

2. Markiere in der Grafik 73|3 die zentrale Start-Folie farbig. Markiere die Titelfolien zu den Unterthemen mit einer anderen Farbe.

3. Wähle ein Thema und entwirf eine Präsentation mit ca. sechs Folien: Überlege die Folientitel und eine nichtlineare Navigation.
Du kannst diese Aufgabe auch im Team bearbeiten.

4. Erstellt in einer Gruppe eine Präsentation, die den Besuch eines Zoos (oder einer Sport- oder Kulturveranstaltung) vorbereitet. Gestaltet Folien, die mit Hyperlinks zum Internet über Lebensräume und Verhalten exotischer Tiere (bzw. über Sportler oder Künstler) informieren.

Gebrauch von Hilfsmitteln

Begriffliches

In diesem Abschnitt ist mit *Handout* nicht eine Unterlage im Sinne einer Zusammenfassung oder eines Thesenpapiers gemeint. Vielmehr geht es hier um sogenannte Handzettel, deren Zweck darin liegt, den Zuhörern das Mitschreiben von Folieninhalten zu ersparen.

Regeln für die Erstellung eines *Thesenpapiers* sind im unteren Abschnitt zu finden.

Notizen. Zu jeder Folie gibt es in *PowerPoint* eine Notizenseite. Die Notizenseite ist für den Referenten als Erinnerungsstütze während des Vortrages gedacht.

Um zu der entsprechenden Ansicht zu gelangen, wählt man über das Menü ANSICHT ▶ NOTIZENSEITE. Man sieht die aktuelle Folienseite in verkleinerter Form sowie ein Textfeld für Notizen. In das Textfeld können die Informationen eingegeben werden, die der Referent während seines Vortrages benötigt.

Handzettel – Handouts. Handzettel (engl. handouts) sind zum Austeilen an die Zuhörer gedacht. Im Menü DATEI ▶ DRUCKEN kann die Präsentation dazu in verkleinerter Form gedruckt werden. Dies erspart den Zuhörern das Mitschreiben der Folieninhalte.

74|1 Drucken von Folien, Handzetteln bzw. Notizen

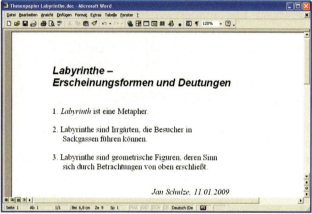

74|2 Ein Thesenpapier

Tipp

Stell dir vor, du sollst einer Person, die es sehr eilig hat, den Inhalt des Referates so vorstellen, dass sie darüber Bescheid weiß. Wenn dir das gelingt, hast du eine gute Grundlage für die Erstellung eines Thesenpapiers geschaffen.

1. Wähle ein Thema aus dem Fachunterricht, beispielsweise die Zentralperspektive in Kunst und Mathematik, und formuliere dazu ein Thesenpapier.

Thesenpapier. Auch ein Thesenpapier ist zum Austeilen an die Zuhörer gedacht. Der Zweck eines Thesenpapiers liegt darin, die wichtigsten Inhalte eines Referates in knapper und übersichtlicher Form zusammenzufassen (▷ Bild 74|2). Dazu sind entweder kurze Sätze oder Satzfragmente, die durch Aufzählungszeichen getrennt sind, zu formulieren. Ein Thesenpapier kann ggf. auch eine wichtige Grafik, Formel oder Tabelle enthalten.

Der Umfang des Thesenpapiers sollte eine Seite nicht überschreiten. Als Überschrift wird das Thema genannt und unter die Thesen wird der Name des Referenten bzw. werden die Namen der Referenten notiert.

Das Thesenpapier sollte den Zuhörern *vor* dem Referat zur Verfügung gestellt werden, damit sie sich auf den Inhalt einstellen können und für eine Diskussion vorbereitet sind.

Möglicherweise hat dein Lehrer für das Erstellen von Thesenpapieren weitere oder andere Regeln. Erkundige dich.

Für ein gutes Thesenpapier empfiehlt sich folgende Vorgehensweise:

1. Notiere wichtige Inhalte auf Karteikarten.
2. Fasse den Inhalt je einer Karteikarte als These zusammen.
3. Diskutiere die Thesen mit Freunden.
4. Schreibe das Thesenpapier.

PowerPoint-Viewer und Online-Präsentation

Präsentation packen und mitnehmen. Oft wird eine Präsentation zu Hause erstellt und soll dann in der Schule vorgeführt werden. Um sicherzugehen, dass die Präsentation auch auf einem Rechner läuft, auf dem eine andere oder gar keine Version von *PowerPoint* installiert ist, ist der *PowerPoint-Viewer* (auch *PowerPoint-Projektor* genannt) sehr nützlich.

Es empfiehlt sich, die Präsentation zusammen mit dem *Viewer* auf einem Datenträger wie z. B. einer CD zu sichern:

1. Im *PowerPoint*-Menü DATEI ▸ VERPACKEN FÜR CD auswählen.
2. Im Dialogfenster *Verpacken für CD* (▷ Bild 75|1) einen Namen für die CD eingeben.
3. Weitere Dateien, die zusätzlich auf die CD sollen, kann man über DA-TEIEN HINZUFÜGEN hinzufügen.
4. Den *Viewer*, die verknüpften Dateien und die benutzten Schriftarten kann man hinzufügen, indem man OPTIONEN anklickt und im neuen Dialogfenster (▷ Bild 75|2) entsprechende Häkchen setzt.
5. Abschließend die Präsentation auf eine CD brennen. Dann mit SCHLIE-SSEN beenden.

Probleme kann es auf fremden Rechnern bei der Wiedergabe von Multimedia-Dateien wie Videos und Musikdateien geben. Man sollte nur gängige Dateiformate verwenden und die Präsentation unbedingt einige Tage vor der Veranstaltung auf dem Rechner testen.

1. Öffne eine Präsentation, verpacke sie für eine CD und füge den Power-Point-Viewer *hinzu.*
Suche dir dann einen Rechner, auf dem PowerPoint *nicht installiert ist, und starte auf diesem Rechner die Präsentation.*

Tipp

Ein häufiges Problem beim Vorführen einer Präsentation per Beamer ist, dass entweder der Beamer oder der Notebookmonitor kein Bild zeigt. Oft ist die Ursache die Einstellung des **Monitormodus** beim Notebook, den man bei den meisten Notebooks mit der Tastenkombination „Fn" + „F5" umschalten kann. Sonst recherchiere im Benutzerhandbuch des Notebooks (oder im Internet unter Angabe deines Notebooktyps) nach *Dual-Mode*.

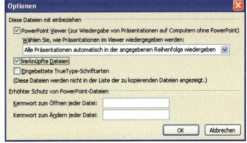

75|1 Präsentation für CD verpacken   75|2 Viewer, verknüpfte Dateien und Schriftarten hinzufügen

Online-Präsentation. Soll die Präsentation als Webseite gespeichert werden, kann im Menü DATEI ▸ SPEICHERN UNTER ausgewählt werden. Unter *Dateityp* (▷ Bild 75|3, ganz unten) ist dann *Webseite* einzustellen. Die Präsentation wird dann als HTML-Dokument abgespeichert.
Über den Button VERÖFFENTLICHEN können weitere Einstellungen vorgenommen werden.

PDF. Soll eine Präsentation per Mail verschickt oder am Bildschirm betrachtet werden, so eignet sich dafür das **P**ortable **D**ocument **F**ormat (**PDF**), da bei geeigneter Einstellung die zu transportierenden Datenmengen relativ klein sind. Zum Konvertieren in ein PDF-Dokument muss ein geeignetes Programm installiert sein.
Internetlinks zu kostenfreien Programmen zum Lesen und zum Erstellen von PDF-Dokumenten findest du im Webangebot unter www **075-1**.

75|3 PPT-Datei für eine Online-Präsentation vorbereiten

Projekt 1 | Projekt 2 | Projekt 3

Erstellt in Teamarbeit eine selbstablaufende Präsentation zu einer Sportart. Einigt euch in der Gruppe, welche Sportart ihr präsentieren wollt. Oder ihr schlagt in der Klasse verschiedene Sportarten vor und anschließend findet ihr euch in Gruppen zu euren Lieblingssportarten zusammen.

Der Arbeitsablauf ist in den 6 Phasen (▷ „Arbeitsablauf", S. 64) ausführlich beschrieben, hier die Phasen der Projekterstellung in Kurzform:
1. Recherche
2. Vortrag gliedern, Verteilung der Aufgaben, Zeitplan erstellen
3. Präsentation inhaltlich ausarbeiten
4. Drehbuch und Folien erstellen
5. Präsentation üben
6. Handouts entwerfen

Tipps zu den Projektphasen
– Überlegt euch (▷ Phase 2), welche Aspekte der Sportart ihr präsentieren wollt. Wie soll die Navigation funktionieren?
– Nach dem Sammeln der Materialien und einer Verteilung der weiteren Aufgaben sollte (▷ Phase 2) ein Zeitplan erstellt werden.
– Erstellt Protokolle über alle Treffen, Beschlüsse und Ideen.
– Lasst die Präsentation von Unbeteiligten beurteilen (▷ Phase 5), um Stärken und Schwächen zu erfahren und die Präsentation ggf. zu verbessern.

Beispiel: Ein Schülerteam hat sich das Thema „Skaten" ausgesucht. Auf diese Unterthemen haben sie sich geeinigt:
– Wo kann in der Umgebung geskatet werden (Fahrbahn, Radweg, Bürgersteig)?
  ▷ Menüpunkt „Bahnen".
– Sicherheitsaspekte (Schutzkleidung, Verhaltensregeln, rechtliche Situation)
  ▷ Menüpunkt „Sicherheit".
– Tipps zu Fahrtechnik (z.B. Axel), Ausrüstung (Helm, Knie-, Handgelenk- oder Ellenbogenschoner), Falltechniken oder Skate-Elementen (z.B. Half-Pipe oder Rampen)
  ▷ Menüpunkt „Lexikon".

Ihr könnt natürlich auch ganz andere Unterthemen wählen, z.B. Regeln, herausragende Sportler…

Tipp
Zur Strukturierung von Informationen können Mindmaps angefertigt werden.

Mindmaps eignen sich auch, um die Navigationsstruktur einer Präsentation zu entwerfen (▷ Beispiel auf S. 73).

Projekt 1 **Projekt 2** Projekt 3

Fertige – alleine oder mit einer Gruppe – eine Präsentation zur Unterstützung eines Vortrages über erneuerbare Energien an. Der Einstieg soll auf die Bedeutung des Themas aufmerksam machen. Er soll den Zuhörer motivieren, mehr über die Problematik zu erfahren.

Die folgenden Seiten sollen darüber informieren, warum die Nutzung erneuerbarer Energien notwendig ist und die verschiedenen Formen (Wasserkraft, Windgeneratoren, Solaranlagen, Erdwärme) darstellen.

Dabei ist auf die jeweiligen Vor- und Nachteile einzugehen, z.B. in einer Gegenüberstellung von Wirkungsgrad, Umweltbelastung, Bau- und Betriebskosten, Wirtschaftlichkeit, Perspektive und dem Anteil des gegenwärtigen Beitrags am allgemeinen Energieaufkommen Deutschlands.

Um eine Diskussion nach dem Vortrag anzuregen, können ein oder zwei Fragen präsentiert werden, z.B.:
– Was verstehst du unter dem Begriff „Klimakatastrophe"?
– Welche Bedeutung hat die Kernenergie für das gestellte Thema?
– Was kann dein persönlicher Beitrag für eine Energieeinsparung sein?
– Soll der Individualverkehr begrenzt werden?

Tipp
Beachte bei der Präsentation der Fragen, dass sie durch geeignete grafische oder auch multimediale Elemente Aufmerksamkeit erregen und sowohl Zustimmung als auch Ablehnung hervorrufen sollen.

Projekt 1 Projekt 2 **Projekt 3**

Erstellt eine Präsentation zum Thema Labyrinthe. Auf einer Titelfolie soll ein Labyrinth in Form eines Irrgartens abgebildet werden. Damit die Zuhörer

Labyrinthe

Lasse dir den Weg durch das Labyrinth beschreiben

motiviert bleiben, kann auf einer Folie oder auf mehreren Folien eine gesprochene Beschreibung eines Weges durch ein Labyrinth eingebunden werden.

Überlegt, ob die Betrachter der Präsentation einen interaktiven Gang durch ein Labyrinth machen sollen.

Weitere Themenschwerpunkte könnten sein: Geschichte, Bedeutungen, Beispiele in Vergangenheit und Gegenwart, Konstruktionsprinzipien.

Als Abschluss ist denkbar, dass die Zuhörer ein Labyrinth als Handout erhalten, aus dem sie einen Weg heraus finden sollen.

Zusammenfassung

Mit Präsentationsprogrammen wie beispielsweise *PowerPoint* von *Microsoft* können digitale Folien für einen Vortrag erstellt werden. Die Folien können mit Texten und Grafiken gestaltet werden. Neben diesen Gestaltungselementen gibt es die Möglichkeit, z.B. Animationen, Sound, Videos oder Links zum Internet einzubauen.

Erstellen der Präsentationsinhalte. Zur Vorbereitung einer Präsentation ist zu überlegen, wann und wo diese eingesetzt werden soll.
– Eine Titelfolie soll motivierend in das Thema einführen.
– Texte, Farben und Bilder sollen den Vortrag unterstützen, nicht ersetzen.
– Eine Folie beschreibt nur einen Gedanken. Beschränke daher die Informationen auf einer Folie auf 3 bis 5 Gedanken.
– Auf einer Folie stehen möglichst keine ganzen Sätze.
– Die Folien sollen klar und einheitlich strukturiert sein.
– Die Quellen für benutzte Inhalte müssen angegeben werden.
– Beende die Präsentation mit einer Folie, die eine Zusammenfassung enthält oder Thesen, die eine Diskussion anregen.
– Prüfe, welche Inhalte den Zuhörern auf einem Handout oder einem Thesenpapier zur Verfügung gestellt werden sollen.
– Wenn die Betrachter selbst navigieren können, muss die Navigation selbsterklärend sein.

Folien-Design.
– Verwende ein einheitliches Layout durch Verwendung von Vorlagen.
– Benutze eine gut und leicht lesbare Schrift, dies betrifft sowohl die Größe (normaler Text 22 pt bis 26 pt) als auch die Schriftfarbe.
– Gehe sparsam mit Effekten wie Animationen oder Sound um.
– Markiere wichtige Informationen durch geeignete Hervorhebungen.
– Habe den Mut, auf Folien Leerräume zu lassen.

Üben und Testen. Ist die Präsentation fertig, muss sie geübt und getestet werden. Dabei achte auf folgende Dinge:
– Teste die Präsentation auf dem Rechner, der für den Vortrag benutzt werden soll.
– Achte bei dem Test auf die Entfernung der Zuhörer zum Vortragenden und zur Projektionswand.
– Prüfe, ob die technischen Voraussetzungen wie Lage der Steckdosen, Größe der Projektionswand und Sitzanordnung der Zuhörer deinen Anforderungen entsprechen.
– Vermeide, Folieninhalte vorzulesen.
– Sprich laut und deutlich.
– Lerne die ersten Sätze auswendig und sprich danach frei.
– Beende die Präsentation mit einem geeigneten Schlusswort wie beispielsweise einem Dank an die Zuhörer für ihre Aufmerksamkeit.

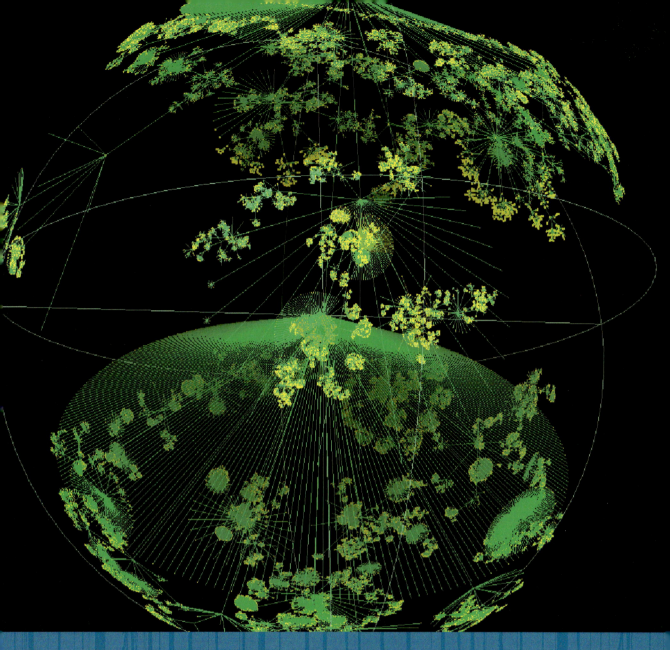

Internet

Das Internet verändert mit seinen vielfältigen und immer wieder neuen Nutzungsmöglichkeiten unser Leben. Beim Umgang mit dem Internet helfen Wissen und Können, die umfangreichen Möglichkeiten gezielt zu nutzen, ohne sich in den unüberschaubaren Angeboten zu verlieren.

Das Bild zeigt einen Ausschnitt des Internets: 535 102 Hochgeschwindigkeitsrouter und 601 678 Verbindungen zwischen diesen Geräten. Solche Router bilden den Kern des Internets, sie zeigen den gesendeten Daten einen möglichst schnellen Weg durchs Internet zum Zielcomputer. Wenn ein Nutzer z. B. eine Webseite aufruft, werden viele Datenpakete verschickt. Ein Datenpaket passiert dabei meist einige Router, bis es seinen Zielcomputer erreicht. Mehr zur Netzstruktur des Internets ▷ S. 96 ff.

Die Themen:
– Überblick über die Nutzungsmöglichkeiten, die Technik und den Umgang mit dem Browser,
– effektive Vorgehensweisen zum Finden glaubwürdiger Informationen,
– Kommunikation per E-Mail, Chat und Instant Messaging sowie in Foren, Blogs und Wikis.
– So funktioniert das Internet: Netzstruktur und Protokolle.

Ein neues Zeitalter

Wenige Erfindungen und Entwicklungen haben das Leben der Menschheit so grundlegend verändert wie das Internet. Die Verhüttung des ersten Metalls, des Kupfers, ca. 6000 v. Chr. erweiterte die Möglichkeiten der Herstellung von Gebrauchsgegenständen (und auch von Waffen). Gutenbergs Erfindung des Buchdrucks mit beweglichen Lettern Mitte des 15. Jahrhunderts machte mit den Büchern auch Informationen leichter verfügbar. Seit einigen Jahren sorgt das Internet mit vielfältigen Anwendungsmöglichkeiten und einem atemberaubenden Entwicklungstempo für Aufsehen.

Noch nie konnten weltweit, jederzeit und schnell so viele Menschen direkt miteinander Informationen austauschen und vielfältige Dienstleistungen anbieten und nutzen. Immer umfangreichere Online-Angebote verändern unser tägliches Leben und machen das Internet zu einem wichtigen Faktor für die wirtschaftliche und kulturelle Entwicklung.

DAS INTERNET LEGT UNS DIE WELT ZU FÜSSEN.

Allgemeine Ziele der Internetnutzung. Das Internet lässt sich für verschiedene Zwecke nutzen. Man kann:
– zu bestimmten Themen recherchieren,
– kommunizieren und Informationen austauschen,
– eigene Informationen auf vielfältige Art und Weise präsentieren,
– Waren ersteigern, tauschen, kaufen oder verkaufen,
– Fotos, Musik und Videos und andere Dateien tauschen und herunterladen (downloaden),
– Dienstleistungen nutzen oder anbieten,
– sich unterhalten lassen.

Konkrete Tätigkeiten per Internet. Man kann per Internet ganz verschiedene Aktivitäten ausüben, oft kommen neue Angebote hinzu. Einige Beispiele:

– Internet-TV sehen	– Kinokarten kaufen	– Online-Banking nutzen
– Surfen	– Gästebucheinträge	– Per Internet telefonieren
– Bilder downloaden	schreiben	– Routenplaner nutzen
– *eBay* nutzen	– Wettervorhersagen	– Internet-Radio hören
– Chatten	anschauen	– Fotobücher erstellen
– Wikis erstellen	– Zugverbindungen	– E-Mails austauschen
– Foren nutzen	suchen	– Nachschlagewerke nutzen

80 | 1 Beispiele ausgewählter Online-Tätigkeiten

Gefahren. Das Internet birgt aber auch neue Gefahren. Viele Menschen lassen sich zum übermäßigen und ziellosen Konsum der angebotenen Unterhaltung verleiten, der zur Vernachlässigung anderer Tätigkeiten und sozialer Beziehungen und zur Sucht führen kann. Kinder und Jugendliche sind besonders suchtgefährdet.

Die Kommunikation über das Internet kann wegen der Fülle der Informationen und wegen seiner staatenübergreifenden Struktur kaum kontrolliert werden. So nutzen auch Terroristen und andere Kriminelle die Möglichkeiten des Internets, um Anschläge vorzubereiten oder um jugendgefährdende und andere strafbare Inhalte zu verbreiten.

1. Frage deine Eltern, Großeltern oder andere Erwachsene, wie sie in ihrer Schulzeit Informationen für Hausaufgaben recherchiert haben.

2. Führe folgende Umfrage in deiner Lerngruppe oder in deinem Bekanntenkreis mit mindestens 10 Personen durch:
Nenne drei Anwendungen, die du am häufigsten im Internet nutzt.
Werte die Umfrageergebnisse mit einem Diagramm aus.

3. Welchen Zweck könnte man mit den konkreten Tätigkeiten aus Übersicht 80|1 verfolgen? Ordne jeder Aktivität ein oder mehrere passende allgemeine Ziele zu.
Beispiele:
– Online-Banking: Dienstleistung nutzen;
– Foren nutzen: recherchieren, kommunizieren und Unterhaltung.

4. Ergänze weitere Online-Tätigkeiten, die du kennst.

5. Wähle eine Online-Tätigkeit aus und erläutere sie deinen Mitschülern.

Übertragung einer Webseite im WWW

Netzwerke entstehen, wenn mehrere Computer miteinander verbunden sind und Daten austauschen können, z. B. beim Schulnetz. Im Schulnetz sind meist alle Computer jeweils mit dem Schulserver verbunden. Das Internet ist ein Netzwerk, das die Kommunikation zwischen Computern weltweit ermöglicht und verschiedene Dienste anbietet. Der bekannteste Dienst des Internets ist das **World Wide Web (WWW)**, mit dem Webseiten übertragen werden. Andere Dienste sind z. B. E-Mail, Internet-Telefonie und IRC (Chat, ▷ S. 89).

Beispiel: Vivien will das Webangebot zu diesem Buch aufrufen. Die einzelnen Stationen der Datenübertragung werden in der Grafik gezeigt und im zugehörigen Text beschrieben.

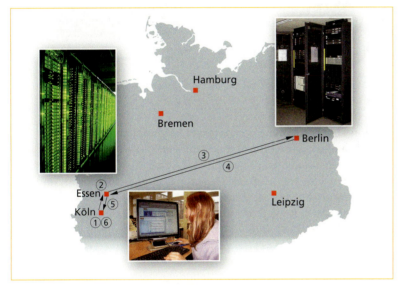

81|1 Übertragung einer Webseite im WWW. Für den Weg von einem Großcomputer zu einem anderen sind verschiedene Wege möglich

Begriffliches

Internetprovider (engl. Provider = Versorger): ermöglicht den Zugang zum Internet (z. B. *Freenet*, *Versatel*, *Arcor*, *T-Online*).

IP-Adresse (IP ist Abk. für engl. Internet Protocol): Jeder Computer im Internet hat eine eigene, unverwechselbare IP-Adresse (Anschrift des Computers), damit Daten zugestellt werden können. Anhand seiner IP-Adresse können auch alle Aktivitäten eines Users im Internet nachvollzogen werden.

Server (engl. to serve = bedienen): ein Computer, auf dem Anwendungen laufen, die andere Computer nutzen können, z. B. Mail-Server, Web-Server.

Website und Webseite: Das englische Wort **Web***site* steht nicht etwa für eine einzelne **Web***seite* – gemeint ist vielmehr ein *Ort* im Internet, an dem sich mehrere Webseiten zu einem Thema befinden (engl. site = Ort, Standort).
Beispiel: *www.cornelsen.de/informatik-itg* ist eine von vielen Webseiten auf der Website *www.cornelsen.de*.

1. Vivien in Köln öffnet ihren **Browser**, ein Programm, das den Zugang zum WWW ermöglicht (z. B. *Internet Explorer*, *Mozilla Firefox*).
   Um diese Webseite von Cornelsen aufzurufen, muss Vivien nicht wissen, auf welchem **Server** (▷ „Begriffliches" in der Randspalte) die Webseite gespeichert ist. Sie gibt die Internetadresse *www.cornelsen.de/informatik-itg* ein und drückt die Enter-Taste.
2. Viviens **Internetprovider** erhält in Essen ihre Anfrage und übersetzt den Adressteil *cornelsen.de* in die Zahlenkombination 192.166.197.228. Dies ist die **IP-Adresse** des Cornelsen-Servers.
3. Der Provider sendet an 192.166.197.228 (die IP-Adresse des Cornelsen-Servers) Viviens Anfrage nach der dort gespeicherten Webseite *informatik-itg*.
4. Der Cornelsen-Server in Berlin sendet die gewünschte Webseite an die IP-Adresse von Viviens Provider.
5. Der Provider sendet die Webseite an Viviens Computer.
6. Viviens Browser zeigt die Webseite an.

▷ Weitere Informationen zum Netzwerk des Internets und zu den Protokollen, mit denen der Datenverkehr geregelt ist ▷ S. 96 ff.

Einrichten eines Internetzugangs

Begriffliches

DSL (Abk. für engl. **D**igital **S**ubscriber **L**ine = Digitale Teilnehmer-verbindung): digitale Übertragungs-technik, die einen schnellen Breit-band-Internetzugang ermöglicht.
Splitter (engl., Trenner): trennt Tele-fonsignale von DSL-Internetdaten.
Modem (Abk. für **Mo**dulator/**Dem**o-dulator): wandelt die digitalen Daten, die ein Computer sendet, in für Tele-fonleitungen geeignete analoge Si-gnale um und ankommende analoge Signale in digitale Daten.
WLAN (Abk. für engl. **W**ireless **L**ocal **A**rea **N**etwork = drahtloses, lokales Netzwerk): ermöglicht die drahtlose Verbindung von Computer und Mo-dem mittels Funkwellen.

Um das Internet nutzen zu können, benötigt man eine Verbindung (In-ternetzugang) zu diesem weltweiten Netzwerk. Sie erfolgt meist über bestehende Telefon-, Kabelfernseh- oder Hausstromanschlüsse.

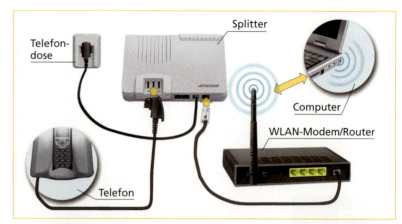

82|1 Möglicher Aufbau eines drahtlosen DSL-Internetzugangs über den Telefonan-schluss

So kann eine Verbindung zum Internet hergestellt werden:
1. Verschiedene Anbieter (Internetprovider) vergleichen und einen günstigen auswählen (▷ Aufgaben 1, 2 und 3).
2. Prüfen, ob die Hardware des eigenen Computers ausreicht, und ggf. nachrüsten, z. B. mit Netzwerkkarte, Modem oder WLAN-Empfänger für eine kabellose Verbindung des Computers zum WLAN-Modem.
3. Hardware (Splitter, WLAN-Modem mit integriertem Router, Telefon) anschließen (▷ Bild 82|1).
4. Software für die Zugangsgeräte installieren.
5. Am Computer Verbindungseinstellungen vornehmen (z. B. Benutzer-name und Kennwort).

1. Was ist eine Flatrate?

2. Vergleiche die monatlichen Kosten für einen Internetzugang von drei Anbietern. Fertige dazu eine Tabelle an und untersuche folgende Merkmale:
– Name des verfügbaren Anbieters,
– Übertragungsrate,
– monatliche Grundgebühr,
– Internetkosten und Telefonkosten,
– Mobiltelefonkosten,
– einmalige Anschlusskosten,
– einmalige Gerätekosten,
– weitere Kosten und Gesamtkosten.

3. Welchen Anbieter würdest du auswählen? Begründe deine Entscheidung.

Browser

Nachdem die Verbindung zum Internet hergestellt ist, benötigt man ge-eignete Software. Ein Browser (engl. to browse = durchstöbern) zeigt Webseiten an und organisiert den Datenaustausch mit dem Internet. Im Browser kann man wichtige Sicherheits- und Bedienungseinstellungen vornehmen sowie das Erscheinungsbild (Layout) der Webseiten den per-sönlichen Bedürfnissen anpassen.

Favoriten (bzw. **Lesezeichen**): Webseiten, die man oft benötigt, kann man zu den Favoriten hinzufügen, um sie schnell wiederzufinden:
1. Die gewünschte Webseite laden.
2. Beim *Internet Explorer*: in der Menüleiste FAVORITEN ▶ ZU FAVORITEN HINZU-FÜGEN auswählen.
    Bei *Firefox*: LESEZEICHEN ▶ LESEZEICHEN HINZUFÜGEN.
Wenn man viele Favoriten abspeichert, ist eine sinnvolle Ordnung nütz-lich (▷ Bild 83|1).

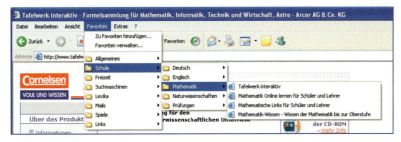

83|1 Internet Explorer *mit geordneten Favoriten*

Sicherheitseinstellungen. Über den Browser können auch unerwünschte und schädliche Dateien und Programme vom Internet auf den Computer gelangen. Man kann die Einstellungen zur Sicherheit und zum Datenschutz verändern, beim *Internet Explorer* z. B. so:
1. In der Menüleiste Extras ▶ Internetoptionen auswählen.
2. Karteireiter Datenschutz bzw. Datensicherheit wählen.
3. Über den Schieberegler die Einstellung vornehmen. Empfohlen wird jeweils eine Einstellung auf *Mittelhoch*.

Beim Besuch mancher Websites werden **Cookies** (engl., Kekse) auf der Festplatte gespeichert. Cookies ermöglichen, Informationen über das Verhalten des Nutzers auf dieser Website zu speichern und ein Benutzerprofil anzulegen. Das erleichtert die Benutzung mancher Websites, allerdings kann ein User so auch ungewollt überwacht werden und evtl. können seine persönlichen Daten (E-Mail-Adresse, auf der Website verfolgte Interessen, …) zu anderen Zwecken missbraucht werden.
Im **Cache** (engl., Geheimlager) werden die zuletzt aufgerufenen Seiten gespeichert, um sie bei einem erneuten Aufruf schneller anzeigen zu können.
Der **Verlauf** (bzw. die **Chronik**) speichert Internetadresse und Zugriffsdatum der zuletzt aufgerufenen Seiten. Das kann beim Wiederfinden einer angesehenen Webseite helfen. Cookies, Cache und Verlauf sollte man aus Datenschutzgründen regelmäßig löschen (▷ Randspalte).

Eigenes Standardlayout für Webseiten

Im Browser können Einstellungen für das Erscheinungsbild aller anzuzeigenden Webseiten festgelegt werden. Das hängt mit Eigenschaften von *HTML* zusammen, der Sprache, in der Webseiten programmiert werden (mehr dazu ▷ „Layout mit HTML und mit CSS", S. 116).
Das Einstellen der Schriftart und -größe erfolgt z. B. bei *Firefox* so:
1. In der Menüleiste Extras ▶ Einstellungen ▶ Inhalt auswählen.
2. Unter *Schriftarten und Farben* den Button Erweitert drücken.
3. Hier kann man vier verschiedene Schrifttypen festlegen.
4. Deaktivieren von *Seiten das Verwenden von eigenen […] erlauben*.
5. Die veränderten Einstellungen mit OK bestätigen.
Auf der Karteikarte Inhalt kann man auch Farben für Text, Hintergrund und Links bestimmen. Dazu drückt man auf die Schaltfläche Farben.

Beim *Internet Explorer* findet man entsprechende Möglichkeiten über Extras ▶ Internetoptionen auf der Karteikarte Allgemein unter *Darstellung*.

1. *Welchen Browser benutzt du in der Schule und welchen zu Hause? Nenne weitere aktuelle Browser.*

2. *Erkunde, wie man Cookies, Cache, Verlauf und die gespeicherten Formulareinträge bei deinem Browser löscht. Nutze die Programmhilfe und dokumentiere jeweils die Schrittfolge. Wenn möglich, erforsche das Vorgehen bei verschiedenen Browsern.*

3. *Betrachte mehrere Webseiten*
a) *mit abgeschaltetem JavaScript*
   (▷ S. 41),
b) *mit einem von dir festgelegten Layout.*
Was fällt dir auf?

 Mehr zu den Browsereinstellungen ▷ S. 41.
Zu weiteren Themen der Datensicherheit und des Datenschutzes ▷ S. 38–43.

Bei einem öffentlich zugänglichen Computer, z. B. in einem Internetcafe, ist es besonders wichtig, nach der Internetsitzung alle persönlichen Daten zu löschen (Cookies, Cache, Verlauf, Formulardaten bzw. Auto-Vervollständigen-Einträge, ▷ Aufgabe 2).

Es gibt besondere Browser, die z. B. das Navigieren per Spracheingabe ermöglichen und den Text einer Webseite vorlesen. So können auch Blinde das Internet nutzen.

 083-1

1. *Suche folgende Informationen im Internet ohne die Hilfe einer Suchmaschine. Nutze dir bekannte Internetadressen oder probiere mögliche Adressen aus.* www 084-1

a) *Wer hat den ersten elektronischen, programmierbaren Rechner erfunden?*

b) *Wodurch wurde Tim Berners-Lee berühmt?*

c) *Was bedeutet das von* John von Neumann *erdachte EVA-Prinzip?*

2. *Berichte über deine Erfahrungen, die du beim Suchen von Informationen ohne Suchmaschine gewonnen hast.*

Informationen im Internet finden

Informationen werden mündlich, schriftlich und in grafischer Form weitergegeben und so für die nächste Generation bewahrt. Durch die Verfügbarkeit großer Informationsbestände im Internet kann prinzipiell jede Person mit Computer und Internetzugang schnell und ständig auf die gespeicherten Informationen zugreifen und sie vielfältig nutzen.

Surfen bedeutet oft, sich wahllos und ohne Konzept über Links (Hyperlinks) von Webseite zu Webseite zu klicken. Diese Rechercheform ist zeitaufwendig und eignet sich nur, wenn man bereits über ein Thema Bescheid weiß und für neue Ideen und Sichtweisen Anregungen finden möchte. Beim **Browsen** und **Suchen** werden Informationen zielgerichtet durch Anwendung von Suchstrategien und die Nutzung verschiedener Hilfsmittel gefunden.

Spezielle Websites zur Recherche 084-1

Internetlexika oder **Enzyklopädien** sind geeignet, um Definitionen, Erklärungen, Fakten und Informationen zu bestimmten Ereignissen zu recherchieren. Bekannte Beispiele sind *Wikipedia* und *Wissen*. Die gefundenen Informationen bilden die Grundlage für eine weiterführende und tiefgründige Suche mit einer Suchmaschine.

Kataloge (z. B. *Lycos* und *Yahoo*) sowie **Linksammlungen** erleichtern Recherchen zu speziellen Fachgebieten. Es sind Verzeichnisse, in denen Webseiten thematisch in Kategorien sortiert sind, die von Redakteuren erstellt und betreut werden. Linksammlungen kann man auch selbst erstellen, z. B. im Browser unter FAVORITEN bzw. LESEZEICHEN.

84|1 *Suche im Deep Web:* Open Directory Project

Deep Web. Bestimmte Webseiten sind in Datenbanken enthalten, die nur bei Benutzeranfragen ausgegeben werden. Diese Informationen verbergen sich im sogenannten Deep Web (engl., tiefes Netz). Suchmaschinen finden diese Seiten in der Regel nicht. Über das *Open Directory Project* (ODP), ein umfangreiches Internet-Verzeichnis, kann man sie aufspüren (▷ Bild 84|1). Auch das *Open Directory Project* wird von Personen erstellt, betreut und bearbeitet.

Service-Websites. Günstige Kaufangebote findet man auf speziellen Service-Websites, die verschiedene Anbieter miteinander vergleichen (z. B. *Idealo*, *Kelkoo*, *Billiger*).

Selbsthilfe. Internetnutzer tauschen ihre persönlichen **Erfahrungen** in **Gästebüchern** und ihre **Meinungen** in **Foren** bzw. **Gruppen**, **Blogs** usw. aus. Die Mitglieder dieser Gruppen erhalten sachliche Informationen und emotionale Unterstützung von Personen, die sich mit gleichen Problemen beschäftigen.

84|2 *Webangebot der Nachrichtensendung* ZDF heute

Webangebote von Fernsehsendern bieten u. a. Nachrichten zum aktuellen Weltgeschehen, Wettervorhersagen, Sportnachrichten, Videoangebote, Blogs, Foren und das Fernsehprogramm (▷ Bild 84|2).

Suchmaschinen und Suchbegriffe

 085-1

Suchmaschinen sind Programme, die zur Suchanfrage eines Nutzers automatisch passende Webseiten auswählen und in einer Trefferliste anzeigen. Man unterscheidet Volltext- und Metasuchmaschinen.

Volltextsuchmaschinen (z. B. *Google*, *Altavista*) speichern fast alle Wörter, die auf Webseiten vorhanden sind, in einer Datenbank. Gibt man einen Suchbegriff ein, vergleicht das Programm den Suchbegriff mit den gespeicherten Begriffen und erstellt eine Trefferliste. In dieser sind die Webseiten aufgelistet, auf denen der gesuchte Begriff vorhanden ist. Da oft sehr viele mögliche Treffer gefunden werden, ist für den Nutzer entscheidend, in welcher Reihenfolge sie angezeigt werden.

Metasuchmaschinen (z. B. *MetaGer*, *Search*) leiten die Suchanfragen an mehrere Volltextsuchmaschinen weiter und präsentieren die Ergebnisse in eigenen Trefferlisten.

Trefferlisten (oder Ergebnislisten, ▷ Bild 85 | 1) zeigen die gefundenen Ergebnisse mit den entsprechenden Links an. Jedem Link sind Kurzinformationen zum Inhalt der entsprechenden Webseite, Angaben zur Dateigröße und die genaue Internetadresse zugeordnet.

1. Welche Suchmaschinen kennst du?

2. Suche folgende Informationen mit verschiedenen Suchmaschinen.
a) Wie heißt der Schutzheilige des Internets?
b) Wann wurde der erste PC gebaut?
c) Was ist der Mark 1?
d) Berichte über deine Erfahrungen beim Suchen.

3. Recherchiere mit verschiedenen Suchmaschinen zum Thema Hommingberger Gepardenforelle *und fertige einen Kurzvortrag an.*

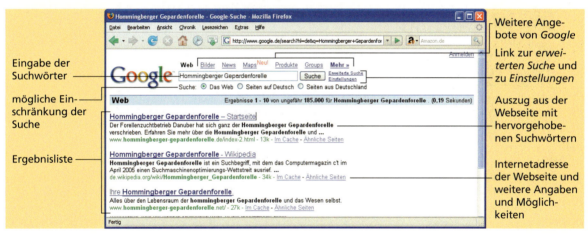

Eingabe der Suchwörter

mögliche Einschränkung der Suche

Ergebnisliste

Weitere Angebote von *Google*

Link zur *erweiterten Suche* und zu *Einstellungen*

Auszug aus der Webseite mit hervorgehobenen Suchwörtern

Internetadresse der Webseite und weitere Angaben und Möglichkeiten

85 | 1 Ergebnisliste einer Volltextsuche bei Google

Damit eine Suchmaschine möglichst viele und gut zum Thema **passende Treffer** anzeigt, sollte man die Suchanfrage geschickt formulieren. Suchanfragen können z. B. aus einem Wort, einer Wortgruppe oder einer Frage bestehen. Als Suchwörter eignen sich wichtige Begriffe (Schlüsselwörter), die in der Aufgabenstellung oder Frage enthalten sind. Bei erfolgloser Suche empfiehlt sich eine Rechtschreibprüfung der Suchwörter oder die Verwendung anderer Suchwörter (Synonyme) mit ähnlicher Bedeutung.

Oft erhält man sehr viele Treffer, die nicht genau zur eigenen Frage passen. Dann kann das Verwenden von Suchoperatoren (▷ Tabelle 87 | 1) die Suche einengen und präzisieren. Weitere Möglichkeiten einer zielgerichteten Suche bieten z. B. bei *Google* Einstellungen auf der Seite *Erweiterte Suche*.

85 | 2 Einige Suchmaschinen bieten auch zusätzliche Angebote. Mit Google Earth *kann man die Oberfläche der Erde erkunden, hier der Berliner Fernsehturm*

Ablauf einer Internetrecherche

Für Vorträge, Präsentationen usw. sind Recherchen nach Texten, Bildern, Videos, Musiktiteln oder anderen Informationen im Internet erforderlich. Ein systematisches Vorgehen bei der Recherche erleichtert insbesondere bei sehr umfangreichen Aufgaben die Arbeit. Man behält stets den Überblick, spart Zeit und kann bei einer Gruppenarbeit einzelne Arbeitsaufträge viel besser koordinieren.

1. Phase:	**Vorbereitung**
	1. Thema durchdenken und ein Arbeitsthema mit Schwerpunkten (evtl. schon eine Gliederung) präzise formulieren.
	2. Form der Darstellung wählen (z. B. mündlicher Vortrag, Computer-Präsentation, multimedialer Vortrag).
	3. Einen Hefter für die Unterlagen anlegen und einen elektronischen Ordner auf einem Wechseldatenträger (z. B. USB-Stick) erstellen.
	4. Auf der Festplatte eine Sicherungskopie anlegen und diese im Folgenden häufig aktualisieren.
	5. Konkrete Recherchefragen und -ziele formulieren.
2. Phase:	**Durchführung**
	1. Mehrere Suchdienste auswählen (▷ S. 84).
	2. Konkrete Suchanfragen für Suchmaschinen formulieren (▷ S. 85 und 87).
	3. Wichtige Webseiten zu den FAVORITEN (bzw. LESEZEICHEN) hinzufügen, Texte kopieren und in einer Textdatei als Materialsammlung ablegen. Zu jeder Information die Quellenangabe notieren.
	4. Die Suche mit Notizen im Hefter protokollieren und evtl. eine Linkliste erstellen. Wichtige Seiten kann man auch ausdrucken und mit einem Textmarker weiter bearbeiten.
	5. Unbekannte Begriffe und Fremdwörter in Nachschlagewerken recherchieren und Notizen machen.
	6. Fotos, Videos, Musik, Audiobeiträge und weitere multimediale Elemente in einem Ordner speichern. Urheberrechte beachten (▷ S. 36 f.).
	7. Die Suchergebnisse hinsichtlich ihrer Glaubwürdigkeit kritisch prüfen.
	8. Verschiedene Websites nutzen, die gefundenen Informationen vergleichen und bei Unstimmigkeiten weiter recherchieren.
3. Phase:	**Auswertung**
	1. Die recherchierten Informationen ordnen und mit den Recherchezielen abgleichen.
	2. Aus den gefundenen Informationen das Wesentliche heraussuchen, zusammenfassen und mit eigenen Worten formulieren.
	3. Prüfen, ob die Ziele der Recherche erreicht sind oder ob weiterer Recherchebedarf besteht.
	4. Entscheiden, ob die Ergebnisse der Recherche nahelegen, die Schwerpunkte des Arbeitsthemas zu verändern.
	5. Die Ergebnisse der Recherche z. B. in einer Textdatei dokumentieren und sichern.

86|1 Systematisches Vorgehen für eine Internetrecherche

Bei einer Recherche sollte man, wenn nicht anders angegeben, neben dem Internet auch weitere Informationsquellen einbeziehen (z. B. Bücher, Zeitungen, Befragungen).

1. *Führe eine Internetrecherche zu einem Hobby von dir nach dem Recherchemuster durch.*

2. *Führt eine Internetrecherche in Gruppen zum Thema „Können PC-Spiele süchtig machen?" durch und präsentiert die Ergebnisse.*

3. *Welche Suchgefahren birgt das Internet? Führe eine Internetrecherche durch.*

Eine gewissenhaft und gründlich durchgeführte Recherche ist eine wichtige Voraussetzung für das Erstellen des eigentlichen Vortrages und ermöglicht eine erfolgreiche Präsentation oder Prüfung.

Suchmaschinenanfragen mit Suchoperatoren

Die Eingabe mehrerer Suchwörter, verbunden mit **Operatoren** aus der Logik (Boolesche Operatoren), führt bei Suchmaschinen zu Ergebnissen, die genauer zum Ziel der Recherche passen.

Operator	Bedeutung	Beispiel für einen Suchausdruck
… + … … AND …	Findet Seiten, die beide Suchwörter enthalten.	*Schnee + Hase* findet Seiten, auf denen beide Wörter, *Schnee* und *Hase*, vorkommen.
… OR …	Findet Seiten, die eines der beiden Wörter enthalten.	*Schnee OR Hase* findet Seiten, auf denen mindestens eines der Wörter *Schnee* und *Hase* vorkommt.
NOT …	Zeigt nur die Seiten an, die das folgende Wort nicht enthalten.	*Schnee NOT Hase* findet Seiten, auf denen das Wort *Schnee*, aber nicht *Hase* vorkommt.
"…"	Findet Seiten, die exakt den Text zwischen den Anführungszeichen enthalten.	*"Schneehasen sind weiß"* findet Seiten mit genau dieser Wortfolge.
(…)	Mit Klammern kann man Suchanfragen kombinieren.	*Schneehase AND (Natur OR Tierpark)* findet Seiten, die die beiden Wörter *Schneehase* und *Natur* enthalten und Seiten, die die beiden Wörter *Schneehase* und *Tierpark* enthalten.

87|1 *Verschiedene Suchoperatoren und ihre Wirkungen*

Glaubwürdigkeit einer Website

Jeder kann im Internet Informationen bereitstellen, niemand prüft, ob sie falsch, unvollständig, veraltet oder irreführend sind. Daher muss man die im Internet gefundenen Informationen selbst kritisch hinsichtlich ihrer Glaubwürdigkeit beurteilen. Ein Anhaltspunkt dafür ist, von wem und wann eine Website veröffentlicht wurde. Diese Angaben findet man im **Impressum** (lat., Erscheinungsvermerk, ▷ Bild 87|2) oder über den **Kontaktlink** einer Website. Seriöse Angebote sind z. B. Websites von Enzyklopädien, Universitäten, Hochschulen, bestimmten Zeitungen und öffentlich-rechtlichen Fernsehsendern.

Findet man ähnliche Aussagen und gleiche Fakten auf verschiedenen glaubwürdigen Websites, kann man von sicheren Informationen ausgehen. Inhalte, die auf niveaulose, jugendgefährdende und menschenverachtende Art und Weise dargestellt sind, sollte man für Recherchen grundsätzlich nicht nutzen.

Mit Informationen aus dem Internet muss man kritisch umgehen. Hinweise auf die Glaubwürdigkeit einer Website findet man im Impressum. Für eine Recherche sollte man verschiedene Websites nutzen und vergleichen.

1. Recherchiere mit einer Suchmaschine eine Tondatei von J. F. Kennedys berühmtem Satz „Ich bin ein Berliner" mit den folgenden Suchanfragen:
– jfk
– "john f kennedy"
– "john f kennedy" AND (Rathaus OR berlin) AND (mp3 OR wav)
Probiere verschiedene Suchmaschinen und vergleiche die Ergebnisse.

2. Formuliere eine Suchanfrage mit Suchoperatoren für die Suche nach:
a) einem Bild von J. F. Kennedy vor dem Schöneberger Rathaus im Jahre 1963 (z. B. im jpg-Format).
b) einem Video von J. F. Kennedy vor dem Schöneberger Rathaus im Jahre 1963 (z. B. im avi-Format).
c) der vollständigen Rede von J. F. Kennedy vor dem Schöneberger Rathaus im Jahre 1963 als pdf-Dokument.
Teste deine Suchanfragen mit verschiedenen Suchmaschinen.

87|2 *Impressum der Website* Tafelwerk interaktiv

1. Entwickle eine Schrittfolge vom Öffnen des E-Mail-Programms bis zum Senden der E-Mail.

2. Welche Schäden können durch Spam-E-Mails verursacht werden?

Kommunikation im Internet

E-Mail

E-Mail zählt zu den ältesten und beliebtesten Diensten des Internets. Diese Form der Kommunikation ist schnell, günstig und jederzeit weltweit an jedem Computer mit Internetzugang verfügbar.

Absenden der E-Mail

Absender und Empfänger

Empfänger von Kopien bzw. Blindkopien der E-Mail

Symbolleiste für Schrift-Formatierungen

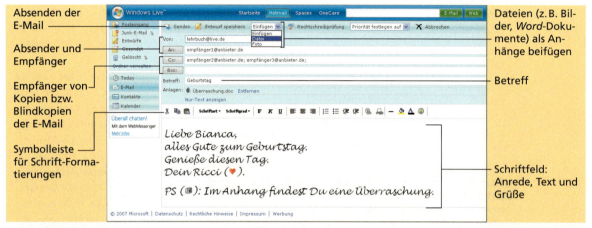

Dateien (z. B. Bilder, Word-Dokumente) als Anhänge beifügen

Betreff

Schriftfeld: Anrede, Text und Grüße

88|1 E-Mail-Webseite bei Hotmail

Begriffliches

Als **Spam** werden massenhaft versendete, unerwünschte E-Mails bezeichnet, meist geht es dabei um Werbung. Manche Spam-Mails versuchen auch, schädliche Programme auf der Festplatte zu installieren.
Man schätzt (Stand 2008), dass 90 % aller versendeten E-Mails Spam sind.

Kurioses

Die Bezeichnung **Spam** (Abk. für engl. spiced ham) stammt von einer Sorte amerikanischen Dosenfleisches. Da es den Soldaten im 2. Weltkrieg nicht besonders geschmeckt haben soll, wurde die Bezeichnung *Spam* bald allgemein für Abfall benutzt.

Regeln für eine gute Kommunikation per E-Mail

– Verschicke Mails stets mit eindeutigem Betreff, dann erkennt der Empfänger gleich, um welches Thema es geht.
– Schreibe Mails höflich, nett und orthografisch richtig. Das macht einen guten Eindruck und zeigt das Niveau des Absenders.
– Verschicke große Dateianhänge nur nach Absprache, denn das Herunterladen der E-Mail könnte für den Empfänger lange dauern.

Mit der elektronischen Post kann auch Schaden angerichtet werden.
Regeln gegen Spam (▷ „Begriffliches" in der Randspalte):
– Gib deine Adresse nur an dir bekannte Personen weiter, veröffentliche sie nicht im Internet (z. B. in Foren).
– Gib fremde Adressen nicht ohne Erlaubnis weiter. Wenn du eine E-Mail an mehrere Personen schreibst, die ihre E-Mail-Adressen gegenseitig nicht kennen, kannst du in die Adress-Zeile (*An*) deine eigene E-Mail-Adresse schreiben und alle Empfänger-Adressen in die Zeile *BCC* (Abk. für engl. Blind Carbon Copy = blinder Durchschlag oder Blindkopie, ▷ Bild 88|1). Denn nur die in *An*- und *CC*-Zeile aufgeführten Adressen sind für alle Empfänger sichtbar.
– Sperre mit einem Spamfilter die Absender von Spam-E-Mails.
– Sende selbst keine unerwünschten Mails an andere Personen.

Regeln für die Datensicherheit:

– Lösche verdächtige Mails und Anhänge sofort.
– Vermeide persönliche Angaben (Kontonummer, Passwörter, …) in E-Mails.
Mehr zur Datensicherheit ▷ Kapitel „Datensicherheit", S. 38 ff.

Chat und Instant Messaging

Chat. Der Chat (engl. to chat = plaudern, sich unterhalten) ist eine Form der elektronischen Kommunikation in schriftlicher Form zwischen zwei oder mehreren Personen über das Internet. Die Textbeiträge werden in dafür vorgesehene Eingabefelder getippt und nach der Bestätigung mit Enter übertragen, sodass die Kommunikationspartner den Text sofort lesen können. Beim Chatten kann man ein Pseudonym (engl. Nickname) benutzen. Aus technischer Sicht unterscheidet man beim Chatten:

- **Web-Chats** sind in Webseiten eingebunden, sodass man an ihnen ohne weitere Software oder besondere Kenntnisse per Browser teilnehmen kann. Web-Chats werden z. B. von Firmen für „Live-Hilfe" bzw. „Live-Support" genutzt. Web-Chats werden wie alle anderen Webseiten über den Internetdienst WWW übertragen.
- Beim **IRC-Chat** (Abk. für engl. **I**nternet **R**elay **C**hat) wird der Informationsaustausch durch ein Netzwerk spezieller IRC-Server organisiert. In diesem Netzwerk können gleichzeitig sehr viele Personen miteinander chatten.
  Da IRC ein vom WWW unabhängiger **Internetdienst** ist, benötigt man hierfür ein geeignetes Programm, einen IRC-Client, der den Informationsaustausch über die **Gesprächskanäle** (engl. **Channels**) des IRC organisiert. Neben Text können auch Dateien übertragen werden.
  Man kann in einem der sehr vielen bestehenden Channels chatten oder auch selbst neue eröffnen.
- **Instant Messaging** (engl., sofortige Nachrichtenübermittlung) zielt üblicherweise auf den Austausch meist kurzer Textmitteilungen. Man kann Kontaktlisten mit der Auswahl gewünschter Chatpartner anlegen und verwalten. Das Besondere beim Instant Messaging ist, dass man mit Symbolen darüber informiert wird, welche der angelegten und bestätigten Kontaktpartner online bzw. zum Chatten bereit sind. Für die Anmeldung benötigt man eine E-Mail-Adresse und ein Kennwort.
  Auch Instant Messaging ist ein vom WWW unabhängiger Internetdienst, für den man eine geeignete Software benötigt, einen Instant Messenger (▷ Bild 89|1).

Kommunikationsregeln. Bei jeder Kommunikation zwischen Menschen sollte ein höflicher und niveauvoller Stil eingehalten werden.
Die **Chatiquette** beinhaltet wichtige Umgangsformen beim Chatten:
- Bei Beleidigungen und zweideutigen Angeboten beende den Chat sofort.
- Benutze keine Schimpfwörter und beleidige niemanden.
- Bewahre stets Ruhe, vermeide Streitereien und wirke auf andere beruhigend ein.
Und man muss folgende **Vorsichtsmaßnahmen** beachten:
- Sei besonders vorsichtig, wenn du mit Unbekannten chattest.
- Gib keine persönlichen Informationen an Unbekannte weiter.
- Misstraue Versprechungen unbekannter Chatter und triff dich nie mit jemandem alleine, den du nur vom Chatten kennst.
- Unterstelle niemandem böse Absichten, sei aber immer vorsichtig.

1. *Vergleiche die schriftlichen Kommunikationsformen Brief und E-Mail mit dem Chat. Welche Erfahrungen hast du gemacht?*

2. *Partnerarbeit: Recherchiert Internetadressen für Chatangebote und nehmt an einem für Jugendliche geeigneten Chat teil. Wertet euren Chat hinsichtlich der Beachtung der Chatiquette kritisch aus.*

3. *Warum ist das Chatten bei Jugendlichen so beliebt?*

4. *Beim Chatten werden wie beim Schreiben von E-Mails und SMS Sonder- bzw. Geheimzeichen verwendet (z. B. „g" = grins). Stelle eine Tabelle zusammen mit Geheimzeichen, die du kennst, und ihrer Bedeutung.*

5. *Diskutiert: Wieso sind die Vorsichtsmaßnahmen beim Chatten wichtig? Welche Erfahrungen habt ihr mit Chatiquette und Gefahren gemacht?*

6. *Nenne drei Anbieter für Instant Messaging.*

89|1 Instant Messaging, hier Windows Live Messenger

Foren und Blogs

 090-1

In **Foren** (lat., Marktplätze), auch **Gruppen** (engl. **groups**) genannt, kann man themenbezogen mit anderen Personen in schriftlicher Form diskutieren, sich gegenseitig informieren und beraten. Die Teilnahme an einem Diskussionsforum erfolgt meist über eine Website.

Foren ermöglichen unter anderem:
– den Austausch von Erfahrungen, Meinungen und Neuigkeiten zu einem konkreten Thema in einer vorhandenen Gruppe,
– das Erstellen und Verwalten eigener Gruppen mit benutzerdefinierten Seiten zu einem speziellen Thema,
– den Tausch von Dateien für persönliche, nichtgewerbliche Zwecke, um sie gemeinsam in der Gruppe zu verwenden,
– das Erstellen von Benutzerprofilen (Bilder, Texte usw.) für jedes Gruppenmitglied.

▷ Neben den hier genannten Regeln zur Netiquette sind auch die Chatiquette und die Vorsichtsmaßnahmen zu beachten (▷ S. 89).

Für den Inhalt ihrer Beiträge sind die Personen selbst verantwortlich. Es gelten die Umgangsregeln für das Internet, die sogenannte **Netiquette**. Danach sind sämtliche Beleidigungen, Verleumdungen, Obszönitäten, Falschmeldungen, Urheberrechtsverletzungen usw. untersagt.

Moderatoren bzw. Gruppenleiter verfügen über besondere Rechte und Pflichten, um die Einhaltung der für das Forum geltenden Regeln zu überwachen und die Arbeit im Forum zu verwalten. Sie können bei Verletzung der Netiquette Beiträge löschen und Nutzer sperren.

Für die Teilnahme an einem Forum ist in der Regel eine Anmeldung mit E-Mail-Adresse und Passwort erforderlich (▷ Bild 90|1).

Volltextsuche in bestehenden Gruppen (Groups)

Eine eigene Gruppe erstellen. Im nächsten Schritt muss man sich bei *Google* registrieren.

Thematisch geordnete Suche nach bestehenden Gruppen

90|1 Suche nach Gruppen bei Google Groups

1. Wähle ein Thema aus und suche im Internet verschiedene Foren, die dieses Thema behandeln. Lege eine Linkliste mit diesen Foren an und notiere wichtige Informationen.

2. Warum werden Foren auch Schwarze Bretter genannt?

Ein **Weblog** (kurz **Blog**) ist eine Liste von Einträgen zu einem bestimmten Thema auf einer Website. Ähnlich einem Tagebuch werden in zeitlicher Folge Ereignisse, Neuigkeiten oder Informationen dargestellt und ausgetauscht. Im Internet findet man Anbieter für Blogs in Textform (Textblogs), als Folge von Fotos (Fotoblogs) und in gezeichneter Form als sogenannte Comicblogs.

Zunächst muss man sich auf der Website mit persönlichen Angaben, der E-Mail-Adresse und einem Passwort registrieren. Anschließend kann man neue Blogs erstellen und in bestehenden Blogs kommunizieren.

Wikis

 091-1

Wikis sind Websites mit Beiträgen zu bestimmten Themen. Das Besondere ist, dass man die Beiträge nicht nur lesen, sondern auch online per Browser bearbeiten und kommentieren und auch neue Beiträge verfassen kann. Spezielles Programmierwissen ist dafür nicht erforderlich, das Layout geben die Anbieter vor (▷ Bild 91|1).

Wikis können ständig aktualisierte, überarbeitete und erweiterte Informationen bereitstellen. Das wird durch die freiwillige Mitarbeit und das Engagement vieler interessierter Personen erreicht. Verwendet werden Wikis für Onlinelexika, Linklisten, Ticker für Neuigkeiten, Informations- und Ideensammlungen im Internet und im Intranet.

Wikis werden von Moderatoren betreut und überwacht, die Beiträge zur Diskussion stellen, verschieben oder löschen können. Sie können auch Verfasser sperren, die sich nicht an die Regeln halten.

Eigener Wiki. Es ist auch möglich, selbst einen Wiki aufzusetzen. Dazu gibt es lizenzkostenfreie Software, die man entsprechend den eigenen Anforderungen im Intranet installieren und einrichten kann. Wikis eignen sich z. B. für die Projektarbeit in der Schule.

Beispiel *Wikipedia*. Das größte bestehende Wiki (Stand: 2008) ist *Wikipedia,* eine in verschiedenen Sprachen betriebene Sammlung von Artikeln. Die deutschsprachige Ausgabe wurde im Jahre 2001 gegründet.

Kurioses

Wikis kamen zu ihrem Namen, als der Softwareentwickler *Ward Cunningham* in Hawaii einen Bus benutzte. Auf Hawaiisch heißen diese Busse „Wiki-Wiki", was übersetzt „schnell" bedeutet. So schnell sollte auch das von ihm 1994 erfundene *WikiWikiWeb* sein.

Navigation: interne Links für die Steuerung innerhalb der *Wikipedia*

Mitmachen: interne Links für Autoren

Suche: eine interne Suchmaschine

Aufbau eines Artikels:
Überschrift,

Einführung und Begriffserklärungen,

Inhaltsverzeichnis,

Beginn des Haupttextes

91|1 Einheitliches Layout in einem Wiki (hier die Wikipedia*)*

Alle Inhalte der *Wikipedia* stehen unter freien Lizenzen, d. h., man kann sie prinzipiell unter bestimmten Bedingungen privat und kommerziell nutzen. Die genauen Bestimmungen sind im Autorenportal der *Wikipedia* angegeben. Die Nutzer der *Wikipedia* können am Ausbau und an der Überwachung der Inhalte mitarbeiten. Vergehen wie das Einbinden urheberrechtlich geschützter Bilder und von Textplagiaten sollen gemeldet werden. Administratoren prüfen die Vergehen und löschen bzw. verändern die entsprechenden Artikel.

Wikis sind Websites, bei denen sich viele Personen online per Browser an Erstellung und Bearbeitung der Inhalte beteiligen können. Man kann als Autor und/oder als Moderator mitarbeiten.

1. *Recherchiere im Internet verschiedene Wikis und ihre Themen.*

2. *Vergleiche die* Wikipedia *mit einer gedruckten Enzyklopädie. Formuliere die jeweiligen Vor- und Nachteile beider Nachschlagewerke.*

3. *Welche Regeln gelten allgemein bei verschiedenen Wikis?*

Online-Handel

Der Internetdienst *eBay* wurde 1995 in den USA gegründet. Er ermöglicht den Online-Handel mit beliebigen Waren. Die Abwicklung der Geschäfte organisieren Verkäufer und Käufer selbstständig.

Vor der Anmeldung bei *eBay* sollte man die Allgemeinen Geschäftsbedingungen (AGB) lesen. Für die Mitgliedschaft sind die Volljährigkeit (▷ Randspalte), eine E-Mail-Adresse, ein Girokonto für die Überweisung der Gebühren, ein Nickname und ein Passwort erforderlich.

Im Mittelpunkt stehen die Versteigerungen, manche Artikel kann man aber auch sofort zu einem Festpreis kaufen. Für Versteigerungen erstellt *eBay* eine Liste, mit deren Hilfe man den Verlauf beobachten und mitsteigern kann. Den Zuschlag erhält nach Ablauf der Frist der Bieter mit dem Höchstgebot.

Tipp

Jugendliche unter 18 Jahren können sich bei *eBay* zwar nicht anmelden, aber sie haben die Möglichkeit, den Handel im Internet zu verfolgen. Zum Abschließen von Geschäften kann man z. B. die Eltern oder volljährige Geschwister um Hilfe bitten.

92|1 Kurzinfos zur Versteigerung eines Artikels bei eBay, ausführlichere Infos werden nach Klick auf die Artikelbezeichnung angezeigt

Für Artikel, die man verkaufen möchte, richtet *eBay* Webseiten ein. Hier kann der Verkäufer den Artikel mit Fotos (▷ Bild 92|1) und Text präsentieren sowie die Versand- und Bezahlmodalitäten vorgeben. Vor der Versteigerung kann weiterhin ein Anfangspreis und ein zu erzielender Mindestpreis gewählt werden.

Nach einer erfolgreichen Versteigerung organisiert der Verkäufer den Versand und der Käufer bezahlt die Ware entsprechend den Vereinbarungen. Die Gebühren zieht *eBay* automatisch vom Girokonto des Verkäufers ein. Den Abschluss bildet eine gegenseitige Bewertung von Käufer und Verkäufer.

92|2 Möglichkeiten, sich über einen Verkäufer bei eBay zu informieren

1. Was ist bei der Anmeldung zu beachten? Lies dazu die Allgemeinen Geschäftsbedingungen (AGB) von eBay.

2. Informiere dich in der eBay-Rubrik „Kaufen ▸ Zum ersten Mal kaufen" über den Ablauf des Erwerbs eines Artikels.

3. Wie kann man bei eBay bezahlen?

4. Vergleiche den Online-Handel mit dem Einkaufen im Warenhaus. Formuliere die jeweiligen Vor- und Nachteile beider Einkaufsformen.

Tipps für Kauf und Ersteigern:
– Die Preise sollte man vorher vergleichen und für sich persönlich einen finanziellen Rahmen festlegen.
– Seriöse Verkäufer erkennt man u. a. an guten Bewertungen (▷ Bild 92|2), marktüblichen Preisen und Versandkosten, einer langen Mitgliedschaft und einer ansprechenden Artikelpräsentation.
– Bei Waren aus dem Ausland sollte man sich vorher informieren, ob Zoll oder Frachtgebühren fällig werden.
– Die Bewertungen sollen sachlich und objektiv formuliert werden.

Weitere Tipps für Kauf und Verkauf:
– Die Artikelpräsentation ist mit dem *Turbolister*, einem kostenlosen *eBay*-Programm für das Erstellen von Text und das Einfügen von Fotos, einfach durchzuführen.
– Für den Versand wähle man stabile Verpackungen.
– Der Handel mit Plagiaten (z. B. gefälschter Markenware) ist strafbar.
– Mit billigen Artikeln kann man Erfahrungen sammeln.

Lernspiele und Simulationen

 093-1

Lernspiele ermöglichen den Erwerb von Wissen und Können auf unterhaltsame Weise. Der Spieler „bewegt" sich als Entdecker durch virtuelle Realitäten (scheinbare Wirklichkeiten) und löst Aufgaben (▷ Bild 93|1). Durch die Wahl verschiedener Lösungswege und Schwierigkeitsstufen kann der Lernende direkt in das Spiel eingreifen und den weiteren Verlauf bestimmen. Diese Interaktivität (lat. interagere = wechselseitig handeln) zwischen Mensch und Computer zeichnet gute Lernspiele aus. Entsprechend dem Vorwissen, den persönlichen Interessen und Neigungen kann man auch das Lerntempo selbst bestimmen. Moderne Lernspiele sind multimedial gestaltet; die Lerninhalte werden als Text präsentiert und wenn erforderlich durch Bilder, Videos, Simulationen (siehe unten) und Sound ergänzt.

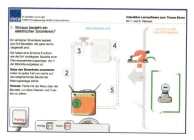

93|1 Ein interaktives Lernspiel für den Physikunterricht

Lernspiele sind auch im Unterricht eine Ergänzung zum Einsatz von Lehrbüchern, Nachschlagewerken, Videos, Zeitschriften und persönlichen Mitschriften. Gute Lernspiele sind interaktiv und multimedial gestaltet, bieten Hilfefunktionen, geben detaillierte Auswertungen, sind übersichtlich, leicht bedienbar und bieten verschiedene Schwierigkeitsstufen. Und genau wie bei anderen Lernmedien sollen die Texte fachlich korrekt und gut verständlich sein.

Lernspiele sind Softwareprogramme, die auf unterhaltsame Weise dem Spieler Wissen und Können zu bestimmten Themen vermitteln.

Simulationen ahmen komplizierte Vorgänge und Erscheinungen aus Natur, Technik und Gesellschaft nach (▷ Bilder 93|2). Die interaktive Darstellung der Funktionsweise einer Lokomotive ist ebenso eine Simulation wie die Crashtests in der Autoindustrie und die Programme, mit denen die Wettervorhersage erstellt wird. Über das Internet kann man selbst an sozialen Simulationen teilnehmen, z.B. an Politiksimulationen.

Simulationen stellen komplizierte Sachverhalte anschaulich dar und können Prognosen zu zukünftigen Ereignissen erstellen. Sie eignen sich oft für das Einbinden in Vorträge und Präsentationen.

1. Welche Computerlernspiele kennst du und welche Erfahrungen hast du mit ihnen gemacht?

2. Was ist ein Modell?

3. Suche im Internet eine Simulation, probiere sie aus und beschreibe ihre Wirkungsweise. **093-1**

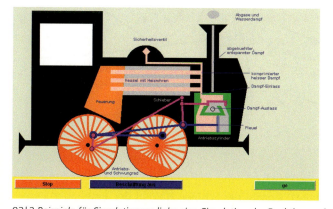

93|2 Beispiele für Simulationen: links eine Simulation der Funktionsweise einer Dampfmaschine, rechts ein Programm, mit dem die Einrichtung einer Wohnung simuliert wird

Projekt 1	Projekt 2

Plane eine Exkursion nach deinem Geschmack.

Was würdest du mit deiner Klasse, einer Arbeitsgruppe oder einem anderen Exkursionsteam gern erkunden?

Plane mittels einer Internetrecherche die Reise und das Vorgehen bei der Erkundung.

Dokumentiere die Recherche schriftlich, werte sie aus, erstelle einen Exkursionsplan und präsentiere ihn.

Die folgenden Hinweise sollen dir bei der Planung helfen. Fachliche Hinweise sind blau markiert, organisatorische Hinweise gelb.

Bringe sie in eine sinnvolle Reihenfolge, bevor du sie bearbeitest.

A Entwickle für die Fragen und Ziele der Erkundung ein Arbeitsblatt. Nutze ein Textverarbeitungsprogramm.

B Zu welchen Unterrichtsfächern passen die Inhalte der Exkursion?

C Welche Hinweise zum Verhalten während der Exkursion wären für deine Mitschüler wichtig?

D Wähle das Exkursionsziel aus und suche es mit einem Stadtplandienst oder *Google Earth*.

E Welche Kosten entstehen insgesamt und pro Person? (Transport, Eintritt, Führung, ...)

F Recherchiere im Internet die Öffnungszeiten.

G Recherchiere die Verkehrsverbindung: Abfahrts- und Ankunftszeiten.

H Was sollen die Schüler mitbringen? (Hefter, Schreibzeug, besondere Kleidung, ...)

I Wähle die Transportart aus (Bus, Bahn, ...).

J Entwickle einen Ablaufplan der Exkursion als Tabelle (Uhrzeit, Tätigkeit, Materialien).

K Lege ein Datum für die Exkursion fest.

L Recherchiere Informationen über den gewählten Zielort.

M Formuliere für die Teilnehmer des Exkursionsteams Fragen und Aufgaben.

Alternative:

Du kannst nach diesem Muster auch eine Klassenfahrt planen.

Dazu benötigst du weitere Informationen, z. B. Zielort, Anzahl der Schüler, Namen der Jugendherberge, Preis für Übernachtungen und Vollpension, Exkursionsziele usw.

Projekt 1 | **Projekt 2**

Erstellt in Gruppenarbeit einen Beitrag in der *Wikipedia* **(oder in einem ähnlichen Wiki) über eure Schule.**
Die folgenden Tipps sollen euch bei Planung und Erstellung eures Beitrages helfen. Bringt sie zunächst in eine sinnvolle Reihenfolge.

Ⓐ Wählt für einen neuen Beitrag einen aussagekräftigen Artikelnamen.

Ⓑ Erstellt die Texte, Bilder und Fotos möglichst selbst. Für die Nutzung von Material anderer Autoren sind die Urheberrechte zu beachten (▷ S. 36 f.).

Ⓒ Erzeugt, ändert oder ergänzt euren Beitrag in der *Wikipedia*.

Ⓓ Verknüpft die einzelnen Beiträge der Arbeitsgruppen zu einem einheitlichen Beitrag mit einem Textverarbeitungsprogramm.

Ⓔ Bildet mehrere Arbeitsgruppen und verteilt entsprechend der Gliederung die Aufgaben.

Ⓕ Schaut euch Beiträge über andere Schulen an. Was findet ihr gut, was wollt ihr anders machen?

Ⓖ Schreibt in den Arbeitsgruppen die einzelnen Beiträge vorerst ohne Formatierungen mit einem Textverarbeitungsprogramm.

Ⓗ Informiert euch über die Formatierungsregeln und nutzt die Formatvorlagen. Alle Beiträge sollen ein einheitliches Erscheinungsbild haben.

Ⓘ Formuliert Schwerpunkte und erarbeitet eine Gliederung für das Thema.

Ⓚ Recherchiert in der *Wikipedia*, ob bereits ein Beitrag zu diesem Thema existiert (probiert auch ähnliche Schreibweisen und Synonyme). Wenn das der Fall ist, könnt ihr diesen Beitrag ergänzen oder überarbeiten.

Ⓙ Entscheidet, ob ihr einen neuen Beitrag verfassen oder einen bestehenden Beitrag ergänzen bzw. überarbeiten wollt.

Ⓛ Bei Wikipedia stehen für den Einstieg die Rubriken *Erste Schritte*; *Hilfe; Fragen stellen* und zum Probieren die *Spielwiese* zur Verfügung.

Netzstruktur des Internets

Das Internet ist ein weltumspannender Verbund kleinerer Computernetzwerke mit ca. 500 Mio. (Stand 2008) permanent verbundenen Computern **(Hosts)**.

Lokale Netzwerke. Verbindet man zwei oder mehrere Computer miteinander, entsteht ein Computernetz. Die Art der Anordnung der Computer heißt Netzwerk-**Topologie**, es gibt z. B. Ring-, Bus- und Stern-Topologien. In lokalen Netzwerken, z. B. in Schulen, ist die Sternstruktur gebräuchlich. Dabei steuert ein Zentralrechner **(Server)** den gesamten Netzverkehr (▷ Bild 96|1).

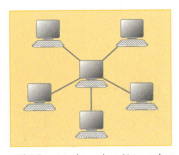

96|1 Sternstruktur eines Netzwerkes

Geschichte und Aufbau des Internets. In den 60er Jahren wird ein Netzwerk für amerikanische Universitäten entwickelt, um die damals extrem teuren Großcomputer gemeinsam besser nutzen und um Daten austauschen zu können. Es wird eine Netzstruktur ohne zentralen Server gewählt (▷ Bild 96|2). Alle angeschlossenen Computer sind gleichberechtigt: jeder Rechner bietet als **Server** Dienste an und fragt als **Client** Dienste nach. So ist das Netz auch beim Ausfall eines beliebigen Rechners weiter funktionsfähig, anders als ein Netz mit Sternstruktur, das komplett ausfällt, wenn der zentrale Server defekt ist. Dieses Netz, das *ARPANet*, wird später die Grundlage des Internets.

1969 sind die ersten 4 Großrechner verbunden, 1971 sind es schon 15. Damit die Kommunikation zwischen den Rechnern funktioniert, werden ab 1973 Normen für Übertragungsabläufe **(Übertragungsprotokolle)** vereinbart, z. B. TCP und IP. Die ersten Nutzungsmöglichkeiten **(Dienste)** sind **E-Mail**, **Telnet** (Fernsteuerung eines Computers) und Datenübertragung via **FTP** (File Transfer Protocol). Viele weitere kleine Netzwerke entstehen; Ende der 80er Jahre verbinden sich einzelne Netzwerke zu immer größeren Strukturen mit mehr als 100 000 Hosts.

1990 beginnt die kommerzielle Nutzung des Internets und das *ARPANet* wird abgeschaltets.

Das Internet steht nicht unter der Kontrolle einer einheitlichen Organisation, sondern jeder Betreiber eines LANs, MANs oder WANs trägt die Verantwortung für sein Netz. Jedes angeschlossene Netz kann unabhängig über die Bedingungen für seine Nutzer und über Soft- und Hardware entscheiden. LANs und WANs leiten Daten aus anderen Netzen weiter, so kann man von einem Computer über das Internet zu jedem anderen angeschlossenen Rechner gelangen.

Begriffliches

LAN (Local Area Network): Lokales Netzwerk, meist in einer Wohnung, einem Betrieb oder einem Gebäude.
MAN (Metropolitan Area Network): Zusammenschluss mehrerer LANs, Ausdehnung bis zu 100 km.
WAN (Wide Area Network): Weltweite Verbindung von Rechnernetzen, werden von großen Organisationen und von *Internet Service Providern* betrieben. Sie bilden zusammen das **Backbone** des Internets (▷ folgende Seite).

▷ Mehr zu Netzwerken im Band „Informatik/ITG ab Klasse 7", S. 101 ff.

1. *Beschreibe eine Netzwerk-Topologie. Recherchiere dazu weitere Informationen und nenne jeweils Vor- und Nachteile.*

2. *Recherchiere die verschiedenen Legenden zur Entstehung des Internets.* ᵂᵂᵂ **096-1**

3. *Gib die wichtigsten Entwicklungen des Internets in einer Zeitleiste an.*

4. *Finde Beispiele für Vor- und Nachteile der dezentralen Internet-Topologie. Diskutiert in der Gruppe.*

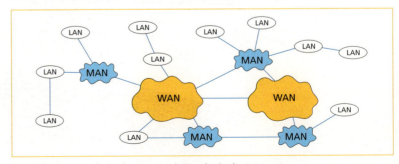

96|2 Kleiner Ausschnitt der Netzwerk-Topologie des Internets

Das Backbone des Internets

Das Rückgrat (engl. **Backbone**) des Internets besteht aus Rechenzentren und Hauptleitungen. Diese Hauptnetze gehören **IP-Carriern** (engl., IP-Transportunternehmen). Das sind meist Unternehmen wie z. B. die *Deutsche Telekom* oder Wissenschaftseinrichtungen verschiedener Staaten wie z. B. das *Deutsche Forschungsnetz*. Die IP-Carrier verbinden ihre Netze an **Internetknoten** (großen Rechenzentren) miteinander, dort binden sie auch lokale Netze gegen Gebühr ein. Da die Netze jeweils über mehrere Knoten miteinander verbunden sind, gibt es für ein Datenpaket verschiedene mögliche Wege vom Start- zum Zielcomputer.

Die folgende Grafik zeigt die Verbindungen großer deutscher Rechenzentren (Internetknoten und große Firmenserver) miteinander und mit einigen internationalen IP-Carriern.

1. *Die IP-Carrier werden in* Tier 1 *bis* Tier 3 *eingeteilt. Recherchiere und erläutere, wie diese Einteilung zu Stande kommt.* www **097-1**

97|2 Glasfaserkabel

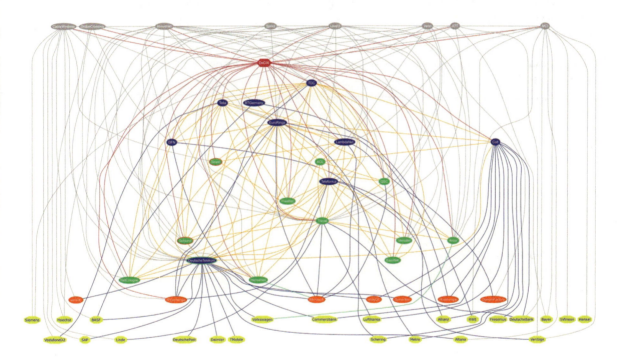

97|1 Ausschnitt des deutschen Internets: Zwischen Internetknoten gibt es immer viele mögliche Wege

Legende: IP-Carrier und große Kunden

- Global Tier One Provider
- DeCIX, Internetknoten Frankfurt
- Tier Two Provider
- Tier Three Provider
- Content Provider
- Server großer deutscher Unternehmen

Die Internetknoten sind durch unterirdisch verlegte **Glasfaserkabel** (▷ Bild 97|2) miteinander verbunden und transportieren die Datenpakete mit Laserlicht bestimmter Wellenlängen. Auf diesen „Datenautobahnen" legen die Daten in wenigen Millisekunden tausende Kilometer zurück.

Ein Internetknoten besteht u. a. aus vielen **Switches** (engl., Schalter, Weiche), das sind Geräte, die mehrere Netze miteinander verbinden. Die Switches sind mit sogenannten **Routern** verbunden, das sind Computer, die für jedes durchreisende Datenpaket bestimmen, welcher der möglichen weiteren Wege es möglichst schnell an sein Ziel führt.

Die Protokolle der Netze

1. *Die Protokolle werden von Internetanwendungen genutzt. Gib die Anwendungen zu folgenden Protokollen an:* http; ftp; pop; smtp; imap.

2. *IP-Adressen sind die Hausadressen im Internet. Sie werden in* Class-A- *bis* Class-C-Netze *unterteilt. Beschreibe die Unterschiede der einzelnen Netz-Adressen.*

3. *Das Schulnetz hat im Internet eine gemeinsame IP-Adresse für alle angeschlossenen Rechner. Finde sie heraus mithilfe einer Webseite, die dir deine aktuell genutzte IP-Adresse anzeigt.*

4. *Alle Rechner des Schulnetzes sind über die gleiche IP-Adresse erreichbar, wie ist es nun möglich, dass jeder Nutzer eines Schul-PCs nur die von ihm gewünschte Seite angezeigt bekommt?*

▷ Unter www **098-1** findest du ein Animationsvideo zum Datenverkehr im Internet.

Damit das Internet funktioniert, muss die Kommunikation zwischen den Computern geregelt werden, z.B. wie ein Computer bei einem Webserver die Daten einer bestimmten Webseite so anfragt, dass dieser ihn versteht. Dies leistet das **TCP/IP-Protokoll**, mit dem Daten versendet und empfangen werden können.

Seine Arbeitsweise wird anhand des **4-Schichten-Modells** erklärt:

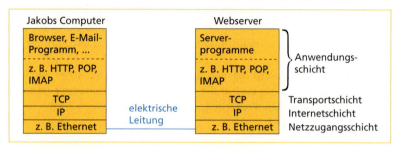

98|1 TCP/IP-Protokoll im 4-Schichten-Modell

Anhand des Modells kann man den Weg einer Anfrage des eigenen Browsers (in der Grafik links oben) über eine elektrische Leitung bis zum Webserver (rechts) nachvollziehen. Die Anfrage durchläuft sowohl beim eigenen Computer als auch beim Webserver die 4 Phasen (Schichten). Anschließend kann man auch den Rückweg der angeforderten Daten zum eigenen Browser nachvollziehen.

Im TCP/IP-Protokoll ist geregelt, was in den jeweiligen Schichten passieren muss und wie die Datenübergabe zwischen Programmen der verschiedenen Schichten verläuft. Auf welche Weise Programme die Aufgaben innerhalb ihrer Schicht erfüllen, bleibt ihnen überlassen.

Anwendungsschicht (engl. Application Layer) enthält Anwendungsprogramme (z.B. Browser und E-Mail-Programm auf dem eigenen PC und ein Webserver-Programm auf dem Webserver) und deren Protokolle (z.B. Mail und SMTP oder www und http).	**Hinweg:** Jakobs Browser soll die Website *www.cornelsen.de* anzeigen. Als Erstes sucht er, mit Hilfe des DNS (siehe unten), die IP-Adresse der Website (192.166.197.294) und gibt dann Jakobs Anfrage an das http-Protokoll weiter. Von dort gelangen die Daten weiter an die Transportschicht. **Rückweg:** Der Browser nimmt die Daten der Webseite von der Transportschicht entgegen und zeigt die Webseite an.
Transportschicht (engl. Transport Layer) ist verantwortlich für die Paketsicherung. In der Transportschicht arbeitet das TCP-Protokoll.	**Hinweg:** Hier werden die Daten von Jakobs Anfrage in Segmente (kleine Abschnitte) zerlegt und an die Internetschicht weitergeleitet. **Rückweg:** TCP überwacht die Übertragung, fordert verloren gegangene Pakete erneut an, bringt die ankommenden Pakete in die korrekte Reihenfolge und leitet diese an die Anwendungsschicht (den Browser) weiter.
Internetschicht (engl. Network Layer) ist für die eigentliche Übertragung (Paketzustellung und Routing) der Daten zum Zielrechner verantwortlich. Sie nutzt das IP-Protokoll.	**Hinweg:** Jeder Rechner im Internet hat eine unverwechselbare IP-Adresse (z.B. 192.166.197.294). Hauptaufgabe des Internet Protocols (IP) ist das Anpassen der Segmente an die eigentliche Übertragungsgröße sowie deren Beschriftung mit einer Absende- und Zieladresse. Die versandfertigen IP-Pakete werden an die Netzzugangsschicht weitergeleitet. **Rückweg:** Empfangene Pakete werden an die Transportschicht weitergeleitet.
Netzzugangsschicht (engl. Physical Layer) umfasst die Hardware (Netzwerkkarte, Modem usw.) und deren Gerätetreiber.	**Hinweg:** Die unterste Schicht beschreibt die elektrische Verbindung zwischen zwei Computern. Im einfachsten Fall sind die beiden Computer mit einem Netzwerkkabel verbunden. Die Treibersoftware regelt den Austausch der elektrischen Signale.

Domain Name System (DNS)

Eigentlich müsste es in der Werbung heißen: „Besuchen Sie uns im Internet unter der Adresse 192.166.197.204." Doch kaum jemand könnte sich viele solcher Adressen merken. „www.cornelsen.de" lässt sich leichter merken, aber Computer können es nicht so leicht verarbeiten. Die Übersetzung zwischen Computern und Menschen regelt das **Domain Name System** (engl., kurz **DNS**). Dieses System ist als eine verteilte Datenbank angelegt, welche hierarchisch, ähnlich einem Dateisystem, in einzelne Segmente aufgeteilt ist.

Diese Struktur wird zuerst im Aufbau einer DNS-Adresse deutlich.
Beispiel: www.foerdern.cornelsen.de
Eine solche Adresse wird *von rechts nach links* gelesen:
– Zuerst steht die **Top-Level-Domain „de"**. Dies bedeutet, dass die Website „cornelsen.de" innerhalb der Top-Level-Domain „de" registriert wurde. Die Top-Level-Domain „de" wird von der Organisation *Denic* verwaltet. Wer eine neue Domain mit „.de" erwerben möchte, muss sich dort registrieren.
– Es folgt die Second-Level-Domain „cornelsen". Diese gibt im Normalfall den Betreiber der Website an.
– Nun kommt die Third-Level-Domain „foerdern".
– Zuletzt „www": Dies gibt das Verzeichnis auf dem Server an, in dem sich die Startwebseite befindet. Es wäre also auch *xxxx* möglich.
Ein Domainname kann aus beliebig vielen Levels bestehen. Alles, was links vom wesentlichen Second-Level-Domainnamen steht, liegt in der Verantwortung des Domaininhabers.

Damit der eigene Rechner nun die Adresse der gewünschten Internetseite findet, muss er das richtige Segment in der Datenbank finden. Dazu arbeitet er folgende Schritte ab (▷ Bild 99|1):
1. Jakobs Rechner benötigt für die Abfrage der Webseite „www.cornelsen.de" die IP-Adresse des zugehörigen Webservers. Dazu befragt er einen Computer, der **Nameserver** genannt wird.
2. Dieser löst den Domainnamen von rechts nach links auf:
   – Zuerst ermittelt er den Nameserver der Top-Level-Domain „de". Dazu befragt er den Computer, der sich mit Top-Level-Domains auskennt, den **Root Server**. Dieser antwortet ihm mit der IP-Adresse des Nameservers für die Top-Level-Domain „de".
   – Der Nameserver des Providers befragt nun den Nameserver der Top-Level-Domain „de" nach der IP-Adresse von „cornelsen.de". Da dieser nicht für „cornelsen.de" zuständig ist, antwortet er mit der Adresse des verantwortlichen Nameservers. Meist ist dies der Nameserver des Internetproviders, der die Domain verwaltet.
   – Der Nameserver des Providers startet wiederum eine Anfrage, diesmal an den Nameserver der Domain „cornelsen.de". Da dieser für die Domain zuständig ist, kann er nun in seiner eigenen Datenbank nachschauen und die gewünschte Antwort liefern (192.166.197.204).
3. Nachdem der Nameserver nun die IP-Adresse der gewünschten Anfrage ermittelt hat, gibt er diese an Jakobs Computer weiter.

1. *Was bedeuten diese Top-Level-Domains:* com; info; edu; org; de; at; ch; uk?

2. *Domainnamen sind Eigentum von Privatpersonen, Institutionen oder Firmen. Wem gehört die Domain deiner Schule?* www 099-1

3. *Überlege einen Namen für deine Wunschdomain und überprüfe, ob du diese Domain erwerben könntest.* www 099-2

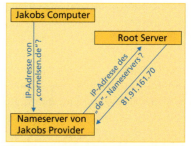

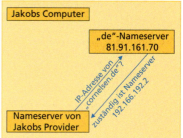

99|1 *Ein Domainname wird in eine IP-Adresse übersetzt*

Zusammenfassung

Über das Internet können Menschen weltweit, jederzeit und sehr schnell miteinander Informationen austauschen und vielfältige Dienstleistungen anbieten und nutzen. So verändert das Internet unser tägliches Leben und ist ein **wichtiger Faktor für die wirtschaftliche und kulturelle Entwicklung**. Übermäßiger und zielloser Konsum der angebotenen Unterhaltung kann zur **Sucht** führen.

Für den **Zugang zum Internet** benötigt man einen Internetprovider, einen Anschluss, Hardware und Software. **Browser** sind Programme, die den Datenaustausch mit dem Internet organisieren und Webseiten darstellen (z. B. *Internet Explorer* und *Mozilla Firefox*).

Finden von Informationen

Ein **planvolles Vorgehen** bei der Recherche ist wichtig, um in der Informationsfülle die Orientierung nicht zu verlieren.
Spezielle Websites helfen bei der Recherche, z. B. Internetlexika, Kataloge und **Suchmaschinen**, bei denen **geschickt formulierte Suchanfragen** helfen, die gesuchten Informationen zu finden.

Da jeder im Internet ungeprüft Informationen bereitstellen kann, muss man die gefundenen Informationen selbst kritisch hinsichtlich ihrer **Glaubwürdigkeit** beurteilen. Anhaltspunkte findet man im Impressum. Für eine Recherche sollte man die Informationen von verschiedenen Websites nutzen und vergleichen.

Kommunikation und Sicherheit

Das Internet bietet umfangreiche Möglichkeiten der Kommunikation, z. B. **E-Mail, Chat, Foren, Blogs** und **Wikis**.
Wikis sind Websites, bei denen sich viele Personen an der Erstellung und Bearbeitung der Inhalte beteiligen können. So ist z. B. der Wiki *Wikipedia* eines der umfangreichsten Nachschlagewerke im Internet geworden.

Die Kommunikation im Internet wird durch Einhalten der **Netiquette**, das sind Normen für den höflichen Umgang miteinander, erleichtert.
Zur eigenen **Sicherheit** ist zu beachten, dass Kommunikationspartner z. B. im Chat **anonym** sind. Wichtig ist außerdem das Beachten von Regeln zur **Datensicherheit** (▷ Kapitel „Datensicherheit").

Netzstruktur des Internets

Verbindet man Computer miteinander, so spricht man von **Computernetzen**. Das größte Computernetz ist das Internet, das Computer auf der ganzen Welt miteinander verbindet. Es besteht aus dem **Zusammenschluss vieler kleiner Netze**.
Auf großen „Datenautobahnen", die durch IP-Carrier verwaltet werden, werden Datenpakete durch die Teilnetze von einem Start- zum Zielcomputer transportiert.
In **Internetknoten**, großen Rechenzentren, werden die vielen kleinen Netze miteinander verbunden. Die Internetknoten sind durch **Glasfaserkabel** miteinander verbunden, sodass die Daten mit Laserlicht von einem Knoten zum nächsten besonders schnell transportiert werden.

Die Protokolle des Internets: Damit der Datentransport reibungslos funktioniert, wurde das **TCP/IP-Protokoll** entwickelt. Es besteht aus **4 Schichten**, die allgemeinverbindliche Regeln für den Austausch der Daten aufstellen.
Zur praktikablen Nutzung des Internets für Menschen wurde das **Domain Name System (DNS)** eingeführt. Es ermöglicht, Namen von Websites (z. B. *www.cornelsen.de*) in für den Computer lesbare Zeichen umzuwandeln (192.166.197.204). Für diese Übersetzung werden verschiedene **Nameserver** nach den notwendigen Informationen befragt.

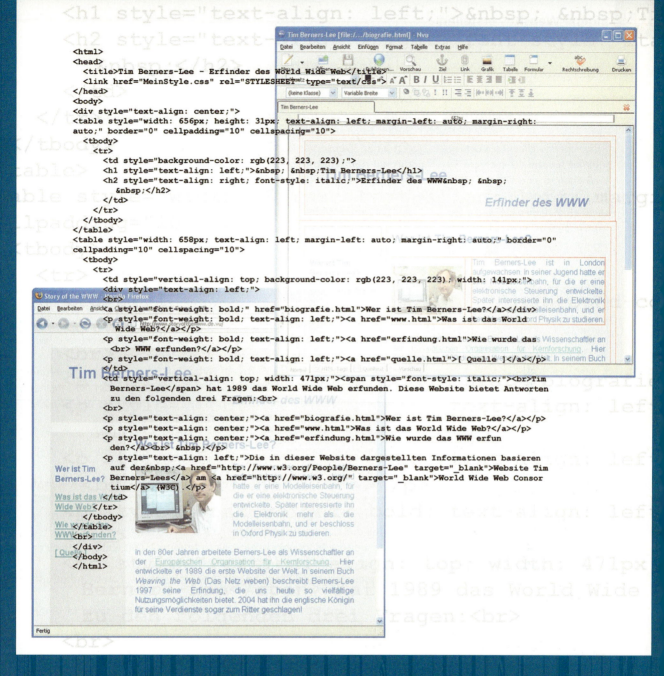

Eigene Websites erstellen

Das Internet ist heute neben Büchern, Zeitungen, Zeitschriften und dem Fernsehen zu einem gleichwertigen Informationsmedium geworden. Anders als in anderen Medien kann man im Internet aber nicht nur nach Informationen suchen, sondern mit wenig Aufwand auch selbst welche anbieten – auf einer eigenen Website.

Die Themen:
- Webseiten mit einem komfortablen Programm erstellen und die eigene Website im Internet veröffentlichen,
- ein größeres Webprojekt planen, das aus mehreren Webseiten besteht,
- eine Einführung in HTML,
- das Gestalten von Webseiten mit CSS, Templates und Multimedia,
- ein Einblick in die Programmierung dynamischer Webseiten mit *JavaScript* und *PHP*.

Die eigene Website im Internet

Begriffliches

Das englische Wort Web*site* steht nicht etwa für eine einzelne Web*seite* – gemeint ist vielmehr ein *Ort* im Internet, an dem sich mehrere Webseiten zu einem Thema befinden (engl. site = Ort, Standort).

Der Begriff **Homepage** wird meist (so auch in diesem Buch) mit derselben Bedeutung wie **Website** verwendet.

102|1 HTML-Quellcode einer Webseite

102|2 Ansicht der Webseite im Browser

102|3 Bearbeiten der Seite im WYSIWYG-HTML-Editor

1. *Erkläre anhand eines Beispiels aus dem Internet die Begriffe* Website *und* Webseite.

Um eine eigene Website zu erstellen, sollte man zunächst geeignete **Inhalte** sammeln, strukturieren und zu einer **Website** zusammenstellen. In einem zweiten Schritt werden die Dateien, die zu der Website gehören, auf einen **Webserver** kopiert. Ein Webserver ist ein Computer, der ständig mit dem Internet verbunden ist, sodass die Website von nun an für Benutzer im Internet aufrufbar ist.

Aufbau einer Website. Ein Internetangebot (Website) besteht meist aus mehreren Webseiten, die durch **Hyperlinks** (engl. link = Verknüpfung) miteinander verbunden sind. Klickt man auf einen Hyperlink, wird die Seite angezeigt, auf die der Link verweist. Ein Text mit Hyperlinks wird auch als **Hypertext** (engl. hyper- = über-) bezeichnet.

Jede einzelne Webseite ist in einer HTML-Datei gespeichert. Die HTML-Datei enthält den in der **Hypertext Markup Language (HTML)** verfassten Quellcode (▷ Bild 102|1) der Seite. Der Quellcode besteht aus dem Text einer Webseite und **Tags** (engl., Markierungen). Tags beschreiben, wie der Text formatiert ist (fett, kursiv, …), an welcher Stelle ein Bild eingefügt wird oder zu welcher Seite ein Hyperlink führt. Angezeigt werden die Hypertexte von einem **Browser**, z.B. *Mozilla Firefox* oder *MS Internet Explorer*. Die Abbildungen 102|1 und 102|2 zeigen, dass der Browser diese Markierungen nutzt, ohne die Tags selbst anzuzeigen.

Erstellen einer Website. Es gibt verschiedene Möglichkeiten, eine Website zu gestalten:

- Mit einem **WYSIWYG-HTML-Editor** kann man auch ohne HTML-Kenntnisse eine Website erstellen.
  Dies und wie man eine Website plant und veröffentlicht, wird im 1. Teil dieses Kapitels beschrieben (▷ S. 104–113).
- Eine weitere Möglichkeit, eine Website ohne HTML-Kenntnisse zu erstellen, bieten **Content-Management-Systeme (CMS)**.
  Beispielsweise sind Blogs oft als CMS realisiert (▷ „Foren und Blogs", S. 90).
- Wer sich mit HTML auskennt, kann den Quellcode direkt in einem **Texteditor**, z.B. im *Windows*-Programm *Editor*, eingeben (▷ Bild 102|1).
  Teil 2 dieses Kapitels bietet eine Einführung in HTML (▷ S. 114–123).
- Klassische Webseiten zeigen für jeden Benutzer die gleichen Informationen an. Bei **dynamischen Webseiten** sehen Benutzer dagegen HTML-Seiten, die individuell für sie von einem Programm generiert werden.
  Mehr zur Programmierung von dynamischen Webseiten im Teil 3 (▷ S. 124–131).

Vorbereitungen. Bevor man die einzelnen Seiten einer Website gestaltet, sollte man geeignete Inhalte und Materialien recherchieren. Welche Informationen stelle ich in meinen Texten dar? Welche Bild-, Ton- oder Videodokumente möchte ich einbinden? Welche Materialien kann ich auf einer Seite zu einem gemeinsamen Teilaspekt zusammenfassen? Mehr zur Planung und Strukturierung der Inhalte auf ▷ S. 108–111.

Wie kommt die Website ins Internet?

Damit eine Website jederzeit aufgerufen werden kann, müssen die Dateien der Website auf einem **Webserver** gespeichert sein, einem Computer, der ständig mit dem Internet verbunden ist. Dem Webserver muss eine weltweit einmalige **Domain** wie z. B. *tagesschau.de* oder *wikipedia. org* zugeordnet sein, über die er aufgerufen werden kann.

Da jeder Teilnehmer des Internets auf diesen Rechner zugreifen kann, ist er durch **Hackerangriffe** bedroht und muss besonders gründlich und regelmäßig auf Sicherheitslücken überprüft werden. Es ist daher davon abzuraten, selbst einen Webserver im Internet zu betreiben.

Provider bieten stattdessen die Mitnutzung von **Webspace** (Speicherplatz auf ihren Webservern) als kostenpflichtige oder werbefinanzierte Dienstleistung an. Kunden können die Dateien ihrer Websites auf den Webserver des Providers kopieren. Die Adresse der Website im Internet besteht aus dem **Domainnamen** des Providers und dem Namen des Benutzers, z. B. *de.geocities.yahoo.com/max*.

Viele nutzen den Webspace eines Providers, wollen aber nicht auf einen **eigenen Domainnamen** verzichten. Deshalb gibt es die Möglichkeit, bei einer zentralen Stelle eine eigene Domain zu registrieren und Anfragen an die eigene Domain an den Webserver des Providers weiterzuleiten.

1. Erkundige dich, welche Möglichkeiten es gibt, Arbeitsergebnisse auf der Website deiner Schule zu veröffentlichen.

Begriffliches

Server (engl. to serve = einen Dienst erbringen)
Domain (engl., Bereich, (Namens-)Raum)
Provider (engl. to provide sth. = etwas bereitstellen)

Tipp

Fragen zur Auswahl des Providers:
– Gibt es Möglichkeiten, bereits vorhandenen Webspace zu nutzen? Die Website zu einem Unterrichtsprojekt ließe sich z. B. auf der Schulhomepage veröffentlichen.
– Was kostet die Miete für eigenen Webspace? Bin ich bereit, für einen geringeren Mietpreis Werbung auf meiner Website zuzulassen?
– Werden alle technischen Anforderungen erfüllt (▷ S. 106 f.)?

Überblick: der Weg zur eigenen Website

a) Inhalte sammeln: Ideen, Texte, Bilder, Videos, …

b) Struktur planen: Welche Infos auf welcher Seite? Welche Links zu welchen Seiten?

c) Website mit einem HTML-Editor zusammenstellen.

d) Einen Provider für den Webspace auswählen und Dateien der Website auf dessen Webserver kopieren.

e) Ggf. eine eigene Domain registrieren lassen.

Eine Website mit einem WYSIWYG-HTML-Editor erstellen

Auf den Seiten 104 bis 107 wird gezeigt, wie man leicht eine eigene Website erstellen und im Internet veröffentlichen kann. Wie man eine Website mit mehreren Seiten sorgfältig plant, ab ▷ S. 108.

▷ Es gibt kommerzielle WYSIWYG-HTML-Editoren wie *Adobe Dreamweaver* oder *Microsoft Expression Web* sowie einige lizenzkostenfreie Editoren, z. B. den Editor *NVU*, die sich nur gering in Funktionalität und Handhabung unterscheiden. www **104-1**

Eine einfache Möglichkeit, eine Website zu erstellen, bietet ein **WYSIWYG-HTML-Editor**. WYSIWYG steht für engl. „what you see is what you get" (etwa „Was du siehst, ist, was du kriegst"): Die Seite wird bereits im Editor ungefähr so dargestellt, wie sie später im Browser aussieht. Der Editor erstellt den entsprechenden HTML-Quellcode für die Seite.
Beispiel: Im Folgenden wird mit dem Editor *NVU* die Konstruktion einer Website über den Erfinder des WWW, *Tim Berners-Lee,* dargestellt.

Eine neue Seite erstellen und einrichten. Startet man den Editor, so wird eine neue, unbenannte Seite geöffnet (▷ Bild 104|4). Beim Speichern werden dann Titel und Dateiname der neu angelegten Seite abgefragt (▷ Bild 104|1).
Text kann man einfach im Arbeitsbereich eingeben. Hintergrundfarbe und die Farben für Text und Hyperlinks lassen sich für die gesamte Seite festlegen über das Menü FORMAT ▶ SEITENFARBEN UND HINTERGRUND (▷ Bild 104|2 und 104|3).

104|1 Eingabe des Seitentitels

104|2 Menüeintrag zur Farbauswahl

104|3 Festlegen der Farben

So kann man recht einfach ein persönliches und einheitliches Layout für die Seite festlegen, das gegenüber der Standardformatierung ansprechender wirkt (vgl. z. B. die Bilder 102|2 und 104|2). Weitere Seiten im selben Layout lassen sich einfach erzeugen, indem man eine gestal-

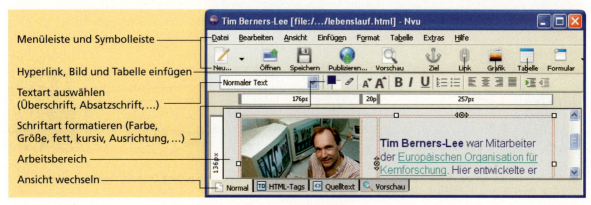

Menüleiste und Symbolleiste
Hyperlink, Bild und Tabelle einfügen
Textart auswählen (Überschrift, Absatzschrift, …)
Schriftart formatieren (Farbe, Größe, fett, kursiv, Ausrichtung, …)
Arbeitsbereich
Ansicht wechseln

104|4 Bedienung des NVU-Editors

tete Seite kopiert, sie unter einem anderen Namen speichert und die Inhalte anpasst.

Formatierung von Textabschnitten. Die Formatierung von Text funktioniert ähnlich wie bei Programmen zur Textverarbeitung: Verschiedene Schaltflächen ermöglichen das Hinzufügen von Eigenschaften wie Text- und Hintergrund**farbe**, **Fett-** und **Kursiv**druck, **Ausrichtung** des Absatzes oder automatische **Nummerierung** (▷ Bild 104|4).

Strukturierung einer Seite. Um dem Leser die Orientierung auf der Seite zu erleichtern, werden längere Texte durch Absätze und Überschriften in Sinneinheiten unterteilt. Einer Überschrift wird eine Ebene zwischen 1 und 6 zugeordnet (▷ Bild 105|1).
Über den Menüpunkt EINFÜGEN lassen sich weitere Elemente wie Hyperlinks, Grafiken und Tabellen einer Webseite hinzufügen. Alternativ kann man auch die Schaltflächen der Symbolleiste verwenden (▷ Bild 104|4).

105|1 Formatierung einer Überschrift

Einen Link hinzufügen.
1. Text markieren, der zu einem Hyperlink werden soll.
2. Menüeintrag EINFÜGEN ▶ LINK oder entsprechendes Symbol anklicken.
3. Das Ziel des Links angeben (▷ Bild 105|2). Dies kann die Adresse einer bereits im WWW veröffentlichten Seite sein (hier: *http://public.web.cern.ch/Public/Welcome.html*). Der Link kann jedoch auch zu einer weiteren Seite der eigenen Website führen, z. B. *lebenslauf.htm*. In diesem Fall lässt sich die gewünschte Datei nach Klicken auf DURCHSUCHEN komfortabel in einem Dialog auswählen.
4. Unter ERWEITERT lässt sich z. B. angeben, ob das Ziel des Links im selben oder in einem neuen Fenster geöffnet werden soll.

105|2 Eigenschaften eines Links

Eine Grafik einbinden.
1. Im Menü EINFÜGEN ▶ GRAFIK oder entsprechendes Symbol anklicken.
2. Es öffnet sich das Dialogfenster *Grafik-Eigenschaften* (▷ Bild 105|3), darin über DURCHSUCHEN eine Grafikdatei auswählen.
3. Die Option *Url relativ zur Seitenadresse* stellt sicher, dass die Bilddatei auch nach dem Kopieren auf den Webserver korrekt geladen wird.
4. Zusätzlich können ein **Tooltip-** und ein **Alternativtext** angegeben werden, die im Browser angezeigt werden, wenn die Maus über das Bild geführt wird bzw. wenn die Bilddatei nicht geladen werden kann (Tooltip ▷ Bild 105|4).

105|3 Eigenschaften einer Grafik

105|4 Eingefügtes Bild mit Tooltip

105|5 Blinde Tabelle im Editor (oben) und im Browser (unten)

Tipp
Versieht man eine Grafik mit einem Link, so wird sie zu einer Schaltfläche erweitert. Hierzu markiert man statt eines Textes die Grafik und verfährt ansonsten wie bei einem herkömmlichen Link.

106|1 *Eigenschaften einer Tabelle, hier einer blinden Tabelle mit Randstärke 0*

106|2 *oben: Horizontale Menüleiste am oberen Seitenrand; unten: Vertikale Menüleiste am linken Seitenrand*

▷ Mehr zu Urheberrecht und Datenschutz auf ▷ S. 35 ff.

Tipp
Computerzeitschriften bieten hilfreiche Informationen über die Angebote verschiedener Provider.

Positionierung mit versteckten Tabellen. Ein Browser stellt die Elemente einer Webseite in der Leserichtung von links nach rechts und von oben nach unten dar. Fügt man ein Bild ein und schreibt danach einen Text dazu, so beginnt die erste Zeile des Texts an der unteren rechten Ecke des Bildes, alle weiteren Zeilen werden unterhalb des Bildes positioniert (▷ Bild 105|4).

Soll der Text aber neben dem Bild stehen (▷ Bild 105|5), so empfiehlt es sich, eine sogenannte **blinde Tabelle** anzulegen: z. B. links eine Zelle für das Bild, in der Mitte eine Zelle für Abstand und rechts eine Zelle für den Text.

1. Im Menü Einfügen ▸ Tabelle wählen und die Zellenanzahl festlegen.
2. Auf die erstellte Tabelle doppelklicken.
3. Im Dialogfenster *Tabelleneigenschaften* (▷ Bild 106|1) den Reiter Tabelle wählen. Mit einem Rahmen der Stärke „0" wird die Tabelle im Editor durch gestrichelte Linien dargestellt, später im Webbrowser ist sie jedoch unsichtbar (▷ Bild 105|5).

Eine Navigationsleiste erstellen. Um den Lesern einer Website eine übersichtliche Navigation durch die Seiten der Website zu ermöglichen, empfiehlt es sich, eine Navigationsleiste mit Links zu den einzelnen Seiten bereitzustellen. Da wir von oben nach unten und von links nach rechts lesen, sollte sich eine Navigationsleiste grundsätzlich am oberen oder linken Rand der Seite befinden.

Für die Gestaltung einer Navigationsleiste kann man eine versteckte Tabelle verwenden. Die Menüleiste kann zunächst auf einer Seite erstellt und dann kopiert und in die anderen Seiten eingefügt werden.

Tipp: Den Link zur gerade geöffneten Seite entfernen – dann ist der Text farblich abgesetzt und als Titel der angezeigten Seite erkennbar (▷ Bild 106|2).

Veröffentlichung der Website

Überprüfen auf Rechtmäßigkeit der Inhalte. Der Verfasser einer Website ist für die dargestellten Inhalte voll verantwortlich. Vor einer Veröffentlichung sollte man daher sicherstellen, dass **Urheberrechte** und **Persönlichkeitsrechte** anderer gewahrt bleiben. Habe ich die Erlaubnis, Bild- und Tondokumente zu veröffentlichen? Generell sollte man darauf verzichten, Privatpersonen mit vollem Namen zu nennen, denn mit einer Suchmaschine können Bilder und Informationen zu der Person sonst schnell gefunden werden.

Die Verantwortlichkeit gilt auch für Einträge in Foren oder Gästebüchern, die regelmäßig zu kontrollieren und ggf. zu löschen sind.

Auswahl eines Providers. Es empfiehlt sich, die Angebote verschiedener Provider zu vergleichen. Dabei sollte man die **Anforderungen** eines Webprojektes **mit** den zu erwartenden **Kosten abwägen.**

Beispiele: Um einige Witze zu veröffentlichen, reicht vielleicht ein kostenloser Anbieter, der Werbebanner auf der Seite schaltet. Es ist jedoch darauf zu achten, dass der Service dauerhaft kostenlos bleibt. Wer plant, eigene Arbeitsergebnisse auf einer Website zu präsentieren und in einer Bewerbung darauf zu verweisen, sollte etwas Geld in einen zuverlässigen, werbefreien Anbieter investieren. In der Regel liegen die Kosten bei wenigen Euro im Monat.

Weitere zu berücksichtigende Kriterien sind die Größe des bereitgestellten Webspace, unterstützte Zugangsmöglichkeiten (s. u.) sowie die Bereitstellung zusätzlicher Dienste wie PHP oder einer Datenbank. Nicht zuletzt ist es interessant zu wissen, welche Unterstützung bei Problemen geboten wird, z. B. ob es einen persönlichen Ansprechpartner gibt.

Die Website auf einen Webserver hochladen (Upload)

Die wohl meist verbreitete Technologie, um Dateien auf einen Webserver zu laden, ist das **File-Transfer-Protocol (FTP)**. Weitere Möglichkeiten sind Upload-Formulare auf der Website des Providers und die Ergänzung von FTP um eine sichere Verbindung.

Uploadformular auf der Website des Providers. Viele Provider bieten eine Möglichkeit, direkt über ihre Website Dateien auf den Webserver zu kopieren. Meist trägt man eine Reihe von Dateien in Formularfelder der Upload-Seite ein, um sie anschließend hochzuladen (▷ Bild 107|1).

107|1 Ein Upload-Formular

FTP-Verbindung mit dem *Windows Explorer*. Eine einfache Möglichkeit, ohne Installation weiterer Software eine FTP-Verbindung aufzubauen, bietet z. B. der *Windows Explorer*:

1. Die Adresse des FTP-Servers in die Adressleiste des *Explorer*s eintragen und bestätigen (▷ Bild 107|2). Die Adresse des einzutragenden FTP-Servers erfährt man auf der Website des Providers.
2. Eine Verbindung zum FTP-Server wird aufgebaut. Es erscheint ein Fenster, mit dem man sich als Benutzer am Server anmeldet.
3. Der geöffnete Ordner lässt sich nun weitgehend wie ein Ordner auf der eigenen Festplatte behandeln, z. B. kann man Dateien in den Ordner kopieren, sie löschen usw.

107|2 FTP im Windows Explorer

Sichere Übertragung mit SFTP oder SCP. Leider werden bei einer FTP-Verbindung Benutzername und Passwort unverschlüsselt übertragen. Eine sichere Übertragung lässt sich mit *Secure FTP* (SFTP) oder *Secure Copy* (SCP) erreichen. Voraussetzung ist, dass der Webserver eines der beiden Protokolle unterstützt.

Ein lizenzkostenfreies Programm für SFTP- und SCP-Verbindungen ist z. B. *WinSCP* (▷ Bild 107|3). Nach Starten des Programms ist eine neue Verbindung einzurichten, wobei die Adresse des FTP-Servers, der Benutzername und das Passwort anzugeben sind. Nun öffnet sich ein Fenster, das dieselben Funktionen wie der *Windows Explorer* bei FTP bietet.

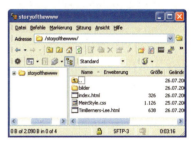

107|3 Secure FTP in WinSCP

Eine eigene Domain registrieren

Als persönliche Internetadresse kann man eine eigene Domain registrieren. Anfragen an diese Domain werden dann an die Adresse der Website beim Provider weitergeleitet (▷ Bild 107|4). Auch beim Registrieren einer Domain stellt sich die Frage nach Preis und gebotener Leistung. Kostenlose Anbieter fragen in der Regel viele persönliche Daten ab oder platzieren ihrerseits Werbung auf den registrierten Webseiten.

107|4 Aufruf der Seite zu Tim Berners-Lee über eine eigene Domain

Planung eines Webprojekts

Eine Website besteht meist aus mehreren Seiten zu einem bestimmten Thema, die durch Hyperlinks miteinander verbunden sind. Warum präsentiert man dieses Thema nicht einfach auf einer einzigen Seite? Eine Aufteilung auf mehrere Seiten, die der **Struktur des Themas** entspricht, erleichtert das Lesen auf dem Computer.

Beispiel: Auf der offiziellen Homepage einer Schule sollen Lehrer- und Schülerportraits zu finden sein, außerdem Informationen zu Schulorganisation und zu Schülervertretung (SV). Für jeden dieser Bereiche ist eine eigene Webseite sinnvoll, denn sie sind inhaltlich voneinander abgegrenzt. Außerdem kann man den Schülerbereich noch weiter unterteilen, z.B. nach Klassen oder sogar nach den einzelnen Schülern.
Durch Verlinkungen wird aus dieser Sammlung einzelner Seiten wieder ein Ganzes. Statt eines fortlaufenden Textes ist ein **Hypertext** entstanden.

Hypertext schreiben heißt, Informationen in abgeschlossene Einheiten zu zerlegen, die durch Links sinnvoll miteinander verbunden sind.

Wie diese Einheiten aussehen und welche Links sinnvoll sind, muss man anhand des Themas entscheiden. Den Ausgangspunkt bildet immer eine **Startseite**, auf der das Thema kurz vorgestellt wird. Auf der Startseite befinden sich auch die Links zu den anderen Bereichen, am besten in einer **Navigationsleiste** angeordnet (▷ S. 106).

Um die weitere Struktur festzulegen, muss man zunächst das Thema weiter eingrenzen: Was will ich präsentieren? Was gehört alles dazu? Daraus ergibt sich eine zuerst noch ungeordnete **Themenliste** (▷ Bild 108|1).

Tipp

Versender von Spam beschaffen sich E-Mail-Adressen u.a. mit Programmen, die Webseiten durchsuchen. Daher sollte man, um Spam zu vermeiden, E-Mail-Adressen auf Webseiten nicht ausschreiben. Man kann das @-Zeichen durch ein entsprechendes Bild oder durch Zeichen wie „[-at-]" ersetzen.

Was soll auf die Homepage?
– Name, Schule, E-Mail-Adresse (ohne @-Zeichen)
– Hobbys: Kino, Skaten, Fußball, mit Freunden treffen
– Lieblingsfilm
– Lieblingsbuch
– Musik, Lieblingsband
– Witze
– Links zur Schülervertretung
– Links zu Freunden
– Java-Game

108|1 Themenliste für eine persönliche Homepage

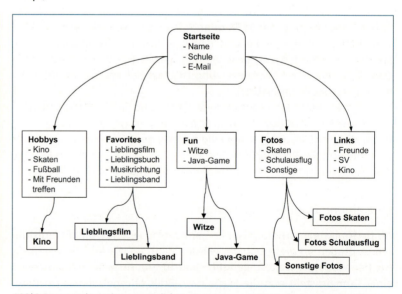

108|2 Baumstruktur einer persönlichen Homepage mit Startseite und zwei weiteren Ebenen (▷ „Baumstruktur", S. 109)

Dann muss geklärt werden, wo das **Material** für die Seiten herkommen soll. Besonders bei Gruppenprojekten ist an dieser Stelle eine gute **Aufgabenverteilung** wichtig: Wer schreibt welche Texte, wer schießt Fotos? Gibt es vielleicht schon vorhandenes Material und wer besorgt das?

Als Nächstes geht es an die **Strukturierung der Liste**:
– Kann ich einzelne Punkte zu Themenbereichen zusammenfassen?
– Welche Bereiche will ich voneinander abgrenzen?
– Kann ich einzelne Bereiche noch sinnvoll in Unterbereiche aufteilen?

Baumstruktur. Aus diesen Fragen ergibt sich eine Struktur, die einem **umgedrehten Baum** ähnlich sieht (▷ Bild 108|2). Die Startseite ist die **Wurzel** des Baums, die Bereiche und Unterbereiche sind die **Äste**. Man spricht auch von den **Ebenen** des Baums. In Bild 108|2 erkennt man fünf Hauptbereiche (Ebene 1), die sich in acht Unterbereiche (Ebene 2) verästeln. Jeder Kasten ist eine eigene Webseite, jeder Pfeil ein Hyperlink. Je tiefer die Ebene, desto spezieller werden die Informationen. Ansonsten gibt es keine festen Regeln, wie der Baum auszusehen hat. Auf der Homepage in Bild 108|2 hätte man z.B. den Bereich „Favorites" auch weglassen und den Lieblingsfilm, das Lieblingsbuch usw. auf der Startseite auflisten können.

Wenn ein Thema wichtig ist, mehrere Unterpunkte hat oder wenn es dazu viel zu schreiben gibt, dann ist dafür eine eigene Seite sinnvoll.

1. *Überlege dir eine Struktur für deine eigene persönliche Homepage oder ein Webprojekt zu einem anderen Thema. Beantworte dazu die nebenstehenden Fragen und erstelle eine Baumstruktur wie in Bild 108|2.*

Sobald die Gestaltung der Seiten begonnen hat, lässt sich die Gesamtstruktur nur mit großem Aufwand ändern. Sorgfältige Planung lohnt sich also.

Ordnerstruktur

Damit das Webprojekt übersichtlich bleibt, sollte man die Baumstruktur auch für die Dateiordner übernehmen, in denen die Seiten gespeichert werden. Dazu kann man wie folgt vorgehen (zum Anlegen von Ordnern ▷ S.9):
1. Einen Ordner anlegen, in dem das gesamte Webprojekt gespeichert werden soll: das **Wurzelverzeichnis** (z.B. mit dem Namen *jakobs_homepage*). Dort wird später auch die Startseite abgelegt.
2. In diesem Verzeichnis einen weiteren Ordner für jeden der Bereiche anlegen, auf den die Startseite direkt verweisen soll (Ebene 1 in Bild 108|2).
3. Soweit geplant, in den Ordnern der Ebene 1 weitere Ordner für die Bereiche der Ebene 2 anlegen. Dann in der Ebene 2 die Ordner der Ebene 3 anlegen usw., bis die Baumstruktur komplett ist.
4. Im Wurzelverzeichnis noch einen Ordner mit dem Namen src (Abk. für engl. **s**our**c**e = Quelle) anlegen. Dort werden Bilder und andere Dateien abgelegt, die auf mehreren Seiten verwendet werden.

Die **Ordnernamen** und auch später die Dateinamen sollte man so wählen, dass ihr Inhalt sofort erkennbar ist. Also z.B. den Ordner für den Bereich Hobbys einfach *hobbys* nennen und nicht *ordner11*. Wichtig ist, dass alle Namen kleingeschrieben werden und keine Umlaute oder Sonderzeichen wie „+" oder „$" enthalten. Nur der Unterstrich „_" darf verwendet werden. Wenn man diese Regeln einhält, ist sichergestellt, dass alle Links auch auf dem Server richtig funktionieren.

109|1 Ordnerstruktur für die Website aus Bild 108|2

Gibt man die Adresse einer Website im Browser ein, wird immer zuerst die Datei geladen, die im Wurzelverzeichnis steht und `index.html` oder `index.htm` heißt. Die Startseite eines Projektes sollte darum immer so heißen.

1. *Welche Links wären auf der Seite „Fotos Skaten" in Bild 108|2 sinnvoll? Begründe deine Auswahl: Warum könnte ein Besucher die verlinkten Seiten als Nächstes besuchen wollen?*

Linkstruktur: Navigation und Querverweise

Nachdem klar ist, was auf welchen Seiten zu finden ist, muss man sich noch Gedanken darüber machen, wie ein Besucher diese Seiten auch wirklich finden kann. Beim Aufruf der Website im Browser wird nur die Startseite angezeigt. Alle anderen Seiten sind nur über Links zugänglich.

Im Prinzip könnte man jede Seite des Projekts mit jeder anderen verlinken. Dann wären zwar alle Seiten zugänglich, aber ein Besucher wäre schnell verwirrt. Man spricht von „lost in hyperspace" (engl., etwa „verloren in der Flut von Hypertextseiten"). Besser ist es, wenn die Links die Struktur des Projekts widerspiegeln, dem Besucher **Orientierung** über das Informationsangebot geben und ihm die **Navigation** durch die Website erleichtern.

Links durch die Ebenen. In Bild 108|2 sind bereits einige sinnvolle Links als Pfeile eingezeichnet. Sie folgen der Baumstruktur des Projekts und stellen sicher, dass alle Seiten von der Startseite aus erreichbar sind. Das reicht aber noch nicht aus. So ist z. B. die Seite „Kino" für den Besucher eine Sackgasse. Sie enthält keine Links zu anderen Seiten, sodass dem Benutzer nichts übrig bleibt, als den ZURÜCK-Button des Browsers zu verwenden. Hier wäre es sinnvoll, einen Link zurück auf die Seite „Hobbys" zu setzen.

Navigationsleiste. Auf jeder Seite sollte die Möglichkeit angeboten werden, direkt zur Startseite zurückzuspringen. Diese Seite bildet den Ausgangspunkt für die Navigation durch das Webangebot, der Besucher sollte sie stets aufsuchen können, um sich neu zu orientieren. Noch bessere Orientierung bietet eine Navigationsleiste (▷ S. 106), die nicht nur zur Startseite, sondern auch zu allen Hauptbereichen (Ebene 1) verlinkt. Diese Möglichkeit ist vor allem bei größeren Projekten mit vielen Ebenen sinnvoll.

Textmarken. Bei längeren Texten kann eine Webseite auch über mehrere Bildschirmseiten gehen. Dann sind Links innerhalb des Textes angebracht. So kann man am Anfang des Textes zu einzelnen Abschnitten springen oder am Ende der Seite zurück zum Anfang. Auf der Homepage *selfHTML* (▷ S. 116) finden sich viele Beispiele für solche Links.

Querverweise. Speziell für die Seite „Kino" bietet sich noch ein weiterer Verweis zu der Seite „Lieblingsfilm" an (▷ Bild 110|1). Dieser Link bricht die formale Baumstruktur, liegt aber inhaltlich nahe. Um so wichtiger ist es, auch auf der Seite „Lieblingsfilm" die Startseite zu verlinken. Und mit einem weiteren Link zum Oberthema „Favorites" wird der Besucher ermutigt, auch noch die anderen Lieblingsdinge des Autors zu entdecken.

Navigationslinks **gehören auf jede Seite. Sie führen den Besucher entlang der Baumstruktur.**
Querverweise **führen dagegen zu beliebigen Seiten des Webangebots. Sie tauchen nur dort auf, wo sie inhaltlich sinnvoll sind.**

N

Hobbys:
- Kino
- Skaten
- Fußball
- Mit Freunden treffen

Favorit
- Lieblin
- Lieblin
- Musik
- Lieblin

E

N   N

Lieblingsfilm

Kino   Q

Li

Homepage
Werder Bremen

110|1 Beispiele für Navigationslinks (N), Querverweise (Q) und Links auf Seiten außerhalb des Projekts (E)

Einheitliche Seitengestaltung: Templates

Nachdem nun die Struktur des Projekts klar ist, geht es an das **Layout** (engl., Aufbau, Entwurf) der Seiten:
– Welche Schriftart und Schriftfarbe verwende ich für Überschriften, Links und normalen Text?
– Sollen die Seiten eine Hintergrundfarbe oder ein Hintergrundbild bekommen?
– Wie teile ich die Seite auf, wohin sollen die Navigationslinks?
Zur Auflockerung sollte die Seite auch Bilder enthalten. Neben Fotos kann man auch kleine Grafiken, sogenannte **Icons** (engl., Symbole), zur Hervorhebung von Textstellen verwenden. So kann zum Beispiel ein Pfeil nach oben einen Link zum Anfang der Seite markieren. Eine Auswahl häufig verwendeter Icons findet sich unter www **111-1**.

Diese Gestaltungselemente sollten auf allen Seiten des Projekts gleich sein. So weiß der Benutzer stets, dass er sich noch innerhalb desselben Projektes befindet. Eine einheitliche Gestaltung erreicht man am leichtesten, indem man ein **Template** (engl., Schablone) erstellt. Das ist eine Vorlagenseite, die nur austauschbaren Beispieltext enthält, aber genauso gestaltet ist, wie die echten Webseiten später aussehen sollen. Bild 111|1 zeigt eine solche Seite.

So kann man vorgehen:
1. Die Vorlage abspeichern, z.B. unter dem Namen *template.html*.
2. Die Vorlage *template.html* in alle Ordner des Projekts kopieren, die eine Webseite enthalten, und ihr jeweils einen sinnvollen Namen geben.
   Beispiel (vgl. dazu die Bilder 108|1 und 109|1):
   – die Seite *index.html* im Wurzelverzeichnis *jakobs_homepage*,
   – *hobbys.html* im Ordner *jakobs_homepage/hobbys*,
   – *kino.html* im Ordner *jakobs_homepage/hobbys/kino*.
3. Die Seiten mit Inhalt füllen und untereinander verlinken.

Für die Navigation ist es sehr sinnvoll, am Ende jeder Seite eine Fußzeile frei zu halten. Dort können dann die Links „Zum Anfang der Seite", „Eine Ebene nach oben" oder „Zurück zur Startseite" angebracht werden.

1. *a) Setze die Struktur aus Bild 108|2 in ein Webprojekt um. Lege dafür zunächst die Ordnerstruktur aus Bild 109|1 an und erzeuge für jeden der Kästen in Bild 108|2 eine Webseite mit einem eigenen Namen. Benutze dafür eines der Templates aus dem Webangebot.* www **111-2**

b) Schreibe nun in alle Seiten den Text aus den jeweiligen Kästen in Bild 108|2 und verlinke die Seiten entsprechend den Pfeilen (▷ „Einen Link hinzufügen", S. 105). Außerdem soll auf jeder Seite ein Link zur jeweils übergeordneten Ebene und zur Startseite erscheinen.

c) Prüfe abschließend, ob alle Links funktionieren.

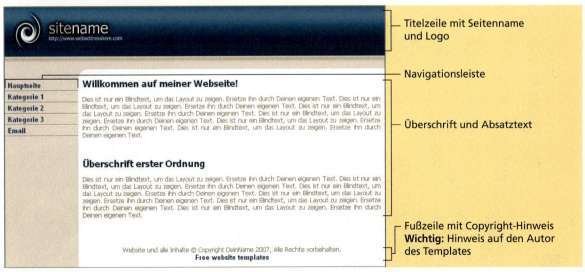

111|1 Webseiten-Template

Projekt 1	Projekt 2	Projekt 3

Erstelle mit Hilfe eines WYSIWYG-HTML-Editors eine Website mit 2 Seiten. Wähle für die Website eines der beiden dargestellten Themen.
1. Fertige zunächst eine Übersicht der zu erledigenden Aufgaben an (▷ „Überblick: der Weg zur eigenen Website", S. 103).
2. Bearbeite deinen Arbeitsplan dann Schritt für Schritt unter Verwendung der Erklärungen auf den Seiten 104–107.

Projekt 1	Projekt 2	Projekt 3

Plane und erstelle ein eigenes Webprojekt mit mehreren Seiten. Dies könnt ihr auch in einer Gruppenarbeit machen. Entscheidet euch für eins der beiden Themen.
1. Plane die Struktur des Webprojekts (▷ S. 108 ff.).
2. Lege eine entsprechende Ordnerstruktur an (▷ S. 109).
3. Entwirf die Linkstruktur der Website (▷ S. 110).
4. Erstelle oder wähle ein Template für die Seiten und kopiere es in die Ordner (▷ S. 111).
5. Nun erstelle die einzelnen Webseiten mit einem WYSIWYG-HTML-Editor.

Thema A: *Eine eigene Fanpage*
Gibt es berühmte Menschen, die du gut findest, weil sie sich für etwas Wichtiges engagieren oder etwas besonders gut können?
Vielleicht ist dein Vorbild auch (noch) unbekannt?
Stelle eine Musikerin, Sportlerin, einen Schriftsteller, Aktivisten, … in einer eigenen Fanpage vor.

Nicht vergessen:
An die Urheberrechte denken (▷ S. 36 f.)

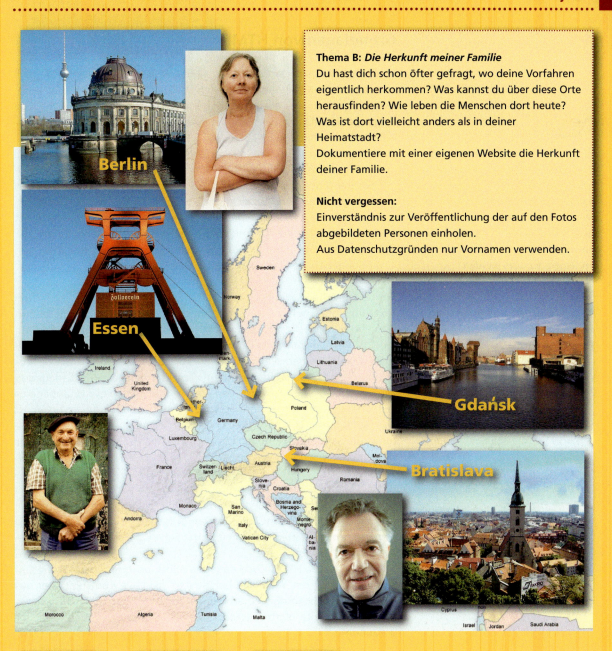

Berlin

Essen

Gdańsk

Bratislava

Thema B: *Die Herkunft meiner Familie*
Du hast dich schon öfter gefragt, wo deine Vorfahren eigentlich herkommen? Was kannst du über diese Orte herausfinden? Wie leben die Menschen dort heute? Was ist dort vielleicht anders als in deiner Heimatstadt?
Dokumentiere mit einer eigenen Website die Herkunft deiner Familie.

Nicht vergessen:
Einverständnis zur Veröffentlichung der auf den Fotos abgebildeten Personen einholen.
Aus Datenschutzgründen nur Vornamen verwenden.

Projekt 1	Projekt 2	Projekt 3

Recherchiere eine Übersicht über verschiedene Provider. Erstelle eine Übersicht aktueller Angebote für Webspace.

Anbieter	Kosten	Werbung?	Größe (MB)	Da
Freespace	kostenlos	Banner	25 MB	
Die Profis	€ 0,99/Monat	keine	100 MB	
Web-Base	kostenlos	Pop-up	250 MB	

Nutze dabei die Kriterien auf S. 103 und S. 106 f., um die Angebote zu vergleichen und Unterschiede zu beschreiben. Erkläre, welche Angebote für dein Vorhaben geeignet sind.

Grundlagen von HTML

Moderne Webseiten sind oft komplexe Gebilde, die aus einer Vielzahl an Multimedia-Komponenten bestehen. Die Grundlage fast aller Webseiten ist jedoch eine einfach gehaltene Sprache: die **hypertext markup language (HTML)**. Die Bestandteile ihres Namens beschreiben ihre wichtigsten Eigenschaften:

HTML ist ein **offener Standard**, d. h. ein Format für Webseiten, das ohne Lizenzgebühren verwendet werden kann. Der HTML-Standard wird von einer gemeinnützigen Organisation, dem *W3-Konsortium,* ständig weiterentwickelt.
Im Gegensatz dazu werden **proprietäre Standards** (wie etwa das .doc-Format von Word) von Softwarefirmen entwickelt und vermarktet (engl. proprietary = geheim, geschützt, urheberrechtlich geschützt).

– Ein **Hypertext** (engl., etwa Übertext) ist ein Text mit einer Linkstruktur (Hyperlinks), der das Navigieren zwischen verschiedenen Bereichen per Mausklick ermöglicht.
– **Markup** (engl., Textauszeichnung) bezeichnet das Auszeichnen von Textblöcken, um ihnen Eigenschaften wie fett, kursiv oder zentriert zuzuweisen, ähnlich wie mit einem Textverarbeitungsprogramm.
– **Language** (engl., Sprache) macht deutlich, dass es sich bei HTML um eine sogenannte **Klartextsprache** handelt.

Klartextsprache bedeutet, dass HTML-Dateien mit einem einfachen Texteditor geöffnet und verändert werden können (▷ Randspalte und Bild 114|1). Versucht man das z. B. mit einer Worddatei (mit der Endung .doc), sieht man nur unverständliche Zeichenketten, denn *Word* speichert Texte in einem verschlüsselten Format, das nur bestimmte Programme richtig darstellen können. Der Klartextcode HTML dagegen wird von allen Webbrowsern der Welt verstanden. Diese Unabhängigkeit von bestimmten Programmen zum Betrachten und Erstellen ist wichtig, damit HTML-Webseiten im Internet möglichst weite Verbreitung finden, unabhängig von den wirtschaftlichen Interessen einzelner Unternehmen.

Eine Datei mit dem Texteditor öffnen:
1. Klicke im Dateimanager *Windows Explorer* die Datei mit rechter Maustaste an.
2. Klicke auf Öffnen mit.
3. Wenn Editor angeboten wird, wähle ihn aus.
   Sonst wähle Programm auswählen ▶ Editor.

HTML-Code und HTML-Editoren. HTML-Editoren bieten eine komfortable Möglichkeit, Webseiten zu erstellen. Allerdings erzeugen sie oft viel überflüssigen HTML-Code. Die Dateien brauchen länger, um geladen zu werden, und enthalten manchmal sogar Fehler, die sich nur schwer wieder beheben lassen.
Schreibt man den HTML-Code dagegen selbst, bekommt man ein Gefühl für die Struktur der Seite und behält stets die volle Kontrolle über das Resultat. Man kann den Code von Anfang an übersichtlich strukturieren. Die Webseite bleibt leichter erweiterbar, Fehler werden schneller gefunden.

114|1 HTML-Code einer Webseite im Texteditor

114|2 Browseransicht derselben Webseite

Markup

Ein Webbrowser kann jede beliebige Textdatei öffnen. Damit der Inhalt aber als HTML erkannt und korrekt dargestellt wird, muss der Dateiname auf *.html* oder *.htm* enden und einen festgelegten Aufbau haben.

Grundaufbau. Eine Webseite teilt sich stets in zwei Abschnitte, einen Kopf (*head*) und einen Körper (*body*) (▷ Bild 114|1).
Im **head**-Bereich stehen Informationen, die die Seite beschreiben, aber nicht im Browser selbst angezeigt werden, wie z. B. der Name des Autors, Schlagwörter für Suchmaschinen und der Titel der Webseite, der in der Kopfzeile des Browsers erscheint (▷ Bild 114|2).
Der **body**-Bereich enthält den eigentlichen Inhalt der Seite, der im Browserfenster angezeigt wird.

Tags. Alle Abschnitte werden in der Datei durch HTML-Befehle, sogenannte **Tags** (engl., Etikett, Aufkleber), definiert.

Der Aufbau der Tags ist (bis auf wenige Ausnahmen):
`<einleitendes tag>` markierter Text `</abschließendes tag>`

Durch diese beiden Befehle wird der Inhalt eingeschlossen wie mit Klammern in der Mathematik oder der Sprache. Mit Tags kann man kurze Textstellen oder auch ganze Blöcke markieren. Wie mathematische Klammern lassen sich Tags ineinander **verschachteln** (▷ Bild 114|1): Das Tag-Paar `<html>`...`</html>` kennzeichnet die ganze Seite als HTML-Code, darin bestimmen die Tags `<head>` und `<body>` den *head*- und den *body*-Bereich. Und innerhalb des *body*-Bereichs kommen weitere Markierungen vor, z. B. das `<b>`-Tag für Fettschrift.

HTML-Tag	Übersetzung	Erläuterung
`<html> ... </html>`		Anfang und Ende der Datei
`<head> ... </head>`	head = Kopf	Kopfbereich
`<title>...</title>`	title = Titel	Titel der Webseite
`<body> ... </body>`	body = Körper	Inhaltsbereich

115|2 Übersicht: Tags der Grundstruktur

Textstrukturierung. Die wichtigsten HTML-Tags sind die **Blockelemente**, die den Text einer Webseite gliedern: in Überschriften, Absätze, Tabellen, Listen usw. Einige davon sind in Abb. 114|1 zu sehen. So kann man den Text in überschaubare Einheiten zerlegen. Das kommt der Betrachtungsweise einer Webseite entgegen: Eine unstrukturierte Textwüste ermüdet das Auge – am Bildschirm noch schneller als auf dem Papier.

HTML-Tag	Übersetzung	Erläuterung
`<h1> ... </h1>`	**h**eader = Überschrift	Überschrift der Größe 1
`<p> ... </p>`	**p**aragraph = Absatz	Absatz
`<h2> ... </h2>`		Unterüberschrift der Größe 2

115|3 Beispiele für Blockelemente (Tags zur Textstrukturierung)

Ein Texteditor speichert Dateien normalerweise mit Endung *.txt*. Um die Datei mit Endung *.html* zu speichern:
1. Wähle DATEI ▶ SPEICHERN UNTER.
2. Wähle als Dateityp *Alle Dateien*.
3. Gib einen Dateinamen mit Endung *.html* ein (z. B. *clara.html*).

Beispiel

```
<h1> Die erste Website </h1>
```

115|1 Beispiel zum Merksatz (vgl. dazu die Bilder 114|1 und 114|2)

Einrückungen und Leerzeilen im Quelltext werden von Browsern ignoriert. Ohne entsprechende Tags (▷ Tabelle 115|3) würde der gesamte Text ohne Überschriften, Absätze und dergleichen als einziger Block im Browser angezeigt.
Tipp: Man sollte Einrückungen und Leerzeilen im Code trotzdem verwenden, um ihn übersichtlich zu halten. In Bild 114|1 hat jeder Absatz eine neue Einrückung. So erkennt man auf einen Blick, wie die Blöcke ineinander verschachtelt sind.

1. *Schreibe eine kurze Zusammenfassung deines Lieblingsbuchs oder -films in eine HTML-Datei. Gliedere den Text in mindestens zwei Absätze und eine Überschrift. Wichtige Textstellen kannst du kursiv oder fett hervorheben (▷ Tabelle 116|1). Öffne die Datei in einem Webbrowser. Wird alles so angezeigt, wie du es dir gedacht hast?*

▷ HTML bietet eine große Vielfalt von Gestaltungsmöglichkeiten. Zur weiteren Recherche eignet sich die Website *selfHTML*. www **116-1**

Die Energie des Verstehens
HTML-Dateien selbst erstellen

SELFHTML

Die Kategorie *Web-Technologien* enthält eine gute **Einführung** in HTML. Zum schnellen Nachschlagen einzelner Tags gibt es die HTML-**Kurzreferenz** und das **Stichwortverzeichnis**.

1. *Finde auf selfHTML die Tags zur Darstellung der deutschen Umlaute und ändere den Code der Webseite aus Bild 114|1 so, dass die Umlaute korrekt dargestellt werden.*

2. *Teste eine beliebige Webseite mit verschiedenen Browsern und mit verschiedenen Bildschirmauflösungen (einzustellen in der* Systemsteuerung *über* Anzeige *und den Reiter* Einstellungen*).*
Sind die Inhalte und ihre logische Struktur immer gut zu erkennen? Was für Unterschiede siehst du in den verschiedenen Browsern?

Textauszeichnungen. Hervorhebungen *innerhalb* eines Absatzes erreicht man mit **Inline-Elementen** (engl. in line = in der Zeile). So lassen sich viele Zeichenformatierungen erreichen, die auch aus Textverarbeitungsprogrammen bekannt sind, z. B.:

HTML-Tag	Übersetzung	Erläuterung
`<b> ... </b>`	**b**old = fett	Fettschrift
`<i> ... </i>`	**i**talic = kursiv	Kursivschrift
`<u> ... </u>`		Text unterstrichen
`<sup> ...</sup>`	**sup**erscript = hochgestellt	Hochstellen von Zeichen (z. B. x^2)

116|1 Beispiele für Inline-Elemente (Tags zur Textauszeichnung)

Attribute. Bei vielen Tags gibt es die Möglichkeit, den eingeschlossenen Text über **Attribute** (lat., Eigenschaften) zusätzlich zu verändern. So kann man z. B. mit dem Attribut `align` (engl., ausrichten) einen Absatz nicht nur linksbündig ausrichten, sondern auch zentriert oder im Blocksatz. Attribute stehen stets im einleitenden Tag:

```
<tag attribut="attributwert"> markierter Text </tag>
```
Beispiel:
```
<p align="center"> Dieser Text wird zentriert </p>
```

Layout mit HTML und mit CSS

Die Textgestaltung mit HTML bietet viele Möglichkeiten, hat aber auch Grenzen. Denn HTML ist nicht dafür geschaffen, das genaue Aussehen der einzelnen Elemente zu bestimmen. Wie groß eine Überschrift ist, welche Schriftart und welche Schriftfarbe dafür verwendet werden, bestimmt der Browser. Die **logische Struktur** des Textes bleibt aber immer erhalten: Eine Überschrift ist immer größer und auffälliger als normaler Text, eine `<h2>`-Überschrift kleiner als eine `<h1>`-Überschrift usw.

Die *logische Struktur* des Textes wird in jedem Browser korrekt dargestellt, während das *konkrete* Layout je nach Browser variieren kann.

Diese Einschränkung überrascht, wenn man an Textverarbeitungsprogramme wie *Word* gewöhnt ist. Der Grund ist, dass Webseiten möglichst vielen Menschen zugänglich sein sollen, die ganz unterschiedliche Browser, Bildschirme und Computer besitzen. Man kann also nicht genau wissen, wie das Resultat beim Besucher ankommt. Webseiten sollten aber auch dann noch verständlich sein, wenn sie auf Handydisplays erscheinen oder für Sehbehinderte per Sprachausgabe vorgelesen werden. Das geht nur, wenn man die logische Struktur des Textes möglichst unabhängig vom Ausgabegerät hält. Genau das ist die Aufgabe von HTML.

Das bedeutet aber nicht, dass man auf Layoutangaben wie Farben, Schriftarten oder Positionierung von Elementen verzichten müsste. Eine einfache Möglichkeit, Struktur und Layout scharf voneinander zu trennen, bieten die **Cascading Style Sheets (CSS,** ▷ S. 120).

Hyperlinks

Neben der Textgestaltung ist die wichtigste Aufgabe von HTML, **Hyperlinks** in den Text einzubinden, mit denen man zwischen verschiedenen Bereichen der Website hin und her springen oder Seiten außerhalb des eigenen Webangebots erreichen kann. Alle Befehle, die mit Links zu tun haben, werden in HTML mit dem `<a>`-Tag definiert (Abk. für engl. **an**chor = Anker).

Links zu fremden Webseiten. Um einen Link zu einer anderen Datei zu setzen, verwendet man das `<a>`-Tag mit dem Attribut `href` (kurz für Hypertext-Referenz). Dort gibt man die URL-Adresse des Ziels an (Näheres zu URLs ▷ S. 79).
Beispiel: Ein Verweis auf die Europäische Organisation für Kernforschung (CERN) und die Darstellung im Browser (▷ Bild 117|1):

```
<a href="http://www.cern.ch"> Europaeischen Organisation für
Kernforschung </a>
```

Tim Berners-Lee war Mitarbeiter der Europaeischen Organisation fuer Kernforschung. Hier entwickelte er 1989 die erste Webseite der Welt

117|1 Browserdarstellung des Links

Links zu Webseiten innerhalb der eigenen Site. Für Dateien innerhalb der eigenen Site braucht man nicht die vollständige URL anzugeben. Das ist auch nicht sinnvoll, denn beim Erstellen einer Website auf dem eigenen Computer haben die Ordner eine andere Adresse als nach dem Upload auf dem Webserver. Das liegt daran, dass sich das Wurzelverzeichnis (▷ S. 109) geändert hat. Damit nicht alle Links innerhalb des Projekts nach dem Upload geändert werden müssen, empfiehlt es sich, **relative Pfadangaben** zu benutzen. Der Bezug ist dabei nicht das Wurzelverzeichnis, sondern die Datei, die den Link enthält.

So wie der Schrägstrich „/" in einer URL in ein untergeordnetes Verzeichnis weist, kann man mit „../" das übergeordnete Verzeichnis erreichen.

Beispiel: Die Seite „http://www.meine-website.de/hobbys/fussball/fussball.html" kann Links zu folgenden Seiten enthalten:

relative Pfadangabe	Position der Datei relativ zur Datei `fussball.html`
`verein.html`	Im gleichen Verzeichnis `/hobby/fussball/`
`../hobbies.html`	Im übergeordneten Verzeichnis `/hobbys/`
`../band/band.html`	Im Verzeichnis `/hobbys/band/`
`../../index.html`	Im Wurzelverzeichnis `/`

117|2 Beispiele für relative Pfadangaben

1. Skizziere die im Beispiel angegebene Ordnerstruktur mit den fünf HTML-Dateien.

2. Speichere und entpacke die Website www 117-1 auf deinem Computer und ersetze die Pfadangaben durch relative Pfadangaben.

Links innerhalb einer Datei. Links können auch von einer Textstelle zu einer anderen verweisen. Das bietet sich vor allem bei langen Texten zur Orientierung an. Um ein Sprungziel zu markieren, verwendet man das `<a>`-Tag mit Attribut `name`. Um zu einer Zielmarke zu springen, verwendet man das `href`-Attribut (Darstellung im Browser ▷ Bild 117|3):

```
<a name="anfang"> <h1> Die erste Website </h1> </a>
...
<a href="erste.html#anfang"> Zum Anfang der Seite </a>
```

Das Zeichen „#" bewirkt, dass nach dem Aufruf der Seite `erste.html` zur Textmarke `anfang` gesprungen wird.

Die erste Webseite
...

Zum Anfang der Seite

117|3 Browserdarstellung des Links

Bilder und Multimedia einbinden

Die meisten Webseiten sind nicht allein mit Text und Hyperlinks gestaltet, sondern auch mit Fotos, Grafiken und kleinen Icons zur Navigation. Und immer öfter werden auch multimediale Inhalte wie Filme, Musik, animierte Grafiken oder interaktive Programme im Netz angeboten.

Dabei stellt sich die Frage, wie man Dateien mit multimedialen Inhalten in eine Webseite einbindet. Bei einem Textverarbeitungsprogramm würde man einfach die Bild- oder Filmdatei in die Textdatei mit einfügen. Das ist in einer Klartextsprache wie HTML aber nicht möglich (▷ S. 114). Daher benutzt man eine andere Technik, die **Referenzierung**. Sie funktioniert ähnlich wie ein Hyperlink: In der HTML-Datei steht an der Stelle, wo z. B. ein Bild auf der Seite erscheinen soll, stellvertretend ein Tag mit der URL der Bilddatei. Der Browser ruft diese URL dann zusammen mit der Webseite auf und fügt das Bild an der richtigen Stelle ein. Für die Referenzierung von Dateien innerhalb der eigenen Website sollte man relative Pfadangaben verwenden (▷ S. 117).

Tim Berners-Lee war Mitarbeiter der Europaeischen Organisation fuer Kernforschung. Hier entwickelte er 1989 die erste Webseite der Welt.

118|1 Das Bild „berners_lee.jpg" auf der Webseite

Bilder einbinden. Für Bilddateien im JPG-, GIF- oder PNG-Format gibt es das `<img>`-Tag (Abk. für engl. **im**age = Bild). Es ist eines der wenigen **Standalone-Tags** (engl. to stand alone = allein stehen), d. h., es schließt keinen Text ein und benötigt kein abschließendes Tag.
Beispiel: Eine Referenz auf ein Bild von Tim Berners-Lee:

```
<img src="berners_lee.jpg" width="440" height="296"
alt="Foto von Tim Berners-Lee">
```

Wie man sieht, muss man bei diesem Tag gleich mehrere Attribute angeben. `src` (Abk. für engl. **s**ource = Quelle) steht für die URL der Bilddatei. `width` und `height` (engl., Breite und Höhe) geben Breite und Höhe des Bildes in Bildschirmpixeln an. Das Verhältnis von Breite zu Höhe sollte mit den Maßen der Bilddatei übereinstimmen, ansonsten wird das Bild verzerrt dargestellt. Diese Maße kann man sich mit einem Grafikprogramm anzeigen lassen (▷ S. 47). `alt` enthält einen **Alt**ernativtext, der angezeigt wird, falls die Grafik nicht geladen werden kann.

Aus einer Grafik kann man einen Hyperlink machen, indem man das `<img>`-Tag mit einem `<a>`-Tag umschließt. Dadurch kann die gesamte Grafik als Link angeklickt werden. Diese Art von Links wird im Internet z. B. in Navigationsleisten oder bei Werbebannern eingesetzt.

Das `<img>`-Tag ist ein Inline-Element (▷ S. 116), d. h., die Grafik wird direkt in den Text eingefügt. Das kann sinnvoll sein, wenn man zum Beispiel ein mathematisches Zeichen darstellen oder den Text durch ein Bildchen optisch hervorheben will. Soll das Bild jedoch vom Text abgesetzt werden, muss man es in einem eigenen Absatz, in einer Tabellenzeile oder in einem anderen Blockelement unterbringen (vgl. auch „Positionierung mit versteckten Tabellen", S. 106).

Beliebige Dateien zum Download anbieten. Der einfachste Weg, eine Datei auf einer Webseite einzufügen, ist ein Hyperlink auf den entsprechenden Dateinamen. Ist dies eine Grafik- oder Textdatei, die der Browser anzeigen kann, so lädt er die Datei wie eine Webseite. Anderenfalls öffnet sich ein Dialogfenster (▷ Bild 118|2). So kann man zum Beispiel einen Film außerhalb des Browsers abspielen.

118|2 Download-Dialog

Multimedia einbinden. Webbrowser können grundsätzlich nur Texte und die oben genannten Grafikdateien anzeigen. Will man eine andere Datei auf der Webseite darstellen, muss für den jeweiligen Medientyp ein Zusatzprogramm installiert sein. Die Entwickler von Webbrowsern haben dafür unterschiedliche Techniken entwickelt. Beim Browser *Netscape* und seinen Nachfolgern *Mozilla* und *Firefox* heißen die Programme **Plug-ins** (engl. to plug in = hineinstecken), Microsofts *Internet Explorer* benutzt sogenannte **ActiveX-Controls**.

Das `<object>`-Tag. Zum Einbinden von Multimedia in HTML-Code gibt es das `<object>`-Tag (engl., Objekt). Ähnlich wie beim `<img>`-Tag muss man hier durch ein Attribut die Datei angeben, die anzeigt werden soll. Außerdem ist der Medientyp der Datei wichtig. Für dessen Angabe haben sich Standards herausgebildet, ähnlich den Dateiendungen wie *.avi* oder *.mpg*. Diese Standards heißen **MIME-Typen** (Abk. für engl. Multipurpose Internet Mail Extensions = multifunktionale Internet- und Mail-Erweiterungen). Einige dieser Typen sind in Tabelle 119|2 aufgeführt.

Der genaue Aufbau des `<object>`-Tags hängt stark von dem Programm ab, das in das Browserfenster eingebettet werden soll.
Beispiel: Der Code in Bild 119|1 bewirkt, dass eine Videodatei mit dem *Windows Media Player* innerhalb der Webseite abgespielt wird:
– im `<object>`-Tag selbst werden nur MIME-Typ (`video/x-ms-wmv`) und Höhe und Breite des Anzeigefensters angegeben,
– das Tag `<param>` übergibt die URL der Datei.
Im Bereich zwischen einleitendem und abschließendem `<object>`-Tag steht außerdem ein Alternativtext, der angezeigt wird, wenn die Datei nicht geladen werden kann.

119|1 Einbinden eines Videos

Alternativen zu `<object>`. Nicht alle Browser können mit dem `<object>`-Tag umgehen, selbst mit korrekt installiertem Plug-in oder ActiveX-Control. Daher kann es manchmal sinnvoll sein, ältere Tags wie `<embed>` oder `<applet>` zu verwenden. Diese können zwischen das einleitende und abschließende `<object>`-Tag platziert werden. Dort werden sie nur dann aufgerufen, wenn die Anzeige mit `<object>` nicht funktioniert. Eine genauere Beschreibung dieser Möglichkeit findest du unter www 119-1.

1. Unter www **119-2** findest du eine Testseite mit verschiedenen Multimedia-Dateien. Welche davon kann dein Browser anzeigen? Installiere für einen nicht unterstützten Medientyp ein Plug-in bzw. ActiveX-Control auf deinem Rechner und prüfe, ob es damit funktioniert.

2. Lade eine der Videodateien unter www **119-3** herunter und binde sie, wie in Bild 119|1 gezeigt, in eine Webseite ein. Öffne die Seite im Browser. Wird das Video korrekt angezeigt? Wenn nicht, versuche eine der anderen Methoden, die unter www **119-1** beschrieben sind.

MIME-Typ	Dateiendung	Erläuterung
`video/x-msvideo`	`*.avi`	Videodatei im Format AVI
`video/mpeg`	`*.mpg` `*.mpeg` `*.mpe`	Videodatei im Format MPEG
`application/java-vm`	`*.class`	Java-Applet, ausführbare Programme
`application/x-shockwave-flash`	`*.swf` `*.ca`	Shockwave-Flash, interaktive Filme
`text/javascript`	`*.js`	JavaScript (▷ S. 124 ff.)
`text/css`	`*.css`	Cascading Style Sheets (▷ S. 120)

119|2 Liste wichtiger MIME-Typen

Webseiten gestalten mit CSS

HTML ist dazu geschaffen, Hypertext zu strukturieren und möglichst unabhängig vom Anzeigegerät lesbar zu machen (▷ S. 116). Oft besteht aber auch der Wunsch, das Aussehen einer Webseite genau zu bestimmen, die Seite zu „designen". Um diesem Bedürfnis zu entsprechen, wurde parallel zu HTML die Klartextsprache **CSS** entwickelt (Abk. für engl. **cascading style sheets** = mehrstufige Stilvorlagen).

Grundlagen. CSS besteht aus einem Satz von **Formaten**, die man den verschiedenen HTML-Tags (z.B. einer Überschrift 1 oder einem Absatz) zuordnen kann, um ihr Erscheinungsbild zu verändern.

Ein CSS-Format hat immer die folgende Struktur:
Eigenschaft1:Wert1; Eigenschaft2:Wert2; ...

Beispiel: Um eine Überschrift blau einzufärben, schreibt man

```
<h1 style="color:blue"> Die erste Website </h1>
```

Das Format `color:blue` wird hier mit Hilfe des HTML-Attributs `style` direkt im `<h1>`-Tag festgelegt. Darum heißt diese Art der Gestaltung **Direktformatierung**.

CSS bietet außerdem die Möglichkeit, das Erscheinungsbild eines HTML-Tags überall in der Webseite oder sogar im gesamten Webprojekt zu verändern, z.B. aller Hyperlinks. Eine solche **zentrale Definition** schreibt man in eine eigene **Formatdatei** mit der Endung .css (▷ Bild 120|1). Diese Datei wird dann mit dem `<link>`-Tag im Kopfbereich der HTML-Datei eingebunden (▷ Bild 120|2).

120|1 Formatdatei „mystyle.css"

Beispiel: Die Datei `mystyle.css` (▷ Bild 120|1) legt fest, dass alle h1-Überschriften auf der Seite `erste.html` die Schriftart *Tahoma* verwenden, die Absatzschrift immer blau ist und dass der Seitenhintergrund eine leichte sandgelbe Färbung bekommt (▷ „Farben und Webdesign", S. 121).

120|2 Einbinden von „mystyle.css" in die HTML-Datei „erste.html"

Zentrale CSS-Definitionen bieten den Vorteil, dass alle Formate übersichtlich in einer Datei zusammengefasst sind und so die einheitliche Gestaltung der Website leichter fällt. Will man z.B. eine andere Schriftgröße für eine Überschrift haben, kann man das in einer zentralen CSS-Datei leicht für alle Seiten des Webprojekts ändern, anstatt mühsam jede einzelne Überschrift anzupassen. Außerdem wird der Code der HTML-Seiten übersichtlicher.

Direktformatierungen sind dagegen sinnvoll, wenn man nur in Einzelfällen mit CSS-Angaben arbeitet oder wenn man z.B. einen einzelnen Absatz anders formatieren will als sonst.

Die *erste* Webseite

Die **erste** Webseite wurde an der Europaeischen Organisation fuer Kernforschung entwickelt.

Sie wurde 1989 von *Tim Berners-Lee* vorgestellt.

Zum Anfang der Seite

120|3 „erste.html" im Browser

1. Probiere verschiedene Schriftfarben und Hintergrundfarben in „mystyle.css" und betrachte, wie sich die Seite „erste.html" im Browser verändert. Bei welchen Kombinationen ist die Schrift gut zu lesen?

Verschachtelte Formate und Klassen. Auf Seite 115 hatten wir gesehen, dass man HTML-Elemente ineinander verschachteln kann (z.B. ein fetter Textabschnitt innerhalb eines Absatzes). Ein zentral definiertes Format bezieht sich im Normalfall auf den gesamten Inhalt eines Tags. Wird also die Schriftfarbe für das `<p>`-Tag als blau definiert, gilt das für den gesamten Absatz, auch wenn darin Text mit einem `<b>`- oder `<i>`-Tag markiert wurde. Mit CSS kann man aber so einen verschachtelten Text auch gesondert gestalten. So kann z. B. innerhalb von Absätzen (`<p>`-Tag) kursiv geschriebener (`<i>`-Tag) Text immer rot gefärbt werden:

```
p i { color:red; }
```

Wird diese Zeile der Datei „mystyle.css" hinzugefügt, hat das die folgende Wirkung (▷ Bild 121|1):
– Text innerhalb eines Absatzes wird blau gefärbt, auch in Fettschrift.
– Kursiver Text innerhalb eines Absatzes wird rot gefärbt.
– Kursiver Text außerhalb von Absätzen (z. B. hier in einer Überschrift) wird dagegen nicht verändert.

Weitere Format-Eigenschaften. Mit CSS kann man nicht nur Schrift- und Hintergrundfarben festlegen, sondern auch Schriftarten, Ausrichtung von Absätzen, Zeilenabstände und vieles mehr.
Eine Referenz aller CSS-Elemente gibt es unter www **121-2**.

Exkurs: Farben und Webdesign

Farben werden in HTML und in CSS im **RGB-Schema** (**R**ot-**G**rün-**B**lau) angegeben. Jede dieser drei Grundfarben kann einen Helligkeitswert zwischen 0 und 255 annehmen. Die Farben werden additiv gemischt, sodass – wie bei farbigen Scheinwerfern – aus der Mischung zwei bzw. drei verschiedener Farben immer eine hellere Farbe entsteht (▷ Bild 121|2 und ▷ S. 49).
Das Schema zur Angabe der RGB-Anteile lautet #RRGGBB. Jeder Buchstabe steht dabei für eine **Hexadezimalzahl**. Dieses Zahlensystem kennt Ziffern von 0 bis 15, wobei die Zahlen 10 bis 15 durch die Buchstaben A bis F dargestellt werden. Für jede Farbe werden zwei Ziffern angegeben, die den Anteil der jeweiligen Farbe festlegen. So hat jede Farbe $16 \cdot 16 = 256$ Helligkeitswerte.
Beispiel: `#BD0080` ist eine Farbmischung aus Rot mit Helligkeitswert BD ($BD_{(16)} = 11 \cdot 16 + 13 = 189_{(10)}$) und Blau mit Helligkeitswert 80 ($80_{(16)} = 8 \cdot 16 = 128_{(10)}$). Grün ist nicht beteiligt.

Einfacher ist die Farbgestaltung, wenn man sich auf die 16 so genannten **VGA-Farben** beschränkt, die auch auf älteren Monitoren gut dargestellt werden können. Diese Farben können mit ihren englischen Namen wie *red*, *blue* oder *yellow* angegeben werden. Unter www **121-3** gibt es eine Liste aller VGA-Farben sowie einen Farbrechner zur Darstellung der Farben im Hexadezimalsystem.

Bei der Auswahl der Farben ist ein guter Kontrast zwischen Schrift und Hintergrund wichtig. Am besten eignen sich **Komplementärfarben**, z. B. Gelb für die Schriftfarbe und Blau für den Hintergrund. Die Farben sollten auch nicht zu grell sein, sonst strengen sie das Auge stark an. Das kann man oft durch leichtes Verändern einzelner Farbanteile erreichen. Während zum Beispiel Rot und Grün ein leuchtendes Gelb (`#FFFF00`) ergeben, wird durch Beimischung von etwas Blau die dezentere Sandfarbe aus Bild 120|3 (`#FFFF96`) erreicht.

▷ Mit CSS kann man auch verschiedene **Klassen** von Tags erzeugen, z. B. einen Absatz mit roter Schrift und einen anderen mit blauer. Wie das geht, wird unter www **121-1** erklärt.

Die *erste* Webseite

Die **erste** Webseite wurde an der Europaeischen Organisation fuer Kernforschung entwickelt.

Sie wurde 1989 von *Tim Berners-Lee* vorgestellt.

Zum Anfang der Seite

121|1 „erste.html" im Browser mit erweitertem „mystyle.css"

121|2 Die additive RGB-Mischung

1. *Suche drei Farben, z. B. aus Büchern, Zeichnungen oder von Stiften. Versuche die Farben mit dem RGB-Schema auf einer HTML-Seite zu mischen.*

2. *Gruppenarbeit: Ein Partner mischt auf einer HTML-Seite eine Farbe, die anderen raten die RGB-Anteile.*

Projekt 1   Projekt 2

Webseitengestaltung unter der Lupe. Unter www 122-1 findest du einige Webseiten-Templates (▷ S. 111) mit verschiedenen Seitengestaltungen. Such dir eines aus und nimm es etwas genauer unter die Lupe. Lade die ZIP-Datei des gewählten Templates auf deinen Rechner, entpacke sie und öffne die Datei „index. html" mit deinem Webbrowser. Prüfe zuerst, ob die Webseite genauso wie im Netz dargestellt wird.

Beschreibe das Template

1. Öffne den HTML-Code der Seite „index.html" in einem Texteditor und ordne ihn übersichtlicher an. Rücke dazu alle Blockelemente (▷ S. 115) so ein, dass die Verschachtelung der Blöcke zu erkennen ist (▷ Bild 114|1). Verwende Leerzeilen, um die einzelnen Blöcke zu trennen.

2. Erstelle (per Hand oder in einem Textverarbeitungsprogramm) eine Tabelle mit allen HTML- und CSS-Befehlen und Attributen, die in den Dateien „index.html" und „style.css" vorkommen, und beschreibe kurz ihre Funktion. Drucke die Seite „index.html" im Browser aus und markiere auf dem Blatt ein Beispiel für jedes Element, das du gefunden hast.

> **Tipp zu Schritt 1**
> Wenn du nicht sicher bist, ob ein Tag ein Block- oder Inline-Element ist, schaue im Browser nach, ob der Text an dieser Stelle in einer neuen Zeile erscheint.

3. Betrachte die Seite „index.html" im Webbrowser. Was fällt dir auf, was ist das Besondere dieser Seite? Wie ist sie aufgeteilt, hat sie eine besondere Farbkombination oder Grafiken, die dir auffallen? Überprüfe anhand des HTML-Codes, welche Tags oder Attribute aus deiner Tabelle (Aufgabe 2) für diese Effekte benutzt wurden.

4. Schau dir die Aufteilung der Seite noch einmal genauer an. Welche Elemente sind wo platziert und welche Funktion haben sie? Zeichne ein Schema der Seite wie in den Bildern unten. Erkläre, wie man mit dem `<table>`-Tag eine Webseite aufteilen kann (siehe auch www 122-2).

Verändere das Template

1. Öffne das Stylesheet „style.css" mit dem Texteditor und probiere verschiedene Einstellungen für Farben, Schriftarten, Abstände usw. aus. Gestalte das Template so, dass es dir gefällt, und erkläre, warum du es so besser findest.

2. Füge eine unnummerierte Liste mit Links in die Seite „index.html" ein. Die Links sollen auf andere Seiten verweisen, die du ebenfalls mit dem Template erstellt hast (▷ S. 111).

3. Ändere die Zeilen- und Spaltengrößen in der blinden Tabelle in „index.html", sodass die Seite anders aufgeteilt wird. Erstelle eine neue HTML-Datei und lege eine Tabelle an, mit der eine der nebenstehenden Seitenaufteilungen erreicht wird. Welche Bestandteile der Webseite könnte man sinnvoll in den einzelnen Bereichen unterbringen?

Projekt 1   **Projekt 2**

Klassenhomepage – gestaltet ein Webprojekt über eure Schulklasse.

Jedes Klassenmitglied bekommt eine eigene Seite, auf der er oder sie sich vorstellen kann.

Vielleicht wollen auch eure Lehrer eine Seite anfertigen oder sind einverstanden, wenn ihr über sie schreibt.

Außerdem könnt ihr Seiten schreiben über Projekte, Klassenfahrten, AGs, Schülervertretung und alles, was sonst noch in der Klasse passiert.

> **Tipp**
> Die Schülerwebseiten kann jeder Schüler über sich selbst schreiben, oder jeder sucht sich jemanden aus, der über ihn oder sie schreibt.
> **Achtung:** Die Betroffenen müssen mit den Texten über sie einverstanden sein, bevor sie veröffentlicht werden.

– Plant gemeinsam, welche Themen auf die Homepage sollen. Was ist euch besonders wichtig? Wer schreibt bei welchen Themen mit?
– Gibt es zu einigen Themen schon Material wie Texte oder Fotos? Fragt eure Lehrerin oder euren Lehrer.
– Am Ende der Planung steht eine Liste mit den Themen, die auf der Homepage erscheinen werden. Außerdem stehen bei jedem Thema ein oder mehrere Namen von Schülern, die sich um den Inhalt kümmern, und ein Vermerk, wie umfangreich das Thema etwa behandelt wird.

Als Nächstes werden gemeinsam festgelegt:
– die Baumstruktur und die Navigationslinks des Projekts (▷ S. 108–110),
– die Seitengestaltung. Darauf aufbauend wird dann ein Template erstellt (▷ S. 111). Anregungen und Vorlagen dafür gibt es unter ᴡᴡɴ **123-1**.

Nun beginnt die Einzel- oder Kleingruppenarbeit an den einzelnen Webseiten. Alle Seiten müssen dabei das Template und die Ordnerstruktur benutzen, auf die ihr euch geeinigt habt, sonst wird am Ende keine zusammenhängende Website daraus.

Am Ende des Projekts speichert alle fertigen Webseiten in einem gemeinsamen Ordner.
Prüft alle Webseiten und alle Links und behebt mögliche Fehler.

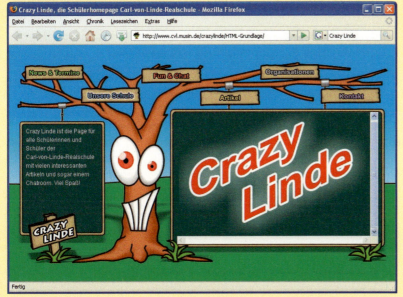

Funktioniert schließlich alles, sucht einen passenden Provider (▷ Seite 103) und stellt die Website online.

Nun hat eure Klasse ihre eigene Homepage!

Dynamische Webseiten programmieren

Herkömmliche, in HTML programmierte Webseiten zeigen für alle Benutzer die gleichen Informationen an. In einigen Situationen ist es jedoch sinnvoll, in Abhängigkeit von Eingaben des Benutzers eine individuelle Auswahl der verfügbaren Informationen anzuzeigen.

Beispiel: Ein Anbieter von MP3-Downloads könnte zunächst den Musikgeschmack seiner Benutzer ermitteln und ihnen dann gezielt eine passende Auswahl der von ihm vertriebenen Titel anzeigen. In diesem Fall wird das Aussehen der Webseite erst dann individuell festgelegt, wenn ein Benutzer sie aufruft.

1. *Entscheide für die folgenden Fälle, ob eine client- oder serverseitige Programmierung anzuwenden ist:*
a) Ein Reisebüro möchte seinen Kunden einen Überblick über alle von ihm gebuchten Reisen bereitstellen, egal ob die Kunden nun zu Hause, auf Kreuzfahrt oder auf Safari sind.
b) Eine Webseite soll Kunden auf der ganzen Welt entsprechend der Ortszeit mit Good Morning, Good Afternoon *oder* Good Evening *begrüßen. (Die Ortszeit lässt sich über die Systemzeit eines Computers ermitteln.)*
c) Ein Sportverein möchte ein Forum für seine Mitglieder bereitstellen, das die zehn jeweils zuletzt eingetragenen Beiträge anzeigt.

Es gibt zwei Möglichkeiten, das Erscheinungsbild einer Webseite dynamisch anzupassen: Eine Webseite kann **clientseitig** durch den Browser des Benutzers oder **serverseitig** durch den Webserver angepasst werden (▷ Begriffserklärungen in der Randspalte). Entscheidend ist hierbei, wo die zu berücksichtigenden Informationen vorhanden sind:
– Will man Aktionen des Benutzers berücksichtigen (z.B. Eingaben) oder Einstellungen, die er auf seinem Computer gespeichert hat, ist eine clientseitige Programmierung erforderlich.
– Sollen dagegen Informationen zentral gespeichert und von verschiedenen Rechnern aus abgefragt werden, erfordert dies eine serverseitige Programmierung, z.B. bei einem Webmail-Programm. Dabei werden oft Informationen wie Benutzer- oder Artikeldaten abgefragt. Aufgrund dieser Eingaben und weiterer, auf dem Webserver gespeicherter Informationen wird auf dem Webserver von einem Programm eine passende persönliche HTML-Seite neu erzeugt.

Im Folgenden wird ein Einblick gegeben, welche Möglichkeiten die Programmierung dynamisch veränderlicher Webseiten bietet. Wer dann Lust hat, eigene dynamische Webseiten zu programmieren, kann auf dieser Grundlage aufbauen und seine Kenntnisse gezielt vertiefen, z.B. durch Studium eines Online-Tutorials. www **124-1**

Begriffliches

Server und **Client** (engl., Diener bzw. Kunde): Ein Server ist ein Rechner, auf dem Anwendungen laufen, die andere Computer nutzen können, z.B. Mail-Server, Web-Server. Ein Client ist ein Computer oder ein Programm, der bzw. das eine Anwendung eines Servers nutzt.

Skript (lat. scriptum = Schriftstück): Programm, dessen Quellcode nicht komplett in Maschinensprache übersetzt ist, sondern bei jeder Ausführung Anweisung für Anweisung interpretiert wird. Verbreitete Skriptsprachen sind *JavaScript* und *PHP*.

Clientseitige Programmierung mit *JavaScript*

Alle gängigen Browser unterstützen *JavaScript*. Leider werden die Möglichkeiten von *JavaScript* nicht nur in friedlicher Absicht genutzt, sie werden auch bei der Verbreitung von schädlicher Software wie Viren und Trojanern eingesetzt, weshalb eine generelle Vorsicht bei der Benutzung von *JavaScript* geboten ist. Sinnvoll ist, nur bei vertrauenswürdigen Webseiten die Ausführung von *JavaScript* zuzulassen. Dies lässt sich in den Konfigurationsoptionen des Browsers einstellen.

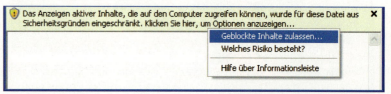

124|1 Zulassen aktiver JavaScript-*Inhalte im* Internet Explorer *durch rechten Mausklick auf den Warnhinweis*

Ein *JavaScript*-Programm zur Zeitanzeige. Das HTML-Tag `<SCRIPT>` bietet die Möglichkeit, *JavaScript*-Programmcode in eine HTML-Datei einzubinden. Der Programmcode wird vom Browser des Benutzers in dem Moment ausgewertet, in dem er die HTML-Datei anzeigt.

Aktuelle **Werte** können in **Variablen** gespeichert, weiterbearbeitet und schließlich mit dem *JavaScript*-Befehl `document.write` in die angezeigte HTML-Seite eingefügt werden. Die als Werte übergebenen Zeichenketten (engl. strings) können auch HTML-Tags enthalten, die der Browser bei der Darstellung der Seite dann berücksichtigt.
Beispiel: In der Datei *Zeitanzeige.html* wird die Systemzeit des Computers abgefragt und die aktuelle Uhrzeit in Stunden und Minuten ausgegeben (▷ Bild 125|2):

```
<HTML>
  <HEAD>
    <TITLE> Zeitanzeige </TITLE>
  </HEAD>

  <BODY>
    <SCRIPT language="JavaScript">
      var jetzt = new Date();
      var stunden = jetzt.getHours();
      var minuten = jetzt.getMinutes();
      document.write("<H1> Zeitanzeige: </H1>");
      document.write("<P> Es ist " + stunden);
      if (minuten < 10) {      document.write(":0");      }
      else {                   document.write(":");       }
      document.write(minuten + "</P>");
    </SCRIPT>
  </BODY>
</HTML>
```

125|1 Die Datei Zeitanzeige.html *fragt die Systemzeit ab, eingeführte Schlüsselwörter sind hier fett hervorgehoben*

Mit *JavaScript* Bilder animieren (Rollover-Effekt). Eine beliebte Anwendung von *JavaScript* ist es, in einem **Rollover-Effekt** Bilder auszutauschen, wenn sich der Mauszeiger über ihnen bewegt. So lässt sich z. B. dem Benutzer verdeutlichen, an welchem Eintrag eines Auswahlmenüs er sich gerade befindet.
Beispiel: Auf dieser Webseite (▷ Bild 125|3) sind die Bilder schwarzweiß, doch fährt man mit der Maus über ein Bild, so wird es bunt.

Der Zugriff auf die Bilder einer Webseite erfolgt über die Variable `document.images`. Die Bilder der Webseite sind durchnummeriert (beginnend bei 0) in einem sogenannten **Feld** abgespeichert. Durch Angabe eines Index in eckigen Klammern kann ein Bild an einer bestimmten Position ausgewählt werden, `document.images[2]` bezeichnet also das 3. Bild der Webseite.
Der im Attribut `src` des `<IMG>`-Tags gesetzte Dateiname kann nun so verändert werden, dass ein anderes Bild geladen wird (Erklärung zu Attributen ▷ S. 116). Die entsprechenden *JavaScript*-Funktionen werden durch die Angabe im `<IMG>`-Tag bei den Ereignissen `onmouseover` und `onmouseout` aufgerufen (▷ Codetext auf folgender Seite, 126|1).

1. *Eure englische Partnerschule möchte auch gerne eine solche Zeitanzeige auf ihrer Schulwebsite haben. Ändere das Programm so ab, dass die Uhrzeit am Vormittag um „am" ergänzt und am Nachmittag für 17:14 z. B. „5:14 pm" ausgegeben wird.*

2. *Ändere die Überschrift in einen Begrüßungstext ab, der stets zur aktuellen Tageszeit passt, z. B.:*
    0 bis 11 Uhr: „Guten Morgen!"
    11 bis 17 Uhr: „Guten Tag!"
    17 bis 24 Uhr: „Guten Abend!"

▷ **Alle Programmtexte** des Kapitels „Dynamische Webseiten programmieren" stehen im Webangebot zum Download bereit.
ᴡᴡᴡ **125-1**

125|2 Ansicht der Datei Zeitanzeige.html *im Browser*

125|3 Das Bild, auf das die Maus zeigt, wird bunt dargestellt.

3. *Füge einer Webseite mit Bildern einen Rollover-Effekt hinzu.*

```
<SCRIPT language="JavaScript">
  function bild1In() {document.images[0].src="bilder/Beyonce.jpg";}
  function bild1Out(){document.images[0].src="bilder/Beyonce_bw.jpg";}
  function bild2In() {document.images[1].src="bilder/RHCP.jpg";}
  function bild2Out(){document.images[1].src="bilder/RHCP_bw.jpg";}
  function bild3In() {document.images[2].src="bilder/PDiddy.jpg";}
  function bild3Out(){document.images[2].src="bilder/PDiddy_bw.jpg";}
</SCRIPT>

<IMG src="bilder/Beyonce_bw.jpg" onmouseover="JavaScript:bild1In()" onmouseout= "JavaScript:bild1Out()">
<IMG src="bilder/RHCP_bw.jpg"    onmouseover="JavaScript:bild2In()" onmouseout= "JavaScript:bild2Out()">
<IMG src="bilder/PDiddy_bw.jpg"  onmouseover="JavaScript:bild3In()" onmouseout= "JavaScript:bild3Out()">
```

126|1 Ausschnitt aus einer HTML-Datei: Skript zum Rollover-Effekt

Benutzereingaben mit HTML-Formularen. Eingaben von Benutzern kann man mit beschreibbaren Feldern in Formularen erfassen (▷ Bild 126|2). Ein **HTML-Formular** wird im HTML-Code durch das Tag `<FORM>` eröffnet, dem ein Name übergeben wird, unter dem das Formular später zu identifizieren ist.

Innerhalb der `<FORM>`-Marken können Text und verschiedene Elemente wie etwa Eingabefelder, Auswahl- und Ankreuzboxen stehen.

Beispiel: Eine Bank bietet einen Sparrechner an, der berechnet, wie viel Geld sich bei einer regelmäßigen monatlichen Einzahlung über mehrere Jahre ansparen lässt (▷ Bild 126|2). Eine dynamische Abfrage des Zinssatzes ist nicht erforderlich, da sich der Zinssatz nur selten ändert. Also kann die Berechnung clientseitig ausgeführt werden.

Der Codetext für das Formular, zunächst noch ohne Berechnung:

1. Erläutere, warum dieses Vorgehen für den Online-Verkauf von Aktien nicht geeignet wäre.

126|2 Sparrechner der Bank

```
<HTML>
 <HEAD>
   <TITLE> Sparen </TITLE>
   <LINK href="MeinStyle.css" rel="STYLESHEET">
 </HEAD>

<BODY>
  <H1>Spar dir was an!</H1> <BR>

  <FORM name="SparForm">                          Laufzeit:
    <INPUT type="text" name="laufzeit" size="1" value="3">
            Jahre <BR><BR>                    monatl. Sparbetrag:
    <INPUT type="text" name="sparbetrag" size="5"
            value="10.00"> &euro; <BR><BR> Gespartes Guthaben:
    <INPUT type="text" name="sparGuthaben" size="5"
            align="left" readonly> &euro; <BR><BR>
    <INPUT type="button" name="berechnenKnopf"
            value="berechnen">
  </FORM>

</BODY>
</HTML>
```

126|3 Code des Sparrechners (▷ Bild 126|2) mit HTML-Formular, hier aber noch ohne Skript zur Berechnung

Klickt man nun auf den Knopf „berechnen", so passiert nichts, denn es fehlt noch der Code für die Berechnung. In einem `<SCRIPT>`-Tag wird daher eine *JavaScript*-Funktion `berechnen` programmiert. Über `docu-`

`ment.forms` können hier die Einträge im Formular ausgewertet werden. Die erstellte *JavaScript*-Funktion wird nun im Attribut `onclick` des Schaltflächen-Elements aufgerufen.
Im folgenden Codetext sind die hinzugefügten Passagen hervorgehoben:

```
<HTML>
  <HEAD>
    <TITLE> Sparen </TITLE>
    <LINK href="MeinStyle.css" rel="STYLESHEET">
  </HEAD>

  <BODY>
    <H1>Spar dir was an!</H1> <BR>

    <SCRIPT language="JavaScript">
      var zinssatz = 3.5;
      document.write("Unser Zinssatz: " + zinssatz + "%p.A.<BR>");
      function berechnen() {
        var zinsen = 0.0;
        var guthaben = 0;
        var laufzeit = document.forms["SparForm"].laufzeit.value;
        for (var i = 0; i < laufzeit*12 ; i++) {
          zinsen = guthaben * ((zinssatz /12) / 100);
          guthaben = guthaben + zinsen;
          guthaben = guthaben +
                1*document.forms["SparForm"].sparbetrag.value;
        }
        document.forms["SparForm"].sparGuthaben.value = guthaben;
      } // ende function berechnen()
    </SCRIPT>

    <FORM name="SparForm">                        Laufzeit:
      <INPUT type="text" name="laufzeit" size="1" value="3">
              Jahre <BR><BR>                      monatl. Sparbetrag:
      <INPUT type="text" name="sparbetrag" size="5"
              value="10.00"> &euro; <BR><BR> gespartes Guthaben:
      <INPUT type="text" name="sparGuthaben" size="5"
              align="left" readonly> &euro; <BR><BR>
      <INPUT type="button" name="berechnenKnopf"
              value="berechnen"
              onclick="javascript: berechnen();">
    </FORM>

  </BODY>
</HTML>
```

127|1 Code des Sparrechners (▷ Bild 126|2), nun mit Skript zur Berechnung

1. *Die Bank möchte Schülern einen besonderen Kredit für die Finanzierung eines Führerscheins anbieten (▷ Bild 127|2). Erstelle einen entsprechenden Kreditrechner.* **Tipp:** *Die Gesamtkosten sind:*
kreditsumme $\cdot (1 + zinssatz / 100)^{jahre}$

127|2 Formular mit Kreditrechner (▷ Aufgabe 1)

Serverseitige Programmierung mit *PHP*

Sollen Informationen an zentraler Stelle zur Verfügung stehen, weil sie z. B. von Benutzern an verschiedenen Standorten bearbeitet werden, empfiehlt sich der Einsatz einer serverseitigen Programmierung. Voraussetzung ist, dass die Dateien der Website in einem Verzeichnis eines Webservers liegen, der eine Programmiersprache wie *PHP, Perl, Python* oder *Java Servlets* unterstützt. Diese Sprachen werden auch als **Skriptsprachen** bezeichnet, da das Skript (der Quellcode des Programms) erst interpretiert wird, wenn jemand vom Webserver eine dynamische Webseite anfordert.

Tipp
Einen eigenen Webserver installieren. Um serverseitige Skripte zu testen, müssen sie auf einem Webserver ausgeführt werden. Um nicht ungetestete, halbfertige Versionen bereits ins Internet zu stellen, empfiehlt es sich, auf einem normalen Computer einen Webserver-Dienst zu installieren. Ein lizenzkostenfreies Webserver-Programm findest du unter www **127-1**.

1. *Lege eine Kopie der Datei* Zeitanzeige.html *(▷ S. 125) in das Verzeichnis eines PHP-fähigen Webservers, benenne sie in* Zeitanzeige.php *um und ersetze den JavaScript-Code durch folgenden PHP-Code:*

```php
<?php
    $aktuelleZeit = date("H:i");
    echo "In Deutschland ist ";
    echo "es ".$aktuelleZeit;
?>
```

Vergleiche den vom Browser angezeigten Quellcode (im Browsermenü über Ansicht ▶ Quelltext*).*
Worin wird sich das Ergebnis für Benutzer in den USA vom Ergebnis der JavaScript-Variante unterscheiden?

Beispiel: Jakob will sein E-Mail-Konto abfragen. Der Webserver leitet seine Anfrage an den **Interpreter** der genutzten Skriptsprache *PHP* weiter. Der Interpreter ist ein Programm, der das auf dem Webserver gespeicherte PHP-Skript zusammen mit den von Jakob angegebenen Werten (z. B. seiner E-Mail-Adresse) auswertet. Dazu liest er die angefragten Daten (Jakobs neu empfangene E-Mails) aus einer Datenbank ein. Das Ergebnis dieser Auswertung ist dann neu generierter HTML-Code, den der Webserver dann an Jakobs Browser sendet.

Tags und Befehle in *PHP*. PHP-Code steht in einem `<?php>`-Tag, der mit `<?php` beginnt und mit `?>` geschlossen wird.
Zur **Ausgabe** von Ergebnissen auf der Webseite dient der Befehl `echo`.
Variablenbezeichner beginnen in *PHP* stets mit $-Zeichen. Anders als in *JavaScript* werden Zeichenketten in *PHP* mit einem Punkt verbunden.

Einbinden von auf dem Server gespeicherten Informationen. Interessant wird eine serverseitige Programmierung, wenn Informationen bereitgestellt werden, die nur auf diesem Server bereitstehen.
Beispiel: Im Folgenden wird das Programm *letzterAufruf.php* vorgestellt, das den Zeitpunkt des Aufrufs der Webseite in einer Textdatei auf dem Webserver speichert. Beim nächsten Aufruf der Seite gibt es den Zeitpunkt des letzten Aufrufs aus (▷ Bild 128|1).

Befehle. Die Befehle zum Bearbeiten von Dateien mit *PHP* lauten `fopen` zum Öffnen, `fread` zum Lesen, `fwrite` zum Schreiben und `fclose` zum Schließen von Dateien.
Mit `//` werden Kommentarzeilen eingeleitet, die der Interpreter ignoriert. So kann man Bemerkungen in den Programmtext schreiben.

128|1 *Ansicht* letzterAufruf.php

2. *Mit dem ersten Buchstaben der englischen Begriffe lassen sich Tag, Monat und Jahr eines Datums ermitteln:* `date("d.m.y")`.
Erstelle zunächst eine leere Textdatei mit dem Dateinamen letzterAufruf.txt.
Ergänze nun Skript um die Angabe des Datums des letzten Aufrufs.

```php
    // Dieses PHP-Programm generiert eine Webseite,
    // die anzeigt, wann sie zuletzt aufgerufen wurde.
$aktuelleZeit = date("H:i");
    // Lese Zeitpunkt des letzten Aufrufs aus der Datei aus:
$ZeitDatei = fopen("letzterAufruf.txt", "r");
$letzteZeit = fread($ZeitDatei, 1024);
fclose($ZeitDatei);
    // Speicher die aktuelle Zeit in der Datei ab:
$ZeitDatei = fopen("letzterAufruf.txt", "w");
fwrite($ZeitDatei, $aktuelleZeit);
fclose($ZeitDatei);
    // Zeige das Ergebnis in der Webseite an:
echo "Es ist <B>".$aktuelleZeit."</B>. </P>";
if ($letzteZeit != "") {
    echo "<P>Diese Seite wurde zuletzt um <B>";
    echo $letzteZeit." aufgerufen.</B> </P>";
}
else echo "<P>Diese Seite wurde noch nicht aufgerufen.</P>";
```

128|2 *PHP-Quellcode aus der Datei* letzterAufruf.php *(▷ Bild 128|1)*

Auswertung von Benutzereingaben aus HTML-Formularen. Um die Einträge in Formulare einem serverseitigen Skript zur Verfügung zu stellen, muss dieses Skript vom Formular aus mit der HTTP-Methode **POST** auf dem Webserver aufgerufen werden. Dieses Verfahren wurde für Skripts verschiedener Programmiersprachen einheitlich festgelegt und wird als

Common Gateway Interface (**CGI**) bezeichnet. Das `<FORM>`-Tag eines HTML-Formulars ist durch ein Attribut `method` mit dem Wert `POST` zu ergänzen. In einem weiteren Attribut `action` wird die URL des aufzurufenden Skripts angegeben. Der Typ des Schaltknopfs ist jetzt nicht `button`, sondern `submit`. Eine einfache **Benutzeranmeldung** (▷ Bild 129|2) könnte folgendermaßen realisiert werden:

```
<FORM name="anmeldung" method="POST" action="begruessung.php">
  Name:
  <INPUT type="text" name="benutzer"> <BR> <BR>
  <INPUT type="submit" name="anmelden" value="weiter geht's">
</FORM>
```

129|1 Eingabefeld und Schaltknopf (Ausschnitt aus der Datei anmeldung.html*)*

129|2 Eintragen eines Namens im Formular der Seite anmeldung.html

Die Formulareinträge (▷ Bild 129|2) stehen nun im PHP-Skript im Feld `$_POST` zur Auswertung bereit:

```
<?php
  echo "<H1> Hallo ".$_POST["benutzer"]."! </H1>";
?>
<P> Sch&ouml;n, dass du dabei bist! </P>
```

129|3 Auslesen von Formulareinträgen (Ausschnitt aus der Datei begruessung.php*)*

Hallo Lisa!

Schön, dass du dabei bist!

129|4 Ergebnis des Aufrufs von begruessung.php *durch Drücken des Schaltknopfes „weiter geht's" im Formular der Seite* anmeldung.html

Dieser Mechanismus kann genutzt werden, um verschiedene Informationen zu einem Benutzer miteinander zu kombinieren. Man könnte bei einer Registrierung eine Datei mit einer Angabe der Lieblingsfarbe des Benutzers anlegen, sodass bei einer späteren Anmeldung am System der Name des Benutzers in seiner Lieblingsfarbe erscheint (▷ Bilder 129|6 und 129|9), wie in folgenden Codeausschnitten:

```
Lieblingsfarbe:
<SELECT name="farbe">
  <OPTION value="blue">blau</OPTION>
  <OPTION value="green">grün</OPTION>
  <OPTION value="red">rot</OPTION>
  <OPTION value="yellow">gelb</OPTION>
</SELECT> <BR> <BR>
```

129|5 Auswahlfeld (Ausschnitt aus Datei registrierung.html*, ▷ Bild 129|6)*

129|6 Registrierung eines neuen Benutzers auf registrierung.html

```
$Dateiname = $_POST["benutzer"].".txt";
$Datei = fopen($Dateiname, "w");
fwrite($Datei, $_POST["farbe"]);
fclose($Datei);
echo "<P> Lieblingsfarbe ".$_POST["farbe"]." gespeichert. </P>";
```

129|7 Speichern der Lieblingsfarbe auf dem Server mit PHP *(Datei* registrierung.php*)*

Hallo Max!

Schön, dass du dabei bist!

129|9 Ergebnis des Aufrufs von begruessung2.php

```
$Dateiname = $_POST["benutzer"].".txt";
$Datei = fopen($Dateiname, "r");
$farbe = fread($Datei, 1024);
fclose($Datei);
echo "<H1>Hallo <FONT color='".$farbe."'>";
echo $_POST["benutzer"]."</FONT>! </H1>";
```

129|8 Lieblingsfarbe auslesen (Ausschnitt aus begruessung2.php*, ▷ Bild 129|9)*

1. *Erstelle wie beschrieben die Dateien* registrierung.html; registrierung.php; anmeldung2.html *und* begruessung2.php. *Ändere sie nun so ab, dass statt der Lieblingsfarbe die Lieblingszahl erfragt und die Begrüßung entsprechend oft wiederholt wird.* **Hinweis:** *Dieses Skript funktioniert nur für registrierte Benutzer.*

Projekt 1 | Projekt 2

Programmiere eine Umfrage. Wer viel Energie in die Entwicklung einer Homepage steckt, den interessiert, wie die Leser auf das Angebot reagieren. Wie wäre es mit einer Umfrage, wie die Homepage gefällt? Die könnte so aussehen:

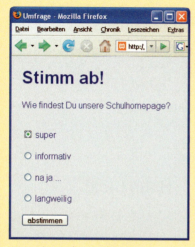

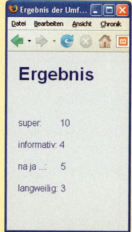

Stimmabgabe mit Radiobuttons   Ansicht des Ergebnisses   Alternative Ergebnisansicht

Plane zunächst, wie sich das Projekt realisieren lässt:
– Was für Dateien werden gebraucht?
– Wie werden die Ergebnisse gespeichert?

Wenn ihr in einer Gruppe zusammenarbeitet, könnte ein Teil der Gruppe das HTML-Formular und der andere Teil das Auswertungsskript programmieren. Zuvor müsst ihr absprechen, welche Variablen zwischen HTML-Formularen und Skripten ausgetauscht werden sollen.

Tipps

Radiobuttons. Radiobuttons sind grafische Elemente, bei denen sich jeweils *genau eine* Auswahlmöglichkeit anwählen lässt. Im folgenden HTML-Code werden zwei INPUT-Elemente vom Typ radio definiert, d.h., es lassen sich nur *super* oder *langweilig* anwählen:

```
<INPUT type="radio" name="auswahl" value="super"> super <BR>
<INPUT type="radio" name="auswahl" value="langweilig"> langweilig
```

Durch die Bezeichnung mit demselben Namen ("auswahl") werden sie einer gemeinsamen Gruppe zugeordnet. Die Auswertung im Skript erfolgt über den gemeinsamen Namen, z.B.:

```
echo $_POST["auswahl"];
```

Checkboxen. Mit einer Checkbox kann eine ja/nein-Antwort abgefragt werden:

☑ Ich bin Schüler dieser Schule.

```
<INPUT type="checkbox" name="schueler">  Ich bin Schüler dieser Schule. <BR><BR>
```

Der Wert einer markierten Auswahlbox ist "on". Ist die Box nicht angewählt, so wird ein leerer String übergeben. Der Wert lässt sich also in der Auswertung überprüfen, z.B.:

```
if ($_POST["schueler"] == "on") {  echo "Schüler";  }
```

Projekt 1 | **Projekt 2**

Programmiere ein Forum, in dem sich Benutzer über ein gemeinsames Interesse austauschen können.
Welches Thema wählst du: Sport, Musik, Computer, …?

Im Forum sollten …
– Benutzer sich beim System registrieren lassen können,
– registrierte Benutzer sich am System anmelden können,
– angemeldete Benutzer eine Profilseite bearbeiten können, in der sie sich und Dinge, die sie interessieren, beschreiben, z. B. ihren Lieblingskünstler etc.,
– angemeldete Benutzer neue Einträge in einer Diskussionsseite erstellen können, die dann für alle weiteren Benutzer angezeigt werden (wie z. B. in einem Gästebuch).

Überlege, wie sich diese Teilaufgaben realisieren lassen:
– Welche Informationen sollten in Textdateien gespeichert werden?
– Welche HTML-Seiten und welche Skripte umfasst das Projekt?
– Welche Skripte greifen auf welche Textdateien zu?

Tipps

Mehrere Informationen in einer Datei speichern. Im Beispiel auf S. 128 f. wurde mit der Lieblingsfarbe der Benutzer jeweils nur eine Information in einer Textdatei gespeichert. Es gibt auch die Möglichkeit, durch Hinzufügen von Trennzeichen mehrere Informationen zu speichern.

Beispiel: Speichert man die Zeichenkette „eins,zwei,drei" in einer Textdatei *zahlwoerter.txt* und liest diese mit einem PHP-Skript ein, so lassen sich die einzelnen Zahlwörter mit der Funktion split trennen.

Die Funktion split bekommt das Trennzeichen und die zu trennende Zeichenkette als Parameter (in einer Variable) übergeben. Als Ergebnis liefert sie ein Feld von Zeichenketten, auf deren Elemente über einen Index zugegriffen werden kann.

Hier ein Ausschnitt eines PHP-Skripts und rechts die Ausgabe, die es liefert:

```
$Datei = fopen("zahlwoerter.txt", "r");
$text = fread($Datei, 1024);
$elemente = split(",", $text);
for($i=0; $i<sizeof($elemente); $i++) {
    echo "Zahlwort ".$i.": ".$elemente[$i]."<BR>";
}
```

Zahlwörter

Zahlwort 1: eins
Zahlwort 2: zwei
Zahlwort 3: drei

Textdateien, die durch ein Trennzeichen getrennte Einträge enthalten, sind auch unter dem Dateiformat **CSV** (comma separated values) bekannt. Viele Tabellenkalkulationsprogramme bieten an, Tabellen in diesem Format zu speichern, sodass die Daten für eine Weiterverarbeitung, z. B. durch ein PHP-Skript, zur Verfügung stehen. Pro Datensatz wird jeweils eine neue Zeile angelegt.

Im folgenden Codebeispiel (Ausschnitt) werden so lange mit der PHP-Funktion fgets weitere Zeilen ausgelesen und in einer HTML-Tabelle ausgegeben, bis das Dateiende erreicht ist:

```
echo " <TABLE> <TR> <TD>";
while(!feof($Datei)) {
    $text = fgets($Datei, 1024);
    $elemente = split(",", $text);
    for($i=0; $i<sizeof($elemente); $i++) {  echo $elemente[$i]." </TD> <TD> ";  }
    echo " </TD> </TR> <TR> <TD> ";         // neue Zeile
}
echo " </TD> </TR> </TABLE> ";
```

Zusammenfassung

Eine **Website** besteht aus mehreren HTML-Seiten (**Webseiten**), die untereinander durch **Hyperlinks** verknüpft sind. Hat man eine Struktur für eine Website geplant und geeignete Inhalte zusammengetragen, so können mit Hilfe eines **WYSIWYG**-Editors oder direkt in einem **Texteditor** die HTML-Seiten erstellt werden. Hierbei sind Texte zu formatieren und die Elemente der Seite, z. B. mit einer blinden Tabelle, in einem Layout anzuordnen.

Ist die Website komplett, so ist ein geeigneter **Provider** auszuwählen, auf dessen Webserver die Dateien **hochgeladen** werden, um die Website im Internet zu veröffentlichen. Ggf. kann eine **eigene Domain** für die neue Website beantragt werden. Anfragen an diese Domain werden dann an die Website auf dem Webserver weitergeleitet.

Bei größeren Projekten sollte man sich schon vor dem Erstellen der Webseiten überlegen, wie man sein Thema als **Hypertext** darstellt, also wie man die Inhalte in einzelne Webseiten zerlegt und sinnvoll miteinander verlinkt. Grundlage der Website bildet eine **Baumstruktur**, in der die Informationen von der Startseite aus immer spezieller werden. **Navigationslinks** führen den Besucher entlang dieser Struktur durch die Website. **Querverweise** hingegen durchbrechen die Struktur und führen zu rein thematisch verwandten Seiten. **Externe Links** schließlich erschließen Seiten außerhalb des eigenen Webprojekts.

Die Navigation durch die Website wird außerdem durch ein einheitliches Erscheinungsbild aller Seiten erleichtert. Das gelingt am einfachsten durch die Verwendung von **Templates**, also Vorlageseiten, die mit beliebigem Inhalt gefüllt werden können. Eine weitere Möglichkeit bieten **Cascading Style Sheets** (**CSS**). Diese Sprache bietet die Möglichkeit, das Aussehen von HTML-Elementen beliebig zu verändern.

Außer Text kann eine Webseite auch **Bilder** oder beliebige **Multimediadateien** wie Filme oder ausführbare Programme enthalten. Solche Objekte werden in einer HTML-Datei platziert, indem man eine **Referenz** auf ihren Dateinamen legt, genau wie bei einem Hyperlink.

Neben dem Erstellen statischer Webseiten, die für alle Benutzer dieselben Inhalte anbieten, gibt es die Möglichkeit, Skripte zu programmieren, die – abhängig von Benutzereingaben und/oder von der aktuellen Situation – **dynamisch individuelle Ansichten einer Webseite generieren**. Dabei ist zu unterscheiden, ob die Anpassung z. B. mit *JavaScript* **clientseitig** durch den Browser des Benutzers oder **serverseitig** durch ein auf dem Server ausgeführtes Programm, z. B. ein PHP-Skript, erfolgt.

Hierbei können **Benutzerangaben** auch für eine spätere **Verwendung in Dateien protokolliert** werden oder relevante **Informationen aus Dateien** in die Antwort-HTML-Seite **integriert** werden.

Datenbanksysteme

Im Hamburger Hafen werden jeden Tag rund 70 000 Container gelöscht und verladen. In welches Land soll ein Container verschickt werden? Welche Schiffe fahren dorthin? Wo muss ein Container im Hafen abgestellt werden, damit er auf das richtige Schiff verladen wird und rechtzeitig an der richtigen Adresse ankommt?
Datenbanksysteme helfen, große Mengen von Informationen zu speichern und zu verknüpfen. So können Aufgaben, die viel Organisation erfordern, einfach erledigt werden.

In diesem Kapitel erfährt man,
– für welche Aufgaben Datenbanksysteme eingesetzt werden,
– wie man sie benutzt,
– wie man selbst eine Struktur für eine Datenbank entwerfen kann.

Datenbanksysteme im Einsatz

In vielen Bereichen der Berufs- und Geschäftswelt wird mit sehr großen Mengen wichtiger Informationen gearbeitet. Sie müssen so gespeichert werden, dass eine gesuchte Information bei Bedarf schnell gefunden, aktualisiert oder ausgewertet werden kann. Dafür gibt es Datenbanksysteme.

Beispiel: Die Klasse 9a einer Hamburger Schule fährt auf Klassenreise nach München. Welchen Zug soll sie nehmen und was kostet die Fahrt? Will ein Bahnmitarbeiter die Fragen ohne Computer beantworten, sieht er im Fahrplan nach, ob ein Zug direkt nach München fährt. Wenn nicht, schaut er, mit welchen Zügen die Klasse Teilstrecken zurücklegen kann und wo sie umsteigen muss. Dann schlägt er den Preis nach und prüft, ob ein Sonderangebot günstiger wäre. All das dauert eine Weile.
Das Datenbanksystem auf der Website der Bahn erledigt diese Aufgabe dagegen in wenigen Sekunden. Das schafft es, weil es alle Fahrpläne und Preislisten gespeichert hat und sie sehr schnell verknüpfen kann.

134|1 Reiseplanung mit Datenbanksystem: Man gibt einfach ein, wann man wohin fahren will …

134|2 … und schon bekommt man passende Verbindungen angezeigt.

Datenbanksysteme speichern große Mengen von Informationen so, dass sie immer wieder unterschiedlich verknüpft werden können. Auf Anfrage geben sie die passenden Informationen sehr schnell aus.

Wegen dieser Eigenschaften werden Datenbanksysteme in außerordentlich vielen Bereichen genutzt. Einige weitere Beispiele:
- Unternehmen speichern darin Informationen über Kunden und Waren. Macht ein Kunde eine Bestellung, lädt das Datenbanksystem – oft automatisch – seine Adresse und die Warenpreise in eine Rechnung.
- Viele Unternehmen bieten ihre Waren mithilfe von Datenbanksystemen im Internet zum Verkauf an. So kann der Kunde die gewünschte Ware selbst finden. Ob man online einen Flug bucht, einen Song herunterlädt oder eine Hose bestellt – immer stecken Datenbanksysteme hinter den Verkaufssystemen.
- Die Polizei speichert Namen und Fingerabdrücke von Straftätern in Datenbanksystemen. Hinterlässt ein Täter bei einer neuen Straftat wieder Fingerabdrücke, kann er mit dem gespeicherten Abdruck überführt werden.

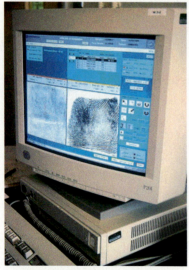

134|3 Bei der Polizei werden die Fingerabdrücke eines Straftäters aufgenommen und in einer Datenbank gespeichert.

All diese Beispiele zeigen nur einen winzigen Ausschnitt aus den vielen Einsatzbereichen von Datenbanksystemen.

Datenbanksysteme benutzen

Fertige Datenbanksysteme zu bedienen, ist relativ einfach. Alle Arbeiten, die man in einem Datenbanksystem verrichten kann, werden mithilfe von **Eingabe- und Suchmasken** ausgeführt. Masken werden auch als **Formulare** bezeichnet, weil sie ebenso wie Papierformulare leere Felder enthalten, in die man Informationen eintragen kann. Neben jedem Feld steht ein Hinweis, welche Informationen in das Feld gehören (▷ Bild 135|1).

Mit Masken kann man vier Aufgaben erledigen:

– Beim **Eingeben** werden neue Daten, meist ein kompletter Datensatz (▷ Wiederholung unten), in die Datenbank eingefügt.

– **Suchen:** Um in einer Datenbank enthaltene Informationen zu finden, gibt man geeignete Stichwörter in eine Suchmaske ein. Dann werden automatisch die passenden Datensätze gesucht und, wenn vorhanden, angezeigt.

– **Bearbeiten** bedeutet Verändern vorhandener Datensätze. Dazu wird der Datensatz in eine Maske geladen, die ähnlich aussieht wie eine Eingabemaske, mit dem Unterschied, dass die Felder bereits Informationen enthalten. Jeder Feldinhalt kann einzeln verändert werden.

– **Löschen** ist eine besondere Form des Bearbeitens von Daten. Dabei wird ein kompletter Datensatz entfernt.

135|1 Suchmaske eines Internetkaufhauses

Zugriffsrechte

Obwohl sich diese Arbeiten mit Masken leicht erledigen lassen, sind die meisten Datenbanksysteme so eingerichtet, dass nicht jeder Benutzer alle vier Aktionen ausführen darf. Denn beim Eingeben, Bearbeiten und Löschen von Datensätzen können Fehler leicht den Datenbestand unbrauchbar machen. Meist ist gewöhnlichen Nutzern darum nur das Suchen von Daten erlaubt. Die anderen Aktionen sind speziell geschulten Angestellten des Unternehmens vorbehalten, das das Datenbanksystem betreibt. Bei Daten, die unter das **Datenschutzgesetz** fallen, ist auch die Suchfunktion eingeschränkt.

1. *In viele Webseiten im Internet sind Datenbanksysteme eingebunden. Wenn eine Webseite ein Datenbanksystem enthält, gibt es auf der Seite Felder, mit denen man Daten suchen oder in die Seite eintragen kann. Suche solche Webseiten und vergleiche sie:*
Was kann man als einfacher Nutzer mit den Datenbanksystemen tun? Welche Daten enthalten sie?

Wiederholung der Grundbegriffe

In einer **Datenbanktabelle** werden Informationen zu gleichartigen **Objekten** (z. B. zu den Büchern einer Bibliothek) gespeichert.

Signatur	Autor	Buchtitel	Verlagsort	Erscheinungsjahr	Umfang (Seiten)	ISBN
AB 10	Mustermann, Max	Mein Hund - gesund gehalten	Berlin	2000	120	978-3-1234-9876-1
EC 27	Beispielfrau, Sarah	Papierflieger selbst bauen	München	2005	60	978-3-98765-456-6
DA 30	Irgendwie, Manfred	Abends am See	Aachen	1999	200	978-3-65432-789-3
HG 34	Magsein, Penelope	Spanisch ganz leicht	Leipzig	1987	160	978-3-9685-4321-5
OP 89	Mustermann, Max	Mathe für alle	Berlin	1998	156	978-3-1234-4321-1

135|2 Datenbanktabelle

Feldbezeichnung: gibt an, welche Art von Information in einem Datenfeld gespeichert ist.

Datenfeld: ist die kleinste Informationseinheit in einer Datenbanktabelle. Besitzt eine **Feldbezeichnung** (in diesem Bsp. *Verlagsort*) und einen **Feldinhalt** (hier *München*).

Datensatz: Die Datenfelder, die sich auf ein bestimmtes **Objekt** (hier ein Buch) beziehen, ergeben zusammen einen Datensatz.

Die Gesamtheit aller Datenfeld-Inhalte in einer Datenbank (das heißt sämtlicher in der Datenbank gespeicherten Informationen) bezeichnet man als **Datenbasis** oder **Datenbestand**.

Aufbau von Datenbanksystemen

Wenn man lediglich mit fertigen Datenbanksystemen arbeiten möchte, braucht man nur zu wissen, was man in die Masken eintragen muss, um eine Information zu finden oder im System zu speichern. Möchte man aber ein Datenbanksystem selbst entwerfen, muss man zunächst wissen, wie solche Systeme von innen aussehen.

Ein **Datenbanksystem** besteht aus zwei Teilen:
– aus der eigentlichen **Datenbank**, in der alle Daten abgelegt sind, und
– aus dem **Datenbankmanagementsystem (DBMS)**, einer Software, die die Daten verwaltet und die gesamte Kommunikation zwischen der Datenbank und den Datenbankbenutzern regelt.

Die Datenbank ist der Kern des Datenbanksystems. Sie nimmt alle Daten auf, die in das Datenbanksystem eingegeben werden. Auf der Datenbankebene werden Daten physisch abgelegt, als Bits und Bytes auf einem Datenträger, z. B. einer Festplatte oder einer CD.

Das DBMS verwaltet den Datenbestand. Dazu organisiert es die Sortierung der Daten in eine vom Datenbankentwickler vorgegebene Struktur. In den meisten heutigen Datenbanksystemen werden die Daten in Tabellen einsortiert. Datenbanksysteme mit Tabellen bezeichnet man als **relationale Datenbanksysteme**. Der Datenbankentwickler legt fest, welche Tabellen die Datenbank umfassen soll und aus welchen Feldern diese jeweils zusammengesetzt sein sollen. Das DBMS sorgt dann dafür, dass jedes einzelne Datum im richtigen Tabellenfeld landet.

Außerdem ermöglicht das DBMS die Kommunikation zwischen den Datenbankbenutzern und der Datenbank. Möchte ein Benutzer Daten in die Datenbank eingeben oder sie darin suchen, bearbeiten oder löschen, richtet er eine Anfrage an das DBMS, das passende Funktionen in der Datenbank ausführt und Antworten zurückliefert. Das DBMS hat also eine ähnliche Funktion wie ein Betriebssystem auf einem Computer: Es ist die zentrale Steuereinheit des Datenbanksystems.

Ein *Datenbanksystem* besteht aus Datenbank und DBMS.
Die *Datenbank* ist eine strukturierte Sammlung von Daten, die in Form von Bits und Bytes auf einem Datenträger hinterlegt und mithilfe eines *DBMS* geordnet, verwaltet und zugänglich gemacht wird.

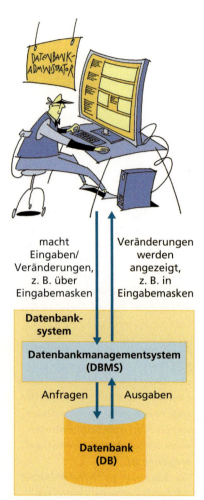

136|1 Aufbau eines Datenbanksystems

Begriffliches

Vorsicht Umgangssprache: Oft wird der Begriff *Datenbank* fälschlicherweise benutzt, wenn eigentlich ein *Datenbanksystem* gemeint ist.

136|2 Ein DBMS bei der Arbeit (Ansicht in der Windows-Eingabeaufforderung): Informationen werden in Tabellen eingeordnet

Wann und wozu Datenbanksysteme?

Es ist recht aufwändig, eine Struktur für eine Datenbank zu entwerfen und in einem Datenbanksystem umzusetzen. Bevor man damit beginnt, sollte man daher überlegen, ob für den gewünschten Zweck ein Datenbanksystem oder eine einfacher zu erstellende Alternative sinnvoll ist.
Da die Informationen in Datenbanksystemen in Tabellenform gespeichert werden, eignet sich für einige einfache Aufgaben statt eines Datenbanksystems auch ein Tabellenkalkulationsprogramm wie *Excel*.
Allerdings gibt es viele Informationsverwaltungs-Aufgaben, die man nur mit Datenbanksystemen sinnvoll bearbeiten kann, weil Datenbanksysteme gegenüber Tabellenkalkulationsprogrammen drei Vorteile haben:

Trennung von Daten und Zugriffsprogrammen. In Tabellenkalkulationsprogrammen werden die Daten im gleichen Programm bearbeitet, in dem sie abgelegt sind. In Datenbanksystemen dagegen sind die Daten getrennt von den Programmen, mit denen man sie bearbeitet. Das hat den Vorteil, dass man verschiedene Programme auf einen Datenbestand zugreifen lassen kann.
Beispiel: In einer Bibliothek brauchen Bibliothekare Formulare mit vielen Eingabefeldern, um alle Details über ein Buch in die Datenbank einzugeben. Damit Leser die Bücher finden, reicht eine Suchmaske mit wenigen Feldern.

Unterschiedliche Zugriffsrechte für verschiedene Nutzergruppen. Datenbanksysteme bieten die Möglichkeit, festzulegen, welche Benutzergruppe was mit dem Datenbestand machen darf, z. B. wer die Daten nur ansehen und wer sie auch verändern darf. Das bezeichnet man als **Zugriffskontrolle**.
Beispiel: In einer Bücherei könnte Chaos ausbrechen, wenn es den Lesern erlaubt wäre, Datensätze in die Bücherdatenbank einzugeben oder zu entfernen. Das sollte den Bibliothekaren vorbehalten sein. Leser dürfen in der Bücherdatenbank nur suchen, aber sie nicht verändern.

Eindeutigkeit der Daten. Bei der Datenverwaltung kommt es oft vor, dass eine Information in verschiedenen Zusammenhängen gebraucht wird. In einer Tabelle muss man diese Information mehrfach anlegen, was unkomfortabel und fehleranfällig ist. In einem Datenbanksystem kann man solche Fehler vermeiden. Dazu mehr im folgenden Abschnitt.

Konsistenzgarantie und Redundanzvermeidung

Wenn man viele Daten in einer großen *Excel*-Tabelle speichert, muss man oft einige Informationen mehrfach eintragen. Macht man dabei einen Fehler, werden die Daten falsch oder mehrdeutig.
Beispiel: Mit der Tabelle 138|1 verwaltet eine Bücherei ihre Ausleihen. Signatur, Autor und Buchtitel werden zusammen mit Namen und Adresse des Lesers eingetragen.
In der Tabelle sind die Leseradressen mehrfach vorhanden. Wenn Daten doppelt gespeichert sind, sagt man, sie sind **redundant** (lat. redundare =

1. *Eine Firma bietet über ein Datenbanksystem Waren im Internet an. Das gleiche Datenbanksystem wird auch benutzt, um Bestellungen zu bearbeiten und den Versand zu organisieren. Warum ist es in diesem Fall hilfreich, dass man mehrere Programme auf den Datenbestand zugreifen lassen kann?*

2. *Fallen dir weitere Gründe ein, warum es sinnvoll ist, Daten und Programme zu trennen?*

1. Findest du in der Beispieltabelle 138|1 weitere Inkonsistenzen?

2. Warum ist es bei den Internet-Plattformen, die auf S. 134 erwähnt sind, sinnvoll, ein Datenbanksystem zu verwenden und keine Tabellenverwaltung?

3. Überlege dir je zwei Beispiele, in denen eine einfache Tabelle bzw. ein Datenbanksystem besser zur Datenverwaltung geeignet ist.

138|1 Redundante und inkonsistente Ausleihverwaltung in **einer** Tabelle

im Überfluss vorhanden sein). Datenverwaltungen mit Redundanzen sind fehleranfällig, denn wenn man beim Eintragen nicht aufpasst, weichen zwei eigentlich gleiche Einträge voneinander ab. Dann sagt man, sie sind **inkonsistent**, das bedeutet uneindeutig (lat. in = nicht, con = zusammen, sistere = halten). In Zeile 5 und 10 wurden Ausleihen an *Irmchen Putzig* vermerkt, allerdings mit zwei verschiedenen Adressen. Ist Irmchen nun umgezogen oder gibt es zwei Leserinnen mit diesem Namen? In Datenbanksystemen kann man solche Fehler vermeiden, indem man jede Information nur einmal speichert. Das geht zwar auch in *Excel*, es ist aber sehr unübersichtlich:

138|2 Redundanzfreie, konsistente Ausleihverwaltung mit **drei** Tabellen

Beispiel
Die vier Kriterien des Merksatzes beim Beispiel der Bücherei:
– Große Datenmengen: Es gibt sehr viele Bücher und viele Leser.
– Häufige Änderungen am Datenbestand: Bücher werden oft von verschiedenen Nutzern ausgeliehen. Das muss jedes Mal vermerkt werden.
– Verknüpfungen: Dieselbe Information (z. B. Leseradresse) wird in verschiedenen Zusammenhängen benötigt, z. B. bei der Ausleihverwaltung oder bei der Verwaltung von Mahngebühren.
– Unterschiedliche Zugriffsrechte: z. B. für Leser und Bibliothekare

Beispiel: Die Ausleihverwaltung teilt man in drei Tabellen (▷138|2).
– Die erste nimmt alle *Bücher* auf,
– die zweite die *Leser* mit ihren Adressen.
– In einer dritten Tabelle werden die *Ausleihvorgänge* gespeichert. Dazu speichert man das Ausleihdatum und jeweils *nur eine* Information, die jedes Buch und jeden Leser eindeutig identifiziert, z. B. Buchsignatur und Leseausweis-Nummer (Leser-ID).

Vorsicht, Veränderungen! Am Büchereibeispiel kann man noch etwas erkennen, was für ein Datenbanksystem spricht: Der Bibliothekar könnte sich beim Eintragen der Signatur oder der Leser-ID vertippen. In einem Datenbanksystem kann man den Ausleihvorgang jedoch so gestalten, dass das Buch und der Leser nur angeklickt werden müssen. Den Eintrag in die Ausleihtabelle erledigt das DBMS dann automatisch.
Wenn man also einen Datenbestand verwaltet, der sich oft verändert, ist es sinnvoll, ein Datenbanksystem zu verwenden.

Datenbanksysteme eignen sich für die Verwaltung großer Datenmengen, die sich oft verändern, die verknüpft werden müssen und bei denen verschiedene Nutzergruppen unterschiedliche Zugriffsrechte haben sollen.

Eine Datenbank modellieren

Auf den nächsten Seiten wird am Beispiel einer Bücherei gezeigt, wie man eine geeignete Tabellenstruktur für eine Datenbank entwirft.
Wer ein Haus bauen will, kauft nicht einfach Ziegel und Zement und legt los. Vor Baubeginn zeichnet ein Architekt einen Entwurf. In der Informatik ist es genauso: Soll ein Programm erstellt werden, wird erst skizziert, welche Aufgaben es ausführen soll und wie.
Aufgabe von Datenbanksystemen ist es, bei der Verwaltung von **Prozessen** des realen Lebens effizient zu helfen, z.B. beim Zusammenstellen von Büchereiausleihen. Dazu werden die Prozesse auf wenige Eigenschaften reduziert, die dann in der Datenbank gespeichert werden.
Beispiel: Um den Prozess *Ausleihe* einer Bücherei abzubilden, benötigt man Informationen zu den Büchern (z.B. die Buchtitel), zu den Lesern (z.B. die Adressen) und Ausleihdaten. Die Kleidung, die der Leser beim Ausleihen trägt, oder die Uhrzeit des Ausleihens sind aber unwichtig.
Die erste Aufgabe beim Datenbankentwurf ist also, die für den Zweck wichtigen Prozesseigenschaften auszuwählen und dann darzustellen, wie sie miteinander in Beziehung stehen. So entsteht ein vereinfachtes *Modell* des Prozesses. Man bezeichnet diese Arbeit als **Modellierung**.

Modellierer tragen Verantwortung. Da die gesamte Programmierung von der Modellierung abhängt, ist sie der verantwortungsvollste Schritt im Datenbankentwurf. Sie entscheidet darüber, ob das Datenbanksystem fehlerfrei arbeitet oder ob es redundant oder inkonsistent wird. Außerdem hat sie Einfluss darauf, ob das Arbeiten mit dem System für die Benutzer angenehm ist. Entwirft der Modellierer z.B. Datenfelder mit Feldbezeichnungen, die sich den Benutzern nicht erschließen, wird ihnen die Arbeit mit dem Datenbanksystem keinen Spaß machen. Nur wenn der Modellierer gut arbeitet, werden auch die Kunden, die das Datenbanksystem benutzen sollen, mit dem Produkt zufrieden sein.

Eine Bücherei im Modell

Bei der Modellierung wird abgebildet, welche Arten von Objekten ein Prozess hat und wie sie miteinander in Beziehung stehen:
- Wichtige **Objektarten** für die Büchereiverwaltung sind Bücher und Leser. Eine weitere Objektart ist die Mahnung, die Leser bekommen, die ein Buch zu lange ausgeliehen haben.
- Ein **Beziehungstyp**, der zwischen den Objektarten *Buch* und *Leser* auftritt, ist die *Ausleihe*. Und die Objektart *Mahnung* steht mit der Objektart *Leser* in Beziehung, weil Leser Mahnungen bekommen.

Objektarten und Beziehungstypen haben bestimmte **Eigenschaften** (lat. **Attribute**), die für den Prozess wichtig sind, z.B.:
- bei Büchern: Signatur, Autor, Titel, Erscheinungsort und -jahr,
- bei Lesern: Leser-ID, Name und Adresse,
- bei Mahnungen: Datum und Mahnbetrag.
- Zur Ausleihe gehören ein Ausleihdatum und ein Rückgabedatum.
- Die Attribute der Beziehung zwischen Leser und Mahnung sind bereits in den zwei Objektarten enthalten: Datum, Betrag und Adresse.

Auch wenn du später kein Datenbankentwickler wirst, hast du Vorteile, wenn du schon mal eine Datenbank modelliert hast. Vielleicht wirst du mal gebeten, eine Kundendatenbank für deine Firma auszuwählen bzw. Verbesserungsvorschläge zu machen. Wenn du weißt, worauf man beim Entwurf achten sollte, kannst du die Qualität fertiger Systeme besser beurteilen und die Wahl wird dir leichter fallen.

▷ Mehr zum Thema Modellieren erfährst du im Kapitel „Modellieren und Objektorientierte Modellierung" (▷ S. 147 ff.).

1. *Analysiere den Prozess einer Bestellung in einem Internetkaufhaus. Gehe davon aus, dass jeder Kunde pro Bestellung immer nur eine Ware bestellt, nicht mehrere verschiedene. Welche wichtigen Objektarten und Beziehungstypen treten auf? Welche Attribute sind wichtig?*

2. *Stelle den Prozess als ER-Diagramm dar.*

3. *Welche Kardinalität hat der vorkommende Beziehungstyp?*

Schlüsselattribute

Im Abschnitt über Redundanzvermeidung stand, dass man zwei Objektarten in Beziehung zueinander setzt, indem man in einer Extra-Tabelle von beiden Objektarten je eine Information (ein Attribut) abspeichert, die jedes konkrete Objekt eindeutig identifiziert. Solche eindeutigen Attribute bezeichnet man als **Schlüsselattribute** oder **Schlüssel**.
Im Büchereibeispiel sind die *Signatur* und die *Leser-ID* eindeutig, weil sie nur an ein Buch bzw. nur an einen Leser vergeben werden.
Es gibt zwei Arten, wie Schlüssel verwendet werden:
– Als **Primärschlüssel** dient ein Schlüssel dazu, in einer Tabelle jeden Datensatz eindeutig zu identifizieren.
  Beispiel: In der Bücher-Tabelle (▷ Bild 138|2) identifiziert eine *Signatur* eindeutig jedes konkrete Buch-Objekt.
– Als **Fremdschlüssel** verknüpfen Schlüssel zwei Tabellen: Um eine Beziehung zwischen den Tabellen herzustellen, wird der Primärschlüssel der einen Tabelle als Attribut in die andere Tabelle eingefügt.
  Beispiel: In der Ausleih-Tabelle (▷ Bild 138|2) sind *Signatur* und *Leser-ID* Fremdschlüssel.

Modelle bildlich darstellen mit ER-Diagrammen

Zu wissen, welche Objektarten und Beziehungstypen ein Prozess umfasst, ist die wichtigste Grundlage für die Datenbankentwicklung. Diese Zusammenhänge müssen nun so übersichtlich dargestellt werden, dass Programmierer sie umsetzen können. Das geht am besten mit Bildern, den so genannten **ER-Diagrammen** (in *ER* steht *E* für lat. Entitäten = Objekte und *R* für lat. Relationen = Beziehungen, engl. **Entity-Relationship-Diagramm**). Objektarten, Beziehungstypen und ihren Attributen werden Symbole zugeordnet, um sie darzustellen (▷ Bild 140|1).
Die Büchereiverwaltung sieht im ER-Diagramm so aus:

Objektart
Beziehungstyp
Attribut

140|1 Symbole in ER-Diagrammen

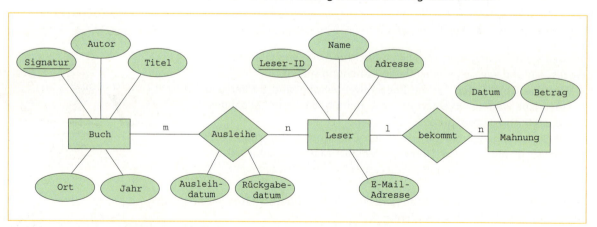

140|2 ER-Diagramm einer Büchereiverwaltung

Objektarten, Beziehungstypen und Attribute des Modells sind gut zu erkennen. Das Beziehungsnetz lässt sich auf einen Blick erfassen. Die Beziehungen tragen zusätzlich eine Kennzeichnung: „1", „n" und „m" geben die **Kardinalität** der Beziehung an (▷ folgende Seite).

Kardinalität von Beziehungen

Der Begriff *Kardinalität* bezeichnet die Art der Beziehung zwischen zwei Objektarten. Es gibt drei Kardinalitäten:

Kardinalität	Erläuterung	Beispiel eines entsprechenden Beziehungstyps
1:1	Jedem Objekt der Art *A* wird höchstens ein Objekt der Art *B* zugeordnet und umgekehrt.	*E-Mail-Adresse*: Jeder Leser ist mit maximal einer E-Mail-Adresse gespeichert und jede E-Mail-Adresse gehört genau zu einem Leser.
1:n	Jedem Objekt der Art *A* können mehrere Objekte der Art *B* zugeordnet werden; aber jedes Objekt der Art *B* wird nur genau einem Objekt aus *A* zugeordnet.	*Leser-bekommt-Mahnung*: Jeder Leser kann mehrere Mahnungen bekommen, aber jede Mahnung wird an genau einen Leser verschickt.
m:n	Jedem Objekt der Art *A* können mehrere Objekte der Art *B* zugeordnet werden, umgekehrt genauso.	*Ausleihe*: Jeder Leser kann mehrere Bücher ausleihen und jedes Buch kann (nacheinander) an mehrere Leser verliehen werden.

Vom ER-Diagramm zur Datenbanktabelle

Es gibt eine Reihe von Regeln, wie man aus einem ER-Diagramm Datenbanktabellen ableitet. Sie werden hier vorgestellt.
In relationalen Datenbanksystemen wird für jede Objektart und für viele Beziehungstypen je eine Tabelle angelegt. Jede Tabellenspalte nimmt ein Attribut der Objektart bzw. des Beziehungstyps auf. Primärschlüssel werden für mehr Übersichtlichkeit im Entwurf unterstrichen.
Beispiel: Die Tabellen für die Objektarten *Buch* und *Mahnung* in der Bücherei (▷ Bild 141|1). Die Tabellenzeilen enthalten später konkrete Objekte, repräsentiert durch **Datensätze**.

Signa-tur	Autor	Titel	Erschei-nungsort	Erschei-nungsjahr

Datum	Betrag

141|1 Erster Entwurf zweier Datenbanktabellen für die Bücherei

Beziehungen in Tabellen umsetzen

Die Kardinalität entscheidet darüber, wie eine Beziehung im Datenbanksystem umgesetzt wird. Für jede Kardinalität gibt es dazu eine Regel:

Kardinalität	Umsetzung im Datenbanksystem	Beispiel
1:1	Bei dieser Kardinalität werden die beiden Objekte, die in Beziehung stehen, in einer einzigen Tabelle zusammengefasst.	*Leser-hat-E-Mail-Adresse*: *Leser* und *E-Mail-Adresse* werden in einer Tabelle zusammengefasst. Leser-ID | Name | Adresse | E-Mail-Adresse
1:n	Bei dieser Kardinalität wird der Primärschlüssel des Objekts, auf dessen Seite die „1" steht, als Fremdschlüssel in die Tabelle des zweiten Objekts eingebaut.	*Leser-bekommt-Mahnung*: In der Tabelle *Mahnung* wird eine Spalte *Leser-ID* eingefügt: Datum | Betrag | Leser-ID
m:n	Nur bei dieser Kardinalität wird eine eigene Tabelle für die Beziehung angelegt. Die Primärschlüssel der Objekte erscheinen als Fremdschlüssel in der Beziehungstabelle.	*Ausleihe*: Für diesen Beziehungstyp wird eine eigene Tabelle angelegt: Ausleih-Nr. | Ausleih-datum | Rückgabe-datum | Signatur | Leser-ID

Tabellen normalisieren

1. *Überprüfe alle Tabellen des Datenbankentwurfs für die Bücherei. Erfüllen alle diese drei Normalformen?*

Wenn man die Tabellen so, wie sie jetzt sind, in ein Datenbanksystem einfügt, besteht noch immer die Gefahr, dass die Datenbank redundant oder inkonsistent wird. Um das zu vermeiden, prüft man, ob die Tabellen eine Reihe von Anforderungen erfüllen. Wenn nicht, verändert man sie entsprechend. Dieser Vorgang heißt **Normalisierung**. Die **Normalformen** sind nummeriert: Damit eine Tabelle eine bestimmte Normalform erfüllt, muss sie auch alle vorhergehenden erfüllen.

Prüfung 1: die erste Normalform. Zuerst wird überprüft, ob alle Attribute in allen Tabellen **atomar** sind. Das bedeutet, dass sie keine Werte enthalten dürfen, die aus mehreren Elementen zusammengesetzt sind. Das vereinfacht später das Durchsuchen der Datenbank.

Leser-ID	Nach-name	Vor-na-me	Stra-ße	Haus-num-mer	PLZ	Ort

142|1 Nach der Umformung erfüllt die Tabelle Leser *die* **erste Normalform**

Beispiel: Die Tabelle *Leser* erfüllt diese Forderung bislang nicht. Der *Name* eines Lesers kann in die Bestandteile *Vorname* und *Nachname* zerlegt werden. Wird das nicht gemacht, so wird später die Suche nach Lesern mit einem bestimmten Nachnamen schwieriger. Auch die *Adresse* kann in kleinere Einheiten unterteilt werden (▷ Bild 142|1).

Die erste Normalform fordert, dass kein Attribut einer Objektart oder eines Beziehungstyps sinnvoll in kleinere Teile zerlegt werden kann.

Datum	Leser-ID	Name	Betrag

142|2 Tabelle Mahnung *mit zusammengesetztem Primärschlüssel: Die* **zweite Normalform** *ist verletzt, weil* Name *vom Teil-Schlüssel* Leser-ID *abhängt*

Bei manchen Tabellen ist der Primärschlüssel aus mehreren Attributen zusammengesetzt, die gemeinsam die Datensätze identifizieren.
Beispiel: Die Tabelle *Mahnung* besitzt mit den Attributen *Datum*, *Betrag* und *Leser-ID* kein Attribut, das ihre Datensätze eindeutig identifiziert. Wenn jeder Leser pro Tag nur eine Mahnung bekommen kann, können *Datum* und *Leser-ID* gemeinsam den Primärschlüssel stellen.

Mahn-Nr.	Datum	Leser-ID	Name	Betrag

142|3 Die **dritte Normalform** *ist verletzt, weil ein Nicht-Schlüssel-Attribut* (Name) *von einem anderen Nicht-Schlüssel-Attribut* (Leser-ID) *abhängt*

Prüfung 2: die zweite Normalform. Hat eine Tabelle einen zusammengesetzten Primärschlüssel, dürfen andere Attribute nicht nur von einem Teil des Schlüssels abhängen. Sonst entstünde eine Redundanz.
Beispiel: Würde in der Tabelle *Mahnung* außerdem der Name des Lesers stehen, wäre die zweite Normalform verletzt, weil *Name* von der *Leser-ID*, aber nicht von *Datum* abhängt (▷ Bild 142|2).

Die zweite Normalform verlangt, dass bei zusammengesetzten Primärschlüsseln alle Attribute vom Gesamtschlüssel abhängen.

Um Verstöße gegen die zweite und dritte Normalform zu korrigieren, zerlegt man eine Tabelle in mehrere kleinere.
Beispiel: Hier würde man eine neue Tabelle anlegen, die nur die Attribute *Leser-ID* und *Name* enthält. Dann würde man *Name* aus *Mahnung* entfernen. Diese Tabelle gibt es sogar schon: die Tabelle *Leser* (▷ Bild 142|1).

Prüfung 3: die dritte Normalform. In einer Tabelle dürfen keine Attribute vorkommen, die von einem anderen Attribut als dem Primärschlüssel abhängen. Auch diese Forderung verhindert Redundanz.
Beispiel: Soll die Tabelle *Mahnung* keinen zusammengesetzten Schlüssel haben, kann man ihr einen künstlichen Schlüssel geben, indem man ein extra Schlüssel-Attribut hinzufügt: *Mahn-Nr*. Wenn die Tabelle dann die Nicht-Schlüssel-Attribute *Leser-ID* und *Name* enthält, ist die dritte Normalform verletzt, weil *Name* von *Leser-ID* abhängt (▷ Bild 142|3).

Die dritte Normalform fordert, dass eine Tabelle kein Attribut hat, das von anderen Attributen als dem Primärschlüssel abhängt.

Implementierung des Entwurfs

Nach der Normalisierung sind die Tabellen fertig, um sie in ein Datenbanksystem zu übertragen. Damit ist der schwierigste Teil der Datenbankentwicklung geschafft. Es folgt die technische Umsetzung des Entwurfs zu einer benutzbaren Anwendung, dies wird **Implementierung** (von engl. to implement = einsetzen, verwirklichen) genannt. Jetzt werden auch Anweisungen für das DBMS entworfen, die ihm sagen, wie es die Daten verwalten, durchsuchen und verändern soll. Wie diese Anweisungen aussehen, hängt von der Wahl des Datenbanksystems ab.

▷ Wie man anhand des fertigen Entwurfs die Büchereiverwaltung in eine *Access-* oder *MySQL-*Datenbank umsetzt, erfährst du unter www **143-1**.
Dort erfährst du auch, wie man Datenbankabfragen macht.

Datenbanksysteme auswählen

Bevor man eine fertig entworfene Datenbank implementieren kann, muss man ein geeignetes Datenbanksystem auswählen. Drei der wichtigsten Datenbanksysteme:

- *Oracle* ist das am weitesten verbreitete kommerzielle Datenbanksystem. Es ist besonders schnell und kann besonders viele Daten verwalten. Außerdem funktioniert es auf verschiedenen Betriebssystemen, z. B. *Windows, Unix, Linux* oder *Mac OS*.
- *MySQL*: *Oracle* ist auch für Anwender, die das System nicht kommerziell nutzen wollen, sehr teuer. *MySQL* dagegen ist für die meisten Anwender frei verfügbar, auch für Schüler und Studenten, die lernen, Datenbanken zu programmieren. Es ist nicht ganz so schnell wie *Oracle* und hat etwas weniger Fähigkeiten, aber es läuft ebenfalls auf vielen Betriebssystemen.
- *Microsoft Access* ist ein Datenbanksystem, das besonders einfach zu bedienen ist, weil man die Datenbanken in einer grafischen Oberfläche mit Mausklicks erstellt. Ein Nachteil von *Access* ist, dass es nur in den teureren *MS-Office-Professional-*Versionen enthalten ist.

Daten anzeigen und verändern mit *SQL*

Wenn man sich gegen das grafische Datenbanksystem *Access* entscheidet, muss man eine Sprache lernen, mit der man dem Datenbankmanagementsystem (DBMS) Anweisungen geben kann, wenn es z. B. Daten suchen oder ausgeben soll. Bei den meisten wichtigen Datenbanksystemen ist das die Sprache *SQL*. Der Name steht für *Structured Query Language* (engl., strukturierte Anfragen-Sprache) und signalisiert, dass man mit dieser Sprache Anfragen an eine Datenbank in einer geordneten Form stellen kann.
Beispiel: Um der Datenbank zu befehlen, alle Datensätze der Tabelle *Bücher* auszugeben, die 2006 erschienen sind, schreibt man in SQL:

```
SELECT * FROM Buecher WHERE Jahr = 2008;
```

Nun sucht das DBMS alle Datensätze aus der Tabelle *Bücher*, bei denen in der Spalte *Jahr* der Wert *2008* steht, und zeigt sie der Reihe nach an.

▷ Eine Einführung in die wichtigsten SQL-Anweisungen findest du unter www **143-2**.

SQL ist eine Sprache, mit der man in Datenbanksystemen Datenbanken anlegen und verändern sowie auf die darin abgelegten Daten zugreifen kann.

Projekt 1   Projekt 2   Projekt 3

Entwirf eine Struktur für eine Datenbank für einen Sportverein. In einem Sportverein fallen eine Menge von Informationen an, die sinnvoll verwaltet werden sollen.

Der *TuS Weitstrich* führt seine gesamte Verwaltung bisher mit Zettelkästen. Es werden Informationen über Mitglieder, über die Sportarten, die der Verein anbietet, und über die Mannschaften des Vereins notiert.

Weil die Verwaltung mit Zettelkästen umständlich ist und in der Vergangenheit immer wieder zu Fehlern geführt hat, soll sie auf ein elektronisches System umgestellt werden.

a) Tabelle oder Datenbanksystem?
– Genügt für diese Aufgabe eine *Excel*-Tabelle oder wäre es sinnvoller, ein Datenbanksystem zu erstellen (▷ „Wann und wozu Datenbanksysteme?", S. 137 f.).
  Begründe deine Antwort und überlege dazu:
– Sollten verschiedene Benutzergruppen mit unterschiedlichen Zugriffsrechten Einsicht in verschiedene Teile des Datenbestandes erhalten?
– Hätte der Sportverein Vorteile, wenn z. B. bestimmte Teile des Datenbestandes über das Internet eingesehen werden können?

b) Objektarten und Beziehungstypen bestimmen
– Welche Objektarten und Beziehungstypen treten auf, wenn man die bisherige Verwaltung des Sportvereins in eine Datenbank übertragen möchte (▷ „Eine Bücherei im Modell", S. 139)? Welche Attribute sollten zu den Objektarten gespeichert werden und welche zu den Beziehungstypen?
– Welche dieser Attribute können als Primärschlüssel dienen (▷ „Schlüsselattribute", S. 140)?

c) ER-Diagramm erstellen
– Stelle die Objektarten und ihre Beziehungstypen als ER-Diagramm dar (▷ „Modelle bildlich darstellen mit ER-Diagrammen", S. 140). Kennzeichne die Schlüssel durch Unterstreichung.
– Trage die Kardinalität der einzelnen Beziehungen ein (▷ „Kardinalität von Beziehungen", S. 141).

d) Tabellen entwerfen
– Leite aus dem ER-Diagramm Tabellen für eine Datenbank ab (▷ „Vom ER-Diagramm zur Datenbanktabelle", S. 141).
– Achte darauf, anhand der Kardinalitäten die Beziehungen zwischen den Objekten richtig in Tabellen umzusetzen (▷ „Beziehungen in Tabellen umsetzen", S. 141).
– Definiere für die Beziehungen geeignete Primärschlüssel.

e) Tabellen normalisieren
– Überprüfe jede Tabelle, ob sie die drei Normalformen erfüllt (▷ „Tabellen normalisieren", S. 142). Wenn dies nicht der Fall ist, passe die jeweilige Tabelle entsprechend an.

Projekt 1 **Projekt 2** Projekt 3

Implementiere die Sportverein-Verwaltung in eine *Access*-Datenbank. Unter www 145-1 findest du Anleitungen, wie du jeden der vier Schritte mit *Microsoft Access* umsetzen kannst.

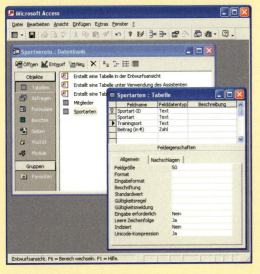

a) Übertrage deinen fertigen Datenbankentwurf in Tabellen einer *Access*-Datenbank.

b) Erstelle für die Verwaltungs-Datenbank eine Eingabemaske, mit der Daten über Sportarten in die Tabelle *Sportart* eingetragen werden können.

c) Erstelle eine Eingabemaske, mit der Daten über Teams in die Tabelle *Teams* eingetragen werden können.
Die Eingabemaske muss so angelegt werden, dass sie die Tabellen *Sportarten* und *Teams* so verknüpft, dass in der Tabelle *Teams* die Sportart registriert wird, ohne dass eine Redundanz entsteht.

d) Erstelle für die Verwaltungs-Datenbank eine Eingabemaske, mit der Daten über Mitglieder in die Tabelle *Mitglied* eingetragen werden können.

Die Eingabemaske sollte so angelegt sein, dass sie auch Einträge in die Tabellen *Mitglied_betreibt_Sportart* und *Mitglied_gehört_zu_Team* vornehmen kann, damit für jedes Mitglied registriert werden kann, welche Sportarten es ausübt und ob es zu einem oder mehreren Teams gehört.

Projekt 1 Projekt 2 **Projekt 3**

Erstelle eine Datenbank für ein Online-Musikgeschäft. Das Geschäft will im Internet Songs zum Download anbieten.

a) Zu jedem angebotenen Song müssen eine Reihe von Informationen gespeichert werden. Der Song muss einem Album zugeordnet werden und dieses wieder einem Künstler. Überlege dir eine Datenbankstruktur, mit der sich alle diese Informationen ohne Redundanzen speichern lassen. Füge weitere Attribute hinzu, die dir wichtig erscheinen.

b) Füge eine Tabelle hinzu, mit der Kundendaten verwaltet werden können. Überlege dir dazu, welche Informationen über den Kunden für den Musikhandel wichtig sein könnten. Es sollte auch möglich sein, zu registrieren, welcher Kunde bereits welches Lied heruntergeladen hat.

c) Implementiere den Entwurf in einer *Access*-Datenbank. Füge zwei Eingabemasken hinzu, mit denen sich Kundendaten und Daten über Musikstücke in die Datenbank eintragen lassen.
Anleitungen findest du unter www 145-1.

Zusammenfassung

Datenbanksysteme werden in vielen Bereichen eingesetzt, weil sie **große Mengen von Informationen aufnehmen** können. Sie können sie immer neu **verknüpfen** und **schnell ausgeben**. So können viele Fragen schnell beantwortet und viele Arbeiten schnell erledigt werden.

Fertige Datenbanksysteme werden über **Eingabe- und Suchmasken** bedient. Mit Masken kann man Daten in Datenbanksysteme **eintragen, bearbeiten, löschen und suchen**. Allerdings sind manche dieser Arbeiten meistens bestimmten Benutzergruppen vorbehalten.

Datenbanksysteme bestehen aus einer **Datenbank** (in der alle Daten gespeichert sind) und einem **Datenbankmanagementsystem (DBMS)**. Das DBMS verwaltet die Daten im Speicher und bearbeitet die Anfragen, die der Nutzer über Masken stellt.

Eine Alternative zu Datenbanksystemen ist die Informationsverwaltung mit Tabellenkalkulationsprogrammen. Gegenüber solchen Tabellen haben Datenbanksysteme drei Vorzüge:
- Man kann darin die Daten von Anwendungsprogrammen trennen.
- Man kann verschiedenen Benutzergruppen unterschiedliche Zugriffsrechte geben.
- Man kann Redundanzen und Inkonsistenzen vermeiden.

Außerdem sind Datenbanksysteme weniger fehleranfällig, wenn der Datenbestand oft verändert wird.

Darum entscheidet man sich immer dann für Datenbanksysteme, wenn man Datenbestände verwalten muss, die sich oft verändern, die immer wieder neu verknüpft werden müssen und auf die verschiedene Benutzergruppen zugreifen sollen, die nicht alle den Datenbestand verändern dürfen.

Dann erstellt man zunächst ein **ER-Diagramm** als Modell des Prozesses, der verwaltet werden soll. Es macht den gesamten Prozess mit einem Blick erfassbar. Außerdem kann man daraus ableiten, mit welchen Tabellen der Prozess in der Datenbank abgebildet werden kann.

Die Tabellen müssen **normalisiert** werden, um Redundanzen und Inkonsistenzen zu vermeiden. Dazu gibt es die Normalformen.

Das fertige System wird in einem Datenbanksystem umgesetzt. Drei wichtige Datenbanksysteme sind *Oracle*, *MySQL* und *Microsoft Access*.

Verwendete Begriffe

Objekt: ein ganz konkretes Ding, das sich eindeutig identifizieren lässt.
Beispiel aus dem Text: ein ganz bestimmtes Buch, das in der Bücherei die Signatur ABC-123 hat.

Objektart: gleichartige Objekte werden in einer *Objektart* zusammengefasst.
Beispiele: die Objektarten *Buch*, *Leser*.

Beziehung: eine ganz bestimmte Beziehung zwischen zwei konkreten Objekten.
Beispiel: Karlchen Müller aus Wuppertal leiht sich am 13.08.2007 das Buch mit der Signatur ABC-123.

Beziehungstyp: gleichartige Beziehungen zwischen mehreren konkreten Objekten zweier Objektarten.
Beispiel: Die *Ausleihe* ist ein generalisierter Beziehungstyp.

Attribut: Eigenschaft eines Objekts, einer Objektart, einer Beziehung oder eines Beziehungstyps.
Beispiel: *Vorname* ist ein Attribut der Objektart *Leser*.

Attributwert: Bei konkreten Objekten und Beziehungen werden die Attribute mit einem Wert belegt, der in je ein Datenfeld geschrieben wird.
Beispiel: Das Attribut *Vorname* im Objekt *Karlchen Müller* hat den Attributwert *Karlchen*.

Modellieren und Objektorientierte Modellierung

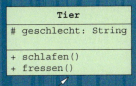

Echte Pferde auf der Weide und Pferde im UML-Modell:

Bevor Informatiker beginnen, ein Programm zu schreiben, erstellen sie ein Modell, das zeigt, wie das Programm bestimmte Tätigkeiten ausführen soll. In dem Modell sind alle Personen, Lebewesen, Gegenstände und Sachverhalte abgebildet, die bei der Tätigkeit berücksichtigt werden müssen, und es wird gezeigt, wie sie während der Tätigkeit handeln oder durch sie beeinflusst werden.

Solche Modelle sind ein vereinfachtes Abbild der Wirklichkeit, das viele Details außer Acht lässt.

In diesem Kapitel
- lernst du, die Realität mit den Augen des Programmierers zu betrachten,
- analysierst du Tätigkeiten des wirklichen Lebens so, dass man sie mit einem Computerprogramm nachahmen kann und
- stellst sie so übersichtliich dar, dass man sie implementieren kann.

Diese Arbeit heißt Modellierung.

Modellierung

Begriffliches

Ein **Modell** ist eine auf wenige wichtige Eigenschaften reduzierte Abbildung eines realen Systems. In der Informatik ist ein Modell eine formelhafte Darstellung einer Aufgabe und der Art, wie sie zu bearbeiten ist. Es dient als Entwurf, anhand dessen ein Programm geschrieben wird.

Computer können viele Aufgaben erfüllen, z. B. Berechnungen machen oder Produktionsabläufe kontrollieren. Dazu brauchen sie detaillierte Arbeitsanweisungen von Programmen, denn sie sind vollkommen unselbstständig. Menschen können aus einfachen Anweisungen komplexe Handlungen ableiten. Sagt man: „Ruf Melanie an!", weiß ein Mensch, dass er zum Telefon gehen soll, den Hörer abnehmen, Melanies Nummer wählen und warten, bis sie sich meldet. Doch damit ein Computer den Vorgang „Telefonieren" ausführen kann, braucht er einen **Ablaufplan**, in dem jeder Schritt bis ins kleinste Detail beschrieben ist. So einen Ablaufplan zu entwerfen, ist Ziel der Modellierung. Dazu untersucht der Informatiker, wie der Vorgang in der Wirklichkeit abläuft. Er ermittelt, aus welchen Einzelschritten er besteht und welche Personen, Gegenstände und Sachverhalte dabei handeln oder beeinflusst werden.

Beispiel

Eine Informatikerin soll für einen Computerspielhersteller ein Programm schreiben, das die Steuerung von Fahrzeugen simuliert.
Soll man in dem Computerspiel die Autos so sehen, als würde man einem Autorennen zusehen, braucht sie den Innenraum der Autos nicht zu berücksichtigen:

Einen Vorgang abgrenzen und vereinfachen. Je mehr Schritte ein Vorgang umfasst, desto größer wird ein Programm, das ihn ausführen soll. Damit ein Programm überschaubar bleibt, muss der Informatiker den Vorgang zwar so detailliert wie nötig, aber so einfach wie möglich abbilden. Dazu wählt er seine wichtigsten Eigenschaften aus. Welche Eigenschaften eines Vorgangs für das Modell wichtig sind, hängt vom **Zweck des Programms** ab (▷ Beispiel in der Randspalte).

Abgrenzen nach außen. Fahrzeuge sind in der Wirklichkeit durch viele Beziehungen mit einer komplexen Umwelt verflochten. Sie haben z. B. einen Besitzer und sind der Witterung ausgesetzt. Die Informatikerin, die eine Autosteuerung modelliert (▷ Randspalte) kann aber die Umwelt, die Autos in der Realität umgibt, ausblenden und das Auto als Ausschnitt der Wirklichkeit betrachten, als **abgeschlossenes System**.

148|1 *Autorennen: Sicht von außen*

Soll man aber im Spiel das Gefühl haben, im Cockpit zu sitzen, muss z. B. auch das Armaturenbrett dargestellt – und beim Modellieren berücksichtigt – werden:

Vereinfachen im Inneren. Selbst, wenn es von seiner Umwelt losgelöst ist, ist ein Auto noch ein sehr detailreiches Gebilde. Darum werden im zweiten Schritt nur diejenigen seiner Bestandteile ausgewählt, die für das Programm benötigt werden. Alle anderen werden weggelassen. Für das Computerspiel werden z. B. die Farbe und die Höchstgeschwindigkeit ausgewählt. Die Beschaffenheit der Sitzfelle ist dagegen zwar auch eine Auto-Eigenschaft, für das Spiel kann sie aber weggelassen werden.

Um ein System zu modellieren, wird es aus seiner Umwelt herausgelöst und vereinfacht, indem seine für einen bestimmten Zweck wichtigen Merkmale betrachtet und alle anderen ignoriert werden.

148|2 *Autorennen: Sicht aus dem Cockpit*

Datenstrukturen. Wenn die für das Programm wichtigen Teile eines Vorgangs identifiziert sind, müssen sie für den Computer verständlich beschrieben werden. Computern kann man weder Dinge zeigen noch Tätigkeiten vormachen, auch Beschreibungen in natürlicher Sprache verstehen sie nicht. Sie können nur Daten verarbeiten.
Deswegen werden alle Teile des Vorgangs als Listen von Informationen dargestellt. Das nennt man **Formalisierung**. Da dabei alle Daten (Informationen) über einen Vorgang geordnet (strukturiert) werden, ist das Ergebnis der Formalisierung eine **Datenstruktur**.

Objektorientierung

Klassen und Objekte. Eine Art, Vorgänge zu formalisieren, ist die Objektorientierung. Bei der Objektorientierten Modellierung werden alle Personen, Lebewesen, Gegenstände und Sachverhalte eines Vorgangs als Klassen und Objekte dargestellt, die miteinander in Beziehung stehen.
– Ein **Objekt** ist ein konkretes, eindeutig identifizierbares Ding.
 Beispiel: *Petras blauer Audi A8* mit dem Nummernschild B-XY-123 ist ein konkretes Objekt, das man eindeutig identifizieren kann.
– Ähnliche Objekte kann man zu einer **Klasse** zusammenfassen. Umgekehrt sind Klassen Baupläne für Objekte, sie definieren ihre allgemeine Struktur und ihr Verhalten.
 Beispiel: *Petras Audi A8* ist ein Objekt der Klasse *Auto*.

1. *Erstelle objektorientierte Klassen* Tier *und* Mensch. *Vergiss nicht, Attribute und Methoden hinzuzufügen. Notiere deine Klassen so, wie du es in der linken Tabelle der Grafik 149|1 siehst.*

2. *Erstelle von beiden Klassen mehrere Objekte, die die Attribute mit verschiedenen Attributwerten belegen. Notiere deine Objekte so wie in der rechten Tabelle der Grafik 149|1.*

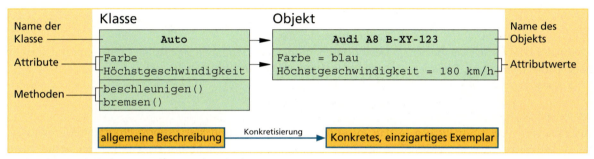

149|1 Klasse und Objekt mit Attributen und Methoden

Wenn man später anhand des fertigen objektorientierten Modells das objektorientierte Programm schreibt, muss man zuerst eine allgemeine Beschreibung von Dingen (eine Klasse) implementieren, bevor die konkreten **Exemplare** (Objekte) der Klasse erzeugt werden können.

Attribute und Attributwerte. Klassen und Objekte sind gekennzeichnet durch eine Reihe von Eigenschaften.
– In Klassen heißen Eigenschaften **Attribute**.
 Beispiel: Bei der Klasse *Auto* ist z. B. *Farbe* ein Attribut.
– In einem konkreten Objekt nehmen Attribute einen **Attributwert** an.
 Beispiel: Im Objekt *Petras Audi A8* nimmt das Attribut *Farbe* den Attributwert *blau* an.

Methoden und Zustände. Klassen und Objekte haben ein bestimmtes Repertoire an Verhaltensweisen. Die Tätigkeiten, die sie ausführen können, werden **Methoden** genannt. In Klassen wird definiert, welche Methoden den Objekten der Klasse „mitgegeben" werden. Wirklich ausführen kann man die Methoden aber erst mit konkreten Objekten. Manche Methoden verändern das Objekt, man sagt, es wird in einen anderen **Zustand** überführt. Wenn ein Auto gewaschen wird, wird es vom Zustand *schmutzig* in den Zustand *sauber* überführt.

In der Objektorientierung versteht man Personen, Gegenstände und Sachverhalte als Objekte, die Klassen angehören.
Klassen besitzen Attribute, die in Objekten Attributwerte annehmen.
Außerdem ist eine Reihe von Methoden mit ihnen verbunden.

Begriffliches

Vorsicht Fehlerquelle: Im Deutschen wird das Wort „Eigenschaften" sowohl für **Attribute** als auch für **Attributwerte** verwendet.
Weitere Begrifflichkeiten:
– **Objekte** werden in Fachbüchern auch als **Instanzen** bezeichnet.
– **Methoden** werden auch **Funktionen** oder **Operationen** genannt.

Beispiel

Für das Computerspiel wichtige Auto-Methoden sind *beschleunigen* und *bremsen*. Die Ausführung einer Methode kann mit bestimmten Werten beeinflusst werden, die in Klammern hinter die Methode gesetzt werden. Beispiel: *beschleunigen(150)* besagt, dass das Auto auf 150 km/h beschleunigt werden soll.

Datentyp	Beispielwert
Text	„Benzin"
Zahl	5
Datum	18.09.2007
Wahrheitswert	Wahr/Falsch

150|1 Datentypen

1. *Welche Datentypen haben die Attribute deiner Klassen* Mensch *und* Tier*? Wenn bisher noch nicht alle vier Datentypen vertreten sind, überlege dir zusätzliche Attribute.*

2. *Erstelle Unterklassen, die von den Oberklassen* Mensch *bzw.* Tier *erben (z. B. Hund, Vogel, Lehrer).*

3. *In welchen Programmen könnte die Simulation einer Autosteuerung (▷ S. 148) wiederverwendet werden?*

Datentypen. Die zu speichernden Attributwerte sind für den Computer einfach nur Zeichenfolgen, die er nicht versteht. Deshalb muss man ihm sagen, welche Art von Wert – welchen **Datentyp** – ein Attribut enthält, ob einen Text, eine Zahl, ein Datum oder einen Wahrheitswert. Ohne diese Information würde er z. B. erlauben, dass in einem Zahl-Attribut ein Text gespeichert wird. Das kann zu Programmfehlern führen.
Beispiel: Das Attribut *Farbe* im Autobeispiel nimmt einen Text auf, das Attribut *Höchstgeschwindigkeit* eine Zahl.

Objekte erzeugen und verwerfen: Verwaltungsmethoden. Die meisten Methoden einer Klasse werden von den Objekten der Klasse ausgeführt. Zusätzlich braucht man Methoden, um Objekte entstehen und verschwinden zu lassen. Das sind die **Konstruktoren** und die **Destruktoren**. **Konstruktoren** erzeugen neue Objekte einer Klasse. Dazu führen sie eine Reihe von Systemfunktionen aus. Sie reservieren z. B. im Computer Speicherplatz für das Objekt.
Destruktoren machen das Gegenteil: Sie löschen Objekte, die nicht mehr benötigt werden, und geben ihren Speicherplatz frei.

Wiederverwendbarkeit

Für Informatiker, die große und komplizierte Programme entwickeln müssen, ist die Objektorientierung besonders praktisch. Sie besitzt nämlich Verfahren, durch die man einmal programmierte Klassen einfach in vielen Programmen einsetzen und jedes Mal beliebig erweitern kann.

Schnittstellen. Wenn ein Programmierer Arbeit sparen möchte, schaut er, ob es bereits Programme gibt, die einen Teil der Tätigkeiten ausführen, die sein Programm tun soll, und übernimmt sie. Früher musste er dazu den ganzen Programmtext lesen. Objektorientierte Klassen kann man dagegen verwenden, ohne zu wissen, wie sie programmiert sind. Sie besitzen eine **Schnittstelle**, an der sie zeigen, welche Attribute sie haben, welche Methoden sie bieten und wie man sie benutzen kann.
Beispiel: Eine fremde Klasse zu verwenden ist, als würde man mit einem MP3-Player Musik abspielen. Dazu muss man nur wissen, wie man einen Song auswählt und welcher Knopf das Abspielen startet. Was der Player dann macht, damit die Musik erklingt, braucht man nicht zu wissen.

Vererbung. Klassen können nicht nur in neue Programme übernommen werden. Man kann sie dort auch erweitern, ohne dass man sie umprogrammieren muss. Dazu gibt es die Vererbung: Es wird eine neue **Unterklasse** angelegt, die alle Fähigkeiten einer bestehenden Klasse übernimmt. Man sagt, die Unterklasse **erbt** von der **Oberklasse**. Zugleich definiert sie eigene Fähigkeiten, die die Oberklasse nicht besitzt.
Beispiel: Im Computerspiel sollen nicht nur Autos auftreten, sondern auch LKWs. Autos und LKWs haben viele Eigenschaften gemein, z. B. die Farbe und die Höchstgeschwindigkeit. Also definiert der Informatiker eine Oberklasse *Fahrzeug*, die alle gemeinsamen Merkmale von LKWs und PKWs enthält, und lässt zwei Unterklassen *LKW* und *PKW* diese Eigenschaften erben. Zusätzlich besitzen die Klassen *PKW* und *LKW* neue Attribute, die z. B. aufnehmen, wie groß die Ladefläche des LKW ist.

Beispiel

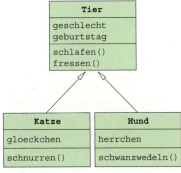

150|2 Die Unterklassen Katze *und* Hund *erben von der Basisklasse* Tier

Geheimnisprinzip und Kapselung

In der Schnittstelle tauchen nicht alle Attribute und Methoden einer Klasse auf. Bei vielen Attributen und Methoden besteht die Gefahr, dass das Programm abstürzt, wenn sie falsch verwendet werden. Deshalb werden sie in der Klasse versteckt, sodass man nur mit Methoden der Klasse selbst darauf zugreifen kann.

Der Attributwert, den ein Attribut im Objekt annimmt, gibt Auskunft über den **Zustand** des Objekts. Beispiel: Beim PKW könnte ein Attribut *Reinigungszustand* den Wert *schmutzig* annehmen. Damit ist der PKW **im Zustand** *schmutzig*.

Methoden können Objekte in andere Zustände versetzen. Grundsätzlich gilt das für Methoden, die zur Klasse gehören, ebenso wie für Methoden anderer Klassen. Beispiel: Eine Methode *waschen* bewirkt, dass der PKW vom Zustand *schmutzig* in den Zustand *sauber* versetzt wird.

Nimmt ein Attribut einen ungültigen Zustand an, kann das Programm abstürzen. Beispiel: Das Attribut *Reinigungszustand* darf keinesfalls auf einen sinnlosen Wert wie *sonnig* gesetzt werden.

Stellt man beim Programmieren einer Klasse sicher, dass nur Methoden innerhalb der Klasse die Attribute der Klasse verändern dürfen, kann man solche Fehler verhindern. Denn man kann dann die Methoden so programmieren, dass sie die Attribute nur in ganz bestimmte – gültige – Zustände versetzen. Legt man Attribute aber so an, dass sie auch von Methoden verändert werden können, die nicht zur Klasse gehören, hat man keine Kontrolle, in welchen Zustand sie die Attribute versetzen.

Deshalb gibt es in der Objektorientierung die **Kapselung**: Attribute und Methoden werden so definiert, dass nur Methoden der Klasse selbst oder von Unterklassen sie benutzen und verändern können. Gekapselte Attribute und Methoden tauchen in der Schnittstelle nicht auf.

Beispiel: Damit ein Auto schneller wird, muss sich u. a. der Vergaser öffnen und Luft in die Verbrennungsanlage lassen. Also braucht die Methode *beschleunigen* eine Methode *Vergaser öffnen*. Letztere kann man kapseln, weil sie außerhalb der Klasse nicht gebraucht wird.

Sichtbarkeiten. Um festzulegen, von wo aus ein Attribut oder eine Methode verändert werden darf, wird für sie jeweils eine **Sichtbarkeit** festgelegt. Attribute und Methoden können nur von da aus verändert werden, wo sie sichtbar sind. Es gibt drei verschiedene Sichtbarkeiten:
- **private** (engl., privat): ist nur in der Klasse selbst sichtbar, kann also nur in der Klasse selbst verändert werden.
- **protected** (engl., geschützt): kann an Unterklassen vererbt werden und ist auch dort sichtbar, kann also von der Klasse und von Unterklassen aus verändert werden.
- **public** (engl., öffentlich): ist überall sichtbar, kann also von jeder Klasse aus verändert werden.

Die Methoden *Get* und *Set*. Um den Wert eines Attributs gezielt abzufragen und zu verändern, definiert man **Zugriffsmethoden**. Eine Get-Methode (engl., holen) erfragt den aktuellen Wert des Attributs. Eine Set-Methode (engl., setzen) setzt das Attribut auf einen neuen Wert.

1. *Überlege, welche Attribute deiner Klassen* Mensch *und* Tier *verschiedene Zustände annehmen können. Ein Attribut* Geschlecht *sollte seinen Zustand nicht verändern. Ein Attribut* Haarfarbe *kann sich dagegen ändern (wenn man die Haare färbt).*

2. *Ergänze deine Klassen* Mensch *und* Tier *mit Methoden, die nur innerhalb der Klasse gebraucht werden und gekapselt werden können.*

Attribute sollte man immer kapseln, damit sie nicht unerwartet verändert werden (vgl. das Reinigungszustand-Beispiel). Methoden kapselt man, wenn sie nur zum Gebrauch durch andere Methoden der eigenen Klasse geschaffen wurden.

Dass ein Attribut oder eine Methode außerhalb der Klasse nicht „sichtbar" ist, heißt nur, dass es in der Schnittstelle der Klasse nicht auftaucht und man deshalb über die Schnittstelle nicht darauf zugreifen kann. Würde man in den Programmtext schauen, würde man es schon sehen und könnte es gezielt verändern. Das wäre aber keine sinnvolle Art, objektorientierte Klassen zu benutzen.

Jetzt wird es praktisch: UML

1. *Stelle deine Klassen* Mensch *und* Tier *als Klassendiagramme in UML dar.*

2. *Stelle deine* Mensch- *und* Tier-*Objekte als Objektdiagramme in UML dar.*

3. *Stelle deine Unterklassen von* Mensch *und* Tier *in UML dar und zeige, dass sie von* Mensch *bzw.* Tier *erben.*

Bis hierhin war die Modellierung ein reiner Denkprozess, der letzte Schritt ist praktische Arbeit. Die Erkenntnisse, die man bei der Analyse eines Systems gewonnen hat, müssen zuletzt notiert werden, damit Programmierer sie in Programmen implementieren können.

Dazu gibt es verschiedene Arten von Notationen. Eine weit verbreitete ist UML (Abk. für engl. Unified Modeling Language = Vereinheitlichte Modellierungssprache). UML ist eine Sammlung von Symbolen, mit denen man Systeme grafisch darstellen kann. Die meisten Modellierer nutzen UML nicht nur, um am Ende des Analyseprozesses ein fertiges Beziehungssystem zu notieren, sondern bereits, um während der Analyse Teilergebnisse aufzuschreiben. So wächst das Modell bereits bei der Analyse.

Die wichtigsten Symbole

UML ist sehr umfangreich. Um objektorientierte Strukturen mit UML darstellen zu können, braucht man aber nur einige wenige Symbole.

152|1 Klassendiagramm in UML (links) und Objektdiagramm in UML (rechts)

▷ Um UML-Grafiken zu erstellen, reichen Stift und Papier. Es gibt auch Editor-Programme, mit denen man UML-Grafiken am Computer erstellen kann. Viele können aus den Diagrammen automatisch Programmcode ableiten, der die Struktur des Diagramms wiedergibt. www **152-1**

Und hier findest du Erläuterungen zu zahlreichen weiteren UML-Symbolen. www **152-2**

So werden in UML Klassen und Objekte dargestellt (▷ Bild 152|1):
- Klassennamen beginnen mit einem Großbuchstaben, Objekt-, Attribut- und Methodennamen mit einem Kleinbuchstaben.
- In dem Klassendiagramm 152|1 steht hinter jedem Attribut ein Doppelpunkt und dann eine Abkürzung. Sie zeigt den **Datentyp** an (▷ S. 150 und ▷ Bild 152|2).
- Die **Sichtbarkeit** von Attributen und Methoden (▷ S. 151) wird im Klassendiagramm durch ein Zeichen vor dem Attribut- und dem Methodennamen angegeben (▷ Bild 152|2).
- Die **Vererbung** (▷ S. 150) wird in UML mit einem Pfeil mit geschlossener, nicht ausgemalter Spitze dargestellt. Die **Pfeilspitze** zeigt auf die Oberklasse, von der geerbt wird, das **Pfeilende** auf die Unterklasse, die erbt (▷ Bild 152|2). Das Klassendiagramm erbender Klassen enthält nur die Attribute und Methoden der eigenen Klasse, geerbte Attribute und Methoden werden nicht gezeigt (▷ Bild 153|1).

Datentyp	in UML
Text	String
Ganze Zahl	Int
Kommazahl	Float
Datum	Date
Wahrheitswert	Bool

Sichtbarkeit	in UML
public	+
protected	#
private	-

Vererbung

Beziehung	Symbol in UML
Assoziation	⟶
Aggregation	⟶◇

152|2 Darstellung in UML: Datentyp, Sichtbarkeit, Vererbung und Beziehungen

Beziehungen in UML

Neben der Vererbung gibt es weitere Beziehungstypen (▷ Bild 152|2):
– **Assoziationen** zeigen generell, dass zwischen zwei Objekten eine Beziehung besteht. Ein Pfeil zeigt, in welcher Richtung die Beziehung wirkt. An den Pfeil wird der Name der Beziehung geschrieben.
Beispiel: Im Klassendiagramm 153|1 gibt es eine Assoziation *Straßenfahrzeug – fährt auf – Straße*. Die Richtung des Pfeils zeigt, dass Autos auf Straßen fahren und nicht umgekehrt.
– **Aggregationen** sind Beziehungen zwischen einem Ganzen und seinen Teilen. Ein Teil darf mehreren Ganzen angehören.
Beispiel: Im Diagramm 153|1 besteht eine Aggregation zwischen *Straßenfahrzeug* und *Fuhrpark*: Jedes Fahrzeug kann einem Fuhrpark angehören.

Beziehungen werden in UML nur zwischen Klassen, *nie* zwischen Objekten gesetzt. So zeigt man: Jedes Objekt der Klasse *x* steht in den angegebenen Beziehungen zu Objekten der Klasse *y*.
Objektdiagramme gibt es nur, um zu zeigen, welche Attributwerte ein bestimmtes Objekt angenommen hat.

Ein komplexes UML-Modell: Fahrzeuge

Das Fahrzeugbeispiel, das das gesamte Kapitel begleitet hat, wird nun als UML-Modell dargestellt. Viele der abgebildeten Attribute und Methoden wurden im Verlaufe des Kapitels eingeführt. Jetzt wurden sie noch einmal verändert, um möglichst viele UML-Symbole zu zeigen:
Im Modell (▷ Bild 153|1) gibt es eine Basisklasse *Fahrzeug*, die ihre Eigenschaften an die Unterklassen *Straßenfahrzeug* und *Wasserfahrzeug* vererbt. *Straßenfahrzeug* vererbt seine Eigenschaften weiter an *PKW* und *LKW*. Ein Objekt der Klasse *PKW* verfügt also über alle Attribute und Methoden der Oberklassen und füllt sie mit konkreten Werten, sofern sie in der Oberklasse als „public" oder „protected" definiert sind.
Rechts (▷ Bild 153|2) steht ein Diagramm für ein Objekt vom Typ *PKW* mit dem Namen *nadines-gelaendewagen*, das genau dies tut.
Außerdem steht *Straßenfahrzeug* in Beziehung zu den Klassen *Fuhrpark* und *Straße*. Die Beziehung zur Straße ist eine Assoziation, die zeigt, dass Fahrzeuge auf Straßen fahren. Konkreter ist die Beziehung zur Klasse *Fuhrpark*: Die Aggregation zeigt an, dass ein Objekt der Klasse *Straßenfahrzeug* Teil eines Fuhrparks sein kann.

1. *Schreibe für jede Klasse des Diagramms 153|1 auf, welche Datentypen die Attribute haben und welche Sichtbarkeit die Attribute und Methoden haben.*
Von wo aus kann man diese Attribute verändern: nur von innerhalb der Klasse, auch von geerbten Klassen aus oder sogar von überall her?

153|2 Objektdiagramm eines PKWs

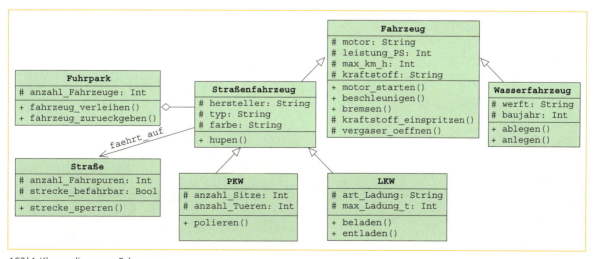

153|1 Klassendiagramm Fahrzeuge

Projekt 1 Projekt 2

Modelliere Gebäude für ein Computerspiel. In dem Computerspiel soll der Spieler eine Straße entlanglaufen und dabei Gebäude passieren – das bedeutet, er soll nicht hineingehen. Wähle die Gebäude-Eigenschaften aus, die dazu abgebildet werden müssen, und modelliere, wie Gebäude im Spiel dargestellt werden können. Gebäude gibt es in den verschiedensten Formen und Größen. Sie erfüllen die unterschiedlichsten Funktionen. Sie sind einge-bunden in eine sehr komplexe Umwelt, die z.B. Gärten und Straßen, aber auch viele andere Elemente mehr beinhaltet.

Gebrauche beim Modellieren die UML-Notation (▷ „Jetzt wird es praktisch: UML", S. 152 f.), um während des Analyseprozesses Zwischenergebnisse aufzuschreiben.

a) Grenze das System *Gebäude* zunächst von seiner Umwelt ab (▷ „Abgrenzen nach außen", S. 148) und vereinfache es (▷ „Vereinfachen im Inneren", S. 148). Überlege, welche Eigenschaften eines Gebäudes für das Computerspiel am wichtigsten sind.

b) Ordne deine Überlegungen und gib ihnen eine objektorientierte Struktur (▷ „Objektorientierung", S. 149). Definiere dazu eine Basisklasse, die Attribute und Methoden enthält, die allen verschiedenen Arten von Gebäuden gemein sind, egal, welchen Zweck sie erfüllen.

c) Erweitere dein objektorientiertes Modell um Unterklassen, die Gebäude für verschiedene Zwecke abbilden (▷ „Vererbung", S. 150). Sie könnten Wohnhäuser, Schulgebäude, Bürogebäude oder Abstellschuppen abbilden. Überlege dir weitere Gebäudetypen und füge sie dem Modell hinzu. Versuche außerdem, die genannten und auch deine selbst erdachten Gebäudetypen noch weiter zu unterteilen, und bilde diese Unterteilung als „Unterklassen der Unterklassen" ab.

d) Überlege, welche der Attribute und Methoden, die du identifiziert hast, für die Umwelt zur Verfügung stehen sollten und welche nur innerhalb der Klasse *Gebäude* gebraucht werden und daher gekapselt werden sollten (▷ „Geheimnisprinzip und Kapselung", S. 151). Gib allen Attributen und Methoden Sichtbarkeiten (▷ „Sichtbarkeiten", S. 151).

e) Sofern es nicht bereits während des Analyseprozesses geschehen ist, stelle dein Modell als UML-Grafik dar (▷ „Jetzt wird es praktisch: UML", S. 152 f.).

f) Nutze das UML-Modell, um zu veranschaulichen, dass Gebäude in eine komplexe Umwelt eingebunden sind. Gebrauche die Beziehungstypen Assoziation und Aggregation (▷ „Beziehungen in UML", S. 153), um die Wechselwirkungen zwischen Gebäuden und ihrer Umwelt darzustellen. Stelle dazu die Objekte der Umwelt – z.B. Gärten und Straßen oder auch die Menschen, die ein Gebäude nutzen – als einfache Klassen dar. Denk dabei daran, dass manche dieser Umgebungselemente nur mit Unterklassen der Klasse *Gebäude* in Beziehung stehen (die meisten Bürogebäude haben keinen Garten).

Projekt 1   **Projekt 2**

Schreibe einen Ablaufplan für eine Ampelschaltung. Wie können Ampelschaltungen so modelliert werden, dass man sie programmieren kann? Es soll simuliert werden, wie die Ampeln an einer Kreuzung geschaltet werden müssen, damit der Verkehr geregelt fließen kann und keine Unfälle passieren.

Das Verhalten von Ampeln ist einfach: Sie befinden sich immer in einem bestimmten **Zustand** – einer bestimmten Ampelphase – und können diesen Zustand wechseln (▷ Tabelle rechts oben).

Die Klasse *Ampel* braucht also nur ein Attribut. Außerdem wird eine Methode gebraucht, um den aktuellen Zustand zu erfragen, und eine, um ihn zu verändern: Dazu eignen sich *Get-* und *Set-*Methoden (▷ Klassendiagramm rechts oben).

Wie sind die Ampeln eines einfachen Fußgängerüberwegs geschaltet?

Es gibt eine Ampel für Fußgänger (Ampel A) und auf jeder Seite eine für Fahrzeuge (Ampeln 1 und 2).

Ampelphasen Fahrzeugampel	Ampelphasen Fußgängerampel
Rot	Rot
Rot-Gelb	Grün
Gelb	Aus
Grün	
Aus	

Ampel
zustand: String
+ get_Zustand()   + set_Zustand()

Die Schaltung beginnt damit, dass Autos Rot haben und Fußgänger Grün kriegen. Also muss erst überprüft werden, ob die Fahrzeugampeln auf Rot stehen. Dann kann die Fußgängerampel auf Grün und nach einer Weile wieder auf Rot schalten usw. Eine komplette Schaltung kann man so notieren:

▷ wenn get_Zustand(Ampel1,Ampel2=Rot)
▷ set_Zustand(AmpelA=Grün)
▷ set_Zustand(AmpelA=Rot)
▷ wenn get_Zustand(AmpelA=Rot)
▷ set_Zustand(Ampel1,Ampel2=Rot-Gelb)
▷ set_Zustand(Ampel1,Ampel2=Grün)
▷ set_Zustand(Ampel1,Ampel2=Gelb)
▷ set_Zustand(Ampel1, Ampel2=Rot)

Ist die Schaltung durchgelaufen, beginnt sie wieder von vorn.

Schreibe ein ähnliches Schema für die folgende Kreuzung mit vier Fußgängerampeln und acht Fahrzeugampeln. Vier der Fahrzeugampeln regeln den Linksabbiegerverkehr. Achte darauf, dass kein Linksabbieger einen Fußgänger überfahren kann!

Ausblick

Im folgenden Kapitel (▷ S. 185 ff.) kannst du eine voll funktionsfähige Klasse *Ampel* programmieren und in verschiedene Programme integrieren, die Ampelschaltungen grafisch simulieren. Dabei erfährst du einen großen Vorteil der Objektorientierung: Fertige Klassen können mit sehr wenig Aufwand in verschiedene Programme integriert werden.

1. Öffne in verschiedenen Windows-Programmen über den Menüpunkt DATEI *verschiedene Dialogfenster. Welche sind in verschiedenen Programmen identisch?*

2. In Word *ist* Zeichen *eine Klasse. Stelle die Klasse als UML-Diagramm dar. (Sichtbarkeiten und Methoden kannst du nicht berücksichtigen.)*

Exkurs: Objektorientierung bei Standardprogrammen

Auch die bekannten Anwenderprogramme verwenden die Objektorientierung. Einige Beispiele:
Bestimmte Basisfunktionen braucht jedes Programm, sie werden daher an alle Programme vererbt. So haben alle Anwenderprogramme Funktionen, um Dokumente zu öffnen, zu speichern und zu schließen. Klickt man z. B. in einem beliebigen *Windows*-Programm auf DATEI ▶ SPEICHERN UNTER, öffnet sich immer das gleiche Dialogfenster (▷ Bild 156|1).

156|1 *Dialogfenster* Speichern unter *in* Adobe Acrobat *und* Symbolleiste Standard *in* MS Office-*Programmen*

In *MS Office*-Programmen stehen einige Symbolleisten immer zur Verfügung, z. B. die Symbolleiste *Standard*, die bei *Word*, *Excel* und *Power-Point* Funktionen zum Drucken, Speichern usw. enthält (▷ Bild 156|1).
In Dialogfenstern kann man die Attribute verschiedener Klassen erkennen. Wenn man ein entsprechendes Objekt markiert hat, kann man ihm entsprechende Attributwerte zuweisen. So zeigt *Word* über das Menü FORMAT ▶ ZEICHEN die Attribute der Klasse *Zeichen* (▷ Bild 156|2).

156|2 *Dialogfenster* Zeichen

Zusammenfassung

Vor der Programmierung kommt die **Modellierung**. Sie dient dazu, alle Dinge, Personen oder Sachverhalte zu erkennen, die ein bestimmtes Programm berücksichtigen muss, und die Beziehungen zwischen ihnen nachzuvollziehen.
Um einen **Ausschnitt der Realität** zu modellieren, wird er zunächst **von seiner Umwelt losgelöst** und **vereinfacht**, indem all seine für das Programm wesentlichen Bestandteile hervorgehoben werden und der Rest ausgeblendet wird.
Dann wird das System **formalisiert**, das heißt, als **Datenstruktur** dargestellt. Dabei werden alle Teile des Systems dargestellt als Gebilde, die sich aus einer Reihe von geordneten (strukturierten) Informationen (Daten) zusammensetzen.

Eine wichtige Methode, Systeme zu formalisieren, ist die **Objektorientierung**. Sie unterteilt ein System in **Objekte**, die **Klassen** angehören. Klassen besitzen **Attribute** und **Methoden**. In Objekten sind die Attribute mit individuellen **Attributwerten** belegt. Objekte nutzen die Methoden ihrer Klasse.
Wesentliche Merkmale der Objektorientierung sind **Schnittstellen**, **Vererbung** und **Kapselung**. Ob ein Attribut oder eine Methode gekapselt ist oder nicht, ist durch ihre **Sichtbarkeit** festgelegt.

Die identifizierten Bestandteile und Beziehungen eines Systems werden mit **UML** grafisch dargestellt. So entsteht ein anschauliches Modell, das ein Programmierer in Programmtext umsetzen kann.

Programmieren mit *Delphi*

Früher pilgerten die Menschen zu den Tempeln nach Delphi, um vom berühmten Orakel von Delphi Weissagungen über ihr weiteres Leben zu erhalten. In diesem Kapitel erfährst du, dass das moderne Programmieren nichts mehr mit Orakeln zu tun hat und wie die Programmiersprache *Delphi* zu ihrem Namen kam.

Außerdem erlernst du das Programmieren und programmierst:
– einen einfachen Taschenrechner,
– Programme zum Verschlüsseln und Entschlüsseln von Geheimtexten,
– Anwendungsprogramme aus Mathematik und Physik und
– die Simulation einer Ampel.

Grundlagen

Maschinensprache, Hochsprache, Compiler

Ein **Bit** ist die kleinste Einheit der Datenspeicherung. Eine Information kann entweder in dem Zustand „0" oder „1" gespeichert werden.
Für kompliziertere Informationen, wie zum Beispiel für die Speicherung von Zahlen, ist ein Bit nicht geeignet. Man fasst deshalb immer 8 Bit zusammen und sagt dafür ein **Byte**.

In einem Byte lassen sich 256 verschiedene Informationen speichern ($2^8 = 256$).

1. Schreibe alle Kombinationen von Nullen und Einsen auf, die sich in 4 Bit speichern lassen.

2. Wie viele verschiedene Kombinationen aus Nullen und Einsen lassen sich in 2 Byte speichern? Verwende zur Lösung einen Taschenrechner.

Verarbeitung von Informationen im Computer. Das Kernstück des Computers ist der Prozessor. Dort werden die Daten verarbeitet. Der Prozessor kann nur digitale Daten verarbeiten. Deshalb muss er die Befehle, die er ausführen soll, in digitaler Form erhalten, also in Form von Zahlenwerten (ein oder mehrere Byte groß).
Ein Computerprogramm besteht aus diesem Grund nur aus Zahlen, also in der für den Prozessor verständlichen Form. Man sagt dazu auch **Maschinensprache**.
Maschinensprache ist für Menschen nicht sehr lesefreundlich und kaum verständlich. Ein Auszug aus einem Programm in Maschinensprache könnte zum Beispiel so aussehen:

```
00110101 10001011 11111001 11011000 00001000 ...
```

Um das Programmieren zu erleichtern, hat man sogenannte **höhere Programmiersprachen** entwickelt. Diese sind häufig an die menschliche (meist englische) Sprache angelehnt und enthalten Befehle, die aus der Umgangssprache stammen. Einige Beispiele:
- `WRITE` (PASCAL-Befehl – schreibt Daten auf den Bildschirm)
- `PRINT` (BASIC-Befehl – schreibt Daten auf den Bildschirm)
- `IMAGECOPY` (PHP-Befehl – kopiert einen Teil eines Bildes)
- `SELECT` (SQL-Befehl zur Auswahl von Daten)

Andere Programmiersprachen. Wie man an den Beispielen oben sehen kann, gibt es mehr als eine höhere Programmiersprache. Es gibt auch nicht die „beste Programmiersprache", da verschiedene Programmiersprachen für unterschiedliche Anwendungsgebiete besonders gut geeignet sind.
Von den mittlerweile über 1 000 existierenden Programmiersprachen werden hier einige wenige Sprachen und einige ihrer Einsatzgebiete genannt.

Sprache	typische Einsatzgebiete
Maschinensprache	systemnahe Programmierung des Prozessors, besonders geeignet, wenn die Daten sehr schnell verarbeitet werden sollen
Basic	leicht erlernbare Sprache für Anfänger
C, C++, C#	Sprachfamilie zum universellen Einsatz, auch zur systemnahen Programmierung geeignet, nicht für Anfänger
Delphi	Sprache zum universellen Einsatz, außer für systemnahe Programmierung, auch für Anfänger geeignet
Javascript	Programmierung von Interaktionen und Effekten auf Internetseiten
SQL, MySQL	Sprachen zur Arbeit mit Datenbanken

158|1 Verbreitete Programmiersprachen

Umwandlung der Hochsprachen in Maschinensprache. Prozessoren verstehen nur reine Maschinensprache. Damit man mit Hilfe einer höheren Programmiersprache programmieren kann, muss dieses Programm aus der Hochsprache in die Maschinensprache übersetzt werden.

Zu dieser Übersetzung benutzt man entweder einen **Interpreter** oder einen **Compiler**.

Bei einem Interpreter wird das Programm erst übersetzt, nachdem es von einem Nutzer gestartet wurde, also während es läuft. Jede Zeile wird sofort nach der Übersetzung vom Prozessor verarbeitet. Nachteile sind, dass mehrfach aufgerufene Zeilen auch mehrfach übersetzt werden müssen und dass Programmierfehler manchmal erst erkannt werden, wenn der Interpreter in der fehlerhaften Zeile angekommen ist. Der Vorteil von Interpretern besteht darin, dass sie sich im Gegensatz zu Compilern einfacher programmieren lassen.

In einem Compiler wird das Programm vor seiner Ausführung komplett in Maschinensprache übersetzt, so dass es bereits vor seinem ersten Start komplett in Maschinensprache vorliegt. Sprachliche Fehler werden bei dieser Übersetzung erkannt und können rechtzeitig beseitigt werden. In *Delphi* wird ausschließlich ein Compiler zur Programmübersetzung verwendet.

Vorteile von *Delphi*

Delphi ist eine sehr bekannte Programmiersprache und Entwicklungsumgebung. Sie wurde im Jahr 1995 als Nachfolger der Programmiersprache *Pascal* auf den Markt gebracht. Seitdem wurden fast jährlich immer leistungsfähigere Programmversionen veröffentlicht. So ist *Delphi* zu einer komfortablen und sehr modernen Programmiersprache geworden.

Delphi ist ein **RAD-Programm** (RAD ist die Abk. für engl. **R**apid **A**pplication **D**evelopment = schnelle Anwendungsentwicklung). In diesem Namen kommt zum Ausdruck, dass sich Programme in *Delphi* wesentlich leichter erstellen lassen als in älteren Programmiersprachen. Dies erreicht *Delphi* durch **Komponenten**. Komponenten sind kleine in sich abgeschlossene Einheiten, die eine bestimmte Funktion (z. B. Beschriftung, Button, Eingabefeld, Tabelle, Zeichenfläche) ohne zusätzlichen Programmieraufwand zur Verfügung stellen. Anspruchsvolle Programmoberflächen sind deshalb schnell zu erstellen. So kann man sich auf das Programmieren der Programminhalte konzentrieren und muss sich nicht intensiv mit dem Äußeren des Programms beschäftigen.

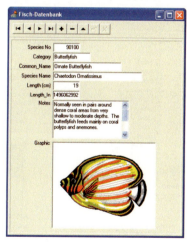

159|1 Beispiel Datenbankprogramm (in Delphi *als Programmbeispiel enthalten*)

Ein weiterer Vorteil von *Delphi* liegt in seiner integrierten **Hilfsfunktion**. Sie ist sehr umfangreich und leicht zu bedienen. So genügt zum Beispiel ein Anklicken eines unbekannten Befehls und ein anschließendes Drücken der F1-Taste, um eine Hilfe zu diesem Befehl aufzurufen, häufig sogar inklusive eines Programmbeispiels.

Um Programmierfehler zu finden, unterstützt *Delphi* den Programmierer mit einem speziellen Programm, dem **Debugger**. Beim Kompilieren erzeugt der Debugger aussagekräftige Fehlermeldungen, die helfen, Programmierfehler zu korrigieren.

159|2 Beispiel für ein Delphi-*Programm: Elektronisches Wörterbuch (benötigt zur Programmierung einige Wochen Programmiererfahrung)*

Die *Delphi*-Programmierumgebung

▷ Hinweise zur Installation von *Delphi* und eine Linkliste zu Downloadmöglichkeiten stehen im Webangebot. www **160-1**

Wenn man *Delphi* das erste Mal startet, erscheint eine **Programmierumgebung** (▷ Bild 160|1). Je nach *Delphi*-Version kann die Darstellung von dem Bild unten etwas abweichen. Obwohl die Programmierumgebung auf den ersten Blick etwas verwirrend erscheint, gewöhnt man sich schnell daran. Im Folgenden werden die Elemente der Programmierumgebung beschrieben.

Symbolleiste. In der Symbolleiste befinden sich die Symbole für häufig benötigte *Delphi*-Aktionen. Man kann diese Leiste entsprechend den eigenen Anforderungen konfigurieren. Einige Symbole werden in der Randspalte auf Seite 161 erläutert.

Formular. Das Anzeigefenster des zu erstellenden Programms wird Formular genannt. Hier findet die Ein- und Ausgabe der Daten statt. Die

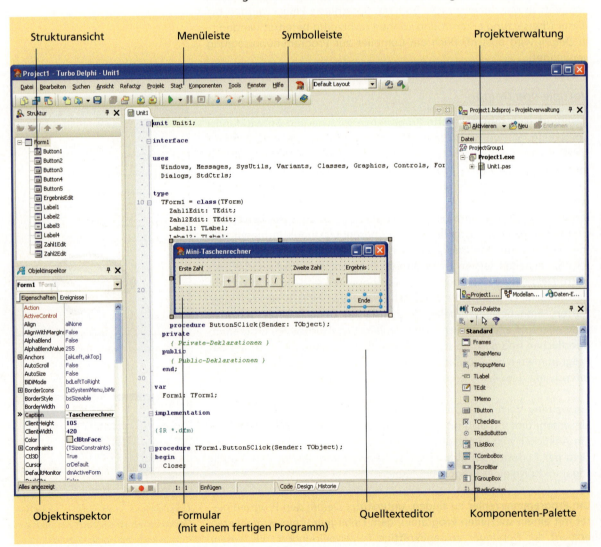

160|1 *Die Programmierumgebung von* Delphi

Größe des Formulars lässt sich bei Bedarf ändern. Im Bild sieht man ein Beispiel für ein kleines Programm. Bei der Arbeit im Formular spricht man auch vom **Formularmodus** oder der **Formularansicht**.

Objektinspektor. Auf dem Formular sieht man einige Komponenten (Felder zur Eingabe, Beschriftungen und Buttons). Die Eigenschaften jeder ausgewählten Komponente lassen sich im Objektinspektor verändern (▷ im Bild 162|2 den Button mit der Aufschrift Ende).

Quelltexteditor. Die eigentliche Programmierung findet im Quelltexteditor statt. Nicht jede dort gezeigte Quelltextzeile muss man selbst programmieren, da *Delphi* den Programmierer bei der Erstellung der Quelltexte unterstützt. Bei der Arbeit im Quelltexteditor spricht man auch vom **Editormodus** oder der **Editoransicht**.

Komponenten-Palette. In der Komponenten- bzw. Tool-Palette findet man die bereits in *Delphi* enthaltenen Komponenten. Die Komponenten sind nach Kategorien geordnet.
Die einzelnen auswählbaren Komponenten sieht man, wenn man auf das Plus-Zeichen vor den Kategorienamen klickt. Je nach *Delphi*-Version können sich hier mehrere Hundert Komponenten befinden. Für einfache Programme kommt man mit 10 bis 20 Komponenten schon sehr weit.

Strukturansicht. In der Strukturansicht sieht man eine Übersicht der im Programm verwendeten Komponenten, wenn man sich in der Formularansicht befindet. In der Editoransicht erhält man einen groben Überblick über die Programmstruktur.

Projektverwaltung. Die Projektverwaltung dient hauptsächlich der Verwaltung größerer Projekte mit mehreren Formularen und Quelltextdateien.

Wichtige Buttons der Symbolleiste:

 Start
Mit diesem Button wird das Programm in Maschinensprache übersetzt (kompiliert) und anschließend gestartet.

 Speichern
Die aktuelle Datei kann mit diesem Button gespeichert werden.

 Alles speichern
Besteht das Projekt aus mehreren Units (Quelltextdateien), kann man mit diesem Button alle Dateien gleichzeitig speichern.

 Ansicht Formular/Editor
Mit diesem Button kann man zwischen der Formular- und der Editoransicht wechseln.

 Quelltexte anzeigen
Besteht das Projekt aus mehreren Units (Quelltextdateien), kann man mit diesem Button zwischen den Quelltextdateien wechseln.

Was man mit *Delphi* alles programmieren kann

Es gibt kaum etwas, das man mit *Delphi* nicht programmieren kann. Daher ist diese Aufzählung keinesfalls vollständig.
- Rechnerische und grafische Auswertung von Experimenten und Messwerten (z. B. in Chemie, Physik oder Statistik)
- Wachstumssimulation (Biologie)
- Verwaltung beliebiger Daten (Notenverwaltung, Schülerverwaltung im Sekretariat, Bibliotheksverwaltung)
- Spiele (Quiz, Memory, Tetris, kleinere Actionspiele, für Fortgeschrittene auch anspruchsvollere Programme)
- Vokabeltrainer, elektronische Wörterbücher
- Programme zur Ver- und Entschlüsselung von Daten
- Programme zur Katalogisierung und Umbenennung von privaten Dateien (z. B. Digitalfotos oder MP3-Dateien)
- Programme für den Zugriff auf Netzwerke (E-Mail, Chat, Datenübertragung, Browser, Steuerung fremder Rechner, …)
- Programme zur Textverarbeitung und Textanalyse

Das erste Programm: ein kleiner Taschenrechner

Komponenten (Auswahl)

 Label

Ein *Label* dient zur Ausgabe einer Schrift auf dem Formular.

 Edit

Zur Eingabe von Text oder Zahlen dient ein *Edit*-Feld.

 Button

Mit einem *Button* kann man bestimmte Aktionen auslösen.

Eigenschaften, die die meisten *Delphi*-Komponenten besitzen:
- **Name:** In der Eigenschaft *Name* kann man der Komponente einen aussagekräftigen Namen geben.
- **Left:** Abstand der Komponente vom linken Rand des Formulars
- **Top:** Abstand der Komponente vom oberen Rand des Formulars
- **Width:** Breite der Komponente
- **Height:** Höhe der Komponente
- **Enabled:** Ist die Komponente benutzbar (True/False)?
- **Visible:** Ist die Komponente sichtbar (True/False)?

Beschreibung des Programms. Das erste Programm soll die Rechenfähigkeiten des Computers und den Umgang mit Zahlen und Zeichenketten demonstrieren. Ziel ist es, einen einfachen Taschenrechner zu programmieren, der über die vier Grundrechenarten verfügt (▷ Bild 162|1).

Auf dem Formular befinden sich drei verschiedene Elemente: Buttons, Beschriftungen und Editier-Felder. Diese Bildschirmelemente müssen nicht programmiert werden, sondern stehen als anklickbare Bausteine, sogenannte **Komponenten**, zur Verfügung.

162|1 Ansicht des ersten Programms

Positionierung der Komponenten auf dem Formular. Die ersten drei verwendeten Komponenten befinden sich in der Komponenten-Palette auf der Registerkarte STANDARD.
- Durch Drücken des Plus-Zeichens klappt das Komponentenmenü auf und man kann die gewünschte Komponente anklicken.
- Ein anschließendes Anklicken des Formulars positioniert die linke obere Ecke der gewählten Komponente an der Position des Mausklicks.
- Die so erzeugte Komponente lässt sich mit gedrückter Maustaste (kein Doppelklick!) beliebig auf dem Formular verschieben.

Größenänderung der Komponenten. Beim Anklicken einer Komponente erscheinen an den Ecken und Kanten der Komponente acht Punkte (▷ Bild 162|2). Nach Anklicken eines dieser acht Punkte kann man mit gedrückter Maustaste die Größe der Komponente verändern.

Dabei verändert sich ihre Größe immer in Schritten von 8 Pixeln. Eine feinere Größenänderung in Schritten von einem Pixel lässt sich mit der Kombination aus der „Shift"- und einer der Cursortasten erreichen.

Datenspeicherung in Variablen. Zum Speichern von Daten im Computer verwendet man **Variablen**. Über diese Variablen kann ein bestimmter Speicherbereich im Computer mit einem Namen statt mit einer schwer zu merkenden Adresse angesprochen werden.

Die Größe und die Art der zu speichernden Daten ist vom Variablentyp abhängig.
- Zum Speichern ganzer Zahlen im Bereich von 0 bis 255 benutzt man den Variablentyp Byte. Wie schon der Name sagt, beträgt der Speicherbedarf für eine Byte-Variable genau ein Byte.
- Einzelne Buchstaben werden im Computer auch als Zahlen abgespeichert. Die Buchstaben eines langen Satzes einzeln zu speichern, ist jedoch sehr umständlich. Für das Speichern mehrerer Zeichen (Zeichenketten) verwendet man deshalb den Variablentyp String.

162|2 Größe einer Komponente verändern

Arbeit mit dem Objektinspektor. Die Größe und die Position einer Komponente kann man auch im Objektinspektor ändern. Dazu dienen die Eigenschaften *Left, Top, Width* und *Height* (▷ S. 162, Randspalte). Im Objektinspektor lassen sich außerdem Komponenten beschriften. Bei den Label- und Button-Komponenten dient dazu die Eigenschaft *Caption* (▷ Bild 163|1). Ein Edit-Feld beschriftet man mit Hilfe der Eigenschaft *Text*.

1. *Positioniere und beschrifte die Label- und Button-Komponenten so, wie es im Bild 162|1 zu sehen ist.*

2. *Positioniere anschließend die drei Edit-Felder. Lösche danach die Eigenschaft* Text *der Edit-Komponenten.*

163|1 *Ansicht des* Objektinspektors, *Registerkarte* EIGENSCHAFTEN

Benennung der Komponenten. Bei der Positionierung der Komponenten auf dem Formular erhalten die Komponenten von *Delphi* automatisch Namen der Art *Button1*, *Button2*, *Button3*, ...
Diese Benennung führt bei einer größeren Anzahl von Komponenten leicht zu Verwechslungen. Daher sollte man die Komponenten, auf die im Programm zugegriffen wird, mit aussagekräftigeren Namen benennen.
Der Name einer selbst benannten Komponente sollte aus zwei Teilen bestehen. Dabei beschreibt der erste Teil den **Verwendungszweck** und der zweite Teil den **Typ der Komponente**. So bleibt sowohl die Programmierung als auch die Fehlersuche übersichtlicher.
In den Projekten dieses Kapitels werden die Komponenten immer so benannt, dass der erste Teil den Verwendungszweck wiedergibt (auf Deutsch) und der zweite Teil dem Typ der Komponente entspricht. Leerzeichen und Sonderzeichen sind nicht erlaubt.
Label werden nicht benannt, solange sie nur der Beschriftung dienen und nicht im Programm auf sie zugegriffen wird.

3. *Benenne die Komponenten des Formulars in der Eigenschaft* Name *des Objektinspektors so:*
PlusButton, MinusButton, MalButton, GeteiltButton, AbbruchButton,
Zahl1Edit, Zahl2Edit *und* ErgebnisEdit.

Erzeugen von Ereignissen. Programme unter *Windows* reagieren auf Ereignisse. Ereignisse können z. B. sein: das Anklicken einer Komponente mit der Maus, das Drücken einer Taste, das Erreichen einer bestimmten Zeit.
Ein Ereignis einer Komponente wird erzeugt, indem man im Objektinspektor die Registerkarte EREIGNISSE auswählt (▷ Bild 163|2) und anschließend hinter dem gewünschten Ereignis einen Doppelklick in dem weißen Feld durchführt.
Daraufhin erhält man im Quelltexteditor den folgenden Quelltext:

```
procedure TForm1.AbbruchButtonClick(Sender: TObject);
begin

end;
```

163|2 *Ansicht des* Objektinspektors, *Registerkarte* EREIGNISSE

Bild 164|1 zeigt, dass sich im Projekt-
ordner mehr als die zwei anfangs
gespeicherten Dateien befinden.

Name ▲	Typ
__history	Dateiordner
ModelSupport_Project1	Dateiordner
Project1.bdsproj	Borland Develo...
Project1.bdsproj.local	LOCAL-Datei
Project1.cfg	CFG-Datei
Project1.dpr	Delphi Project File
Project1.exe	Anwendung
Project1.identcache	IDENTCACHE-...
Project1.res	RES-Datei
Unit1.dcu	DCU-Datei
Unit1.dfm	Delphi Form
Unit1.pas	Delphi Source File

164|1 Die Dateien eines Delphi-*Projekts*

Beschreibung einiger wichtiger Dateitypen:
- **pas-Datei:** Eigentlicher Quelltext,
  d. h., hier wird programmiert. Die
  pas-Dateien heißen auch **Units**.
- **dfm-Datei:** *Delphi*-Formulardatei.
  Hier werden die Einstellungen des
  Objektinspektors für alle verwendeten Komponenten gespeichert.
  Zu jeder dfm-Datei existiert eine
  gleichnamige pas-Datei.
- **dpr-Datei:** *Delphi*-Projektdatei.
  Hier werden alle in einem
  Delphi-Projekt vorhandenen
  Dateien verwaltet.
- **res-Datei:** Ressourcen-Datei. Hier
  können Programmdaten (Bilder,
  Sound etc.) eingebunden werden.
- **exe-Datei:** Dies ist das komplette,
  in Maschinensprache übersetzte
  ausführbare (executable)
  Programm.

Ereignisbehandlungsroutinen. Den auf der vorangegangenen Seite er-
zeugten Quelltext nennt man eine Ereignisbehandlungsroutine.
Konkret soll dies heißen, dass der zwischen `begin` und `end` stehende
Quelltext ausgeführt wird, wenn das Ereignis (im konkreten Fall das
Anklicken des *AbbruchButtons*) eintritt.
Den eben besprochenen Quelltext erhält man auch, wenn man auf dem
Formular einen Doppelklick auf den gewünschten Button ausführt.
Eine Ereignisbehandlungsroutine muss von *Delphi* auf die angegebene
Art erzeugt werden. Es reicht nicht, wenn man den kompletten Quell-
text einfach in den Editor schreibt.

Das *OnClick*-**Ereignis.** Das im Bild 163|2 dargestellte *OnClick*-Ereignis
tritt ein, wenn man die angegebene Komponente (hier den *Abbruch-
Button*) mit der Maus anklickt oder bei aktivierter Komponente die
Enter-Taste drückt.

`Close` – **der erste Befehl.** Ein Programm wird mit dem Befehl `Close`
beendet. Der Befehl wird zwischen den schon vorhandenen Schlüsselwörtern `begin` und `end` positioniert und um zwei Leerzeichen einge-
rückt. Befehle werden in *Delphi* mit einem Semikolon abgeschlossen.

```
procedure TForm1.AbbruchButtonClick(Sender: TObject);
begin
  Close;
end;
```

Speichern des Programms. Bevor man das Programm testet, sollte es ge-
speichert werden. Dazu drückt man den Button Alles speichern oder wählt
den Menüpunkt Datei ▶ Alles speichern.
Da je nach *Delphi*-Version beim Speichern mehr als zehn Dateien erzeugt werden, sollte man unbedingt jedes Projekt in einem eigenen
Ordner speichern.
Nach der Auswahl und gegebenenfalls der Erzeugung des Programmordners wird man nach den Dateinamen für die *Delphi*-Unit (das ist der
Quelltext) und für die Projektdatei (zuständig für die Verwaltung aller
Dateien des Projekts) gefragt. Hier sollte man am Anfang die Vorgaben
von *Delphi* akzeptieren (*Unit1.pas* und *Project1.pas*). Erst bei der Arbeit
mit mehreren Formularen oder mehreren Quelltext-Dateien ist eine eigene Benennung zum besseren Verständnis notwendig.

1. Erzeuge eine Ereignisbehandlungsroutine für den AbbruchButton *und ergänze dort den* `Close`*-Befehl.*

*2. Frage deinen Lehrer, auf welchem Laufwerk und in welchem Ordner du das
aktuelle Projekt speichern sollst. Speichere anschließend das aktuelle Projekt
in diesem Ordner.*

Hinweis: Arbeite nicht auf einem USB-Stick, da hier das Speichern der
Daten beim Übersetzen und Starten relativ lange dauern kann. Kopiere
eigene Dateien vor der Arbeit auf die Festplatte und erst nach der Arbeit wieder auf deinen USB-Stick.

Der erste Programmstart. Nach dem Speichern kann das Programm kompiliert und gestartet werden. Dies geschieht über den Menüpunkt Start ▶ Start, über den Start-Button in der Symbolleiste oder durch Drücken der Funktionstaste F9.

Nach dem Programmstart sollten die Eingabe von Werten in die Edit-Felder, das Verschieben des Programmfensters, das Anklicken der vier Rechner-Buttons und der *AbbruchButton* funktionieren.

1. Starte das Programm und teste die oben angegebenen Aktionen.

Die Fehlersuche. Kommt es bei der Kompilierung des Programms zu Fehlern, erscheint im unteren Teil des Bildschirms ein Meldungsfenster mit einer Beschreibung des Fehlers (▷ Bild 165|1). Die aussagekräftigste Fehlermeldung steht immer in der oberen Fehler-Zeile und sollte genau durchgelesen werden.

Außerdem erscheint im Quelltexteditor ein roter Balken an der Stelle, an der *Delphi* den Fehler vermutet. Der eigentliche Fehler kann unter Umständen auch weiter vorn aufgetreten sein (zum Beispiel am Ende der vorhergehenden Zeile).

Meldungen

[Pascal Fehler] Unit1.pas(40): E2003 Undefinierter Bezeichner: 'Clos'

[Pascal Fataer Fehler] Project1.dpr(5): F2063 Verwendete Unit 'Unit1.pas' kann nicht compiliert werden

---

165|1 Beispiel für eine Fehlermeldung

2. Schreibe den Befehl `Close` absichtlich falsch und untersuche, wie sich das Programm beim Kompilieren verhält.

Bereitstellen von Variablen. Die Bereitstellung von Variablen erfolgt durch eine **Variablendeklaration**. Diese Deklaration steht nach der Kopfzeile der Ereignisbehandlungsroutine und vor dem Schlüsselwort `begin`. Die Variablendeklaration (▷ folgender Quelltext) beginnt mit dem Schlüsselwort `var`. Im Anschluss folgen die Namen der zu deklarierenden Variablen, die voneinander jeweils durch ein Komma getrennt sind. Den Abschluss einer Zeile der Variablendeklaration bildet ein Doppelpunkt, gefolgt vom Variablentyp und einem Semikolon.

```
procedure TForm1.PlusButtonClick(Sender: TObject);
var Zahl1, Zahl2, Ergebnis: Byte;
begin

end;
```

In den Zeilen nach `var` und vor `begin` können bei Bedarf weitere Variablen bzw. Variablentypen deklariert werden. Dabei muss das Schlüsselwort `var` nur am Beginn der ersten Zeile aufgeschrieben werden.

3. Betrachte die folgenden Namen und gib an, ob es sich um gültige Delphi-Bezeichner handelt. Begründe deine Aussagen.

```
Alpha, abc, Seite4, 5mal, länge, BREITE, höHE, Seite hoch 2,
aQuadrat, kreis-umfang, _erGeBnis
```

Bezeichner. Ein *Bezeichner* ist ein Name, mit dem man eine Variable, eine Komponente, eine Prozedur oder ein anderes *Delphi*-Element benennen kann.

Für die Bezeichner gelten Regeln:

– Sie dürfen nur aus den Buchstaben a–z und A–Z, aus den Ziffern 0–9 und aus dem Unterstrich „_" bestehen. Umlaute, Sonderzeichen und Leerzeichen sind nicht erlaubt.

– Das erste Zeichen muss ein Buchstabe oder der Unterstrich sein.

– *Delphi* unterscheidet bei Bezeichnern nicht zwischen Groß- und Kleinschreibung. Zur besseren Übersicht solltest du dich trotzdem an die in diesem Buch vorgegebene Schreibweise halten (z.B. `IntToStr` statt `inttostr`).

– Reservierte Wörter, z.B. `begin`, `end` und `procedure`, dürfen nicht als Bezeichner verwendet werden.

Funktionen und Prozeduren. Funktionen und Prozeduren in *Delphi* sind kleine **Unterprogramme** (Subroutinen), die entweder in *Delphi* vorhanden sind oder die man selbst programmieren kann. Man verwendet diese Unterprogramme, damit man oft benötigte Funktionalitäten bereitstellen kann und sie nicht immer neu programmieren muss.

Variablentypen (Auswahl)

Zum Speichern **ganzer Zahlen** benutzt man verschiedene Variablentypen. Sie unterscheiden sich im Speicherbedarf und im Bereich der Zahlen, die gespeichert werden können:

- **Byte.** Im Variablentyp `Byte` können ganze Zahlen im Bereich von 0 bis 255 gespeichert werden. Der Speicherbedarf beträgt 1 Byte.
- **Word.** Der Variablentyp `Word` kann ganze Zahlen im Bereich von 0 bis 65535 speichern. Der Speicherbedarf beträgt 2 Byte.
- **Integer.** Der Variablentyp `Integer` speichert im Gegensatz zu den zwei bisher genannten Typen auch negative ganze Zahlen. Der Variableninhalt reicht von –2 147 483 648 bis +2 147 483 647. Der Speicherbedarf beträgt 4 Byte.

Hinweis: Die „krummen" Zahlen resultieren aus der Umrechnung vom Dual- ins Dezimalsystem.

Funktionen (Auswahl)

Umwandlung ganzer Zahlen in Strings und umgekehrt:

- **StrToInt.** Mit dieser Funktion wandelt man Strings (z. B. aus einer Eingabe) in ganze Zahlen um.
- **IntToStr.** Mit dieser Funktion wandelt man ganze Zahlen in Strings um.

Einlesen von Daten (Eingabe). Das Einlesen von Daten aus den beiden Eingabe-Edit-Feldern erfolgt mit Hilfe der Eigenschaft *Text*.

Die Eigenschaft *Text* erlaubt nur die Eingabe bzw. Ausgabe von Strings (Zeichenketten). Auch eingegebene Zahlen werden als Strings behandelt, wobei die einzelnen Ziffern als Zeichen interpretiert werden.

Umwandeln von Variablentypen. Die Eingabe von Daten kann, wie bereits oben beschrieben, nur mit Hilfe von Strings erfolgen. Rechnen kann man aber nur mit Zahlen. Deshalb muss nach der Eingabe eine Umwandlung des Strings in eine Zahl erfolgen.

Für alle Arten von ganzen Zahlen (im konkreten Fall für den Variablentyp `Byte`) existiert dazu die Umwandlungsfunktion `StrToInt`.

Die Anwendung erfolgt so:

```
Zahl1:=StrToInt(Zahl1Edit.Text);
```

Diese Quelltextzeile soll nun näher erläutert werden.

- Die Eingabe der ersten Zahl erfolgt im Edit-Feld *Zahl1Edit*.
- Das Edit-Feld hat viele Eigenschaften. Für das Auslesen des Textes ist hier die Eigenschaft *Text* zuständig.
- Komponentenname und Eigenschaft werden durch einen Punkt voneinander getrennt, so dass man `Zahl1Edit.Text` schreibt.
- In `Zahl1Edit.Text` wird ein String eingegeben. Dieser String wird mit Hilfe der Funktion `StrToInt` in eine ganze Zahl umgewandelt, mit der man dann rechnen kann.
- Mit Hilfe des **Ergibt-Operators** (`:=`) wird die umgewandelte Zahl in der Variablen `Zahl1` gespeichert.
- Mit dieser Variablen kann nun gerechnet werden.

Hinweis: Mit dem gegebenen Quelltext kann man nur ganze Zahlen einlesen und umwandeln. Bei der Umwandlung gebrochener Zahlen erfolgt eine Fehlermeldung.

Die Eingabe der zweiten Zahl erfolgt entsprechend:

```
Zahl2:=StrToInt(Zahl2Edit.Text);
```

Berechnung des Ergebnisses (Verarbeitung). Die Addition von Zahlen erfolgt in *Delphi* mit dem Plus-Zeichen. Das Ergebnis der Addition wird mit dem Ergibt-Operator an eine Variable übergeben.

Die entsprechende Zeile lautet:

```
Ergebnis:=Zahl1+Zahl2;
```

Umwandlung und Ausgabe des Ergebnisses (Ausgabe). Da das Ergebnis der Addition wieder eine ganze Zahl ist, aber nur Strings ausgegeben werden können, muss das Ergebnis in einen String umgewandelt werden. Das geschieht durch die Funktion `IntToStr`.

Die Ausgabe erfolgt durch die folgende Quelltextzeile:

```
ErgebnisEdit.Text:=IntToStr(Ergebnis);
```

1. *Analysiere die Quelltextzeile und erkläre sie schrittweise, ähnlich wie oben die Quelltextzeile zur Eingabe.*

Test der Addition. Der Quelltext der Addition wird im Folgenden vollständig dargestellt. Die Zeilen mit „//" am Anfang dienen als **Kommentare** und werden vom Computer ignoriert.

```
procedure TForm1.PlusButtonClick(Sender: TObject);
var Zahl1, Zahl2, Ergebnis: Byte;
begin
  // Eingabe
  Zahl1:=StrToInt(Zahl1Edit.Text);
  Zahl2:=StrToInt(Zahl2Edit.Text);
  // Verarbeitung
  Ergebnis:=Zahl1+Zahl2;
  // Ausgabe
  ErgebnisEdit.Text:=IntToStr(Ergebnis);
end;
```

1. *Erzeuge die Ereignisbehandlungsroutine für den* PlusButton *und gib den dargestellten Quelltext ein. Starte das Programm und teste die Addition mit Zahlen im Bereich bis 20.*

2. *Teste anschließend die Addition der beiden Zahlen 200 und 100.*

Vergrößerung des Zahlenbereichs. Der Test der Addition (Aufgabe 2) hat ein unerwartetes Ergebnis. Statt der erwarteten Summe 300 erscheint als Ergebnis die Zahl 44:

167|1 Falsches Ergebnis bei der Addition

Das Ergebnis ist leicht zu erklären: In einer Variablen vom Typ Byte können nur Werte bis maximal 255 gespeichert werden. Alle Ergebnisse über 255 werden also „abgeschnitten". Das angezeigte Ergebnis ergibt sich aus der Berechnung: 200+100−256=44. Um ein korrektes Ergebnis anzeigen zu lassen, genügt es, wenn man den Variablentyp Byte durch den Variablentyp Integer ersetzt (▷ S. 166, Randspalte).

3. *Ersetze den Variablentyp* Byte *durch* Integer *und teste die Addition großer Zahlen erneut. Der Test sollte bis zu Ergebnissen von ca. 2 Milliarden erfolgreich verlaufen.*

Subtraktion und Multiplikation. Bei Subtraktion und Multiplikation ändert sich am Quelltext nur das Operationszeichen. Die Subtraktion erfolgt mit dem Minus-Zeichen, die Multiplikation mit dem Stern „*".

4. *Erzeuge den Quelltext für die Subtraktion und die Multiplikation. Teste die beiden Rechenoperationen mit Ergebnissen im Bereich von maximal 2 Milliarden. Teste auch das Rechnen mit negativen Zahlen.*

Die integrierte *Delphi*-Hilfe. Mit der Installation von *Delphi* werden Handbücher und andere *Delphi*-Hilfen auf dem Rechner installiert. Das Schönste daran: Die Hilfe ist interaktiv! Man klickt nur das Element an (z. B. Komponente, Eigenschaft, Befehl), über das man etwas Genaueres erfahren möchte, und betätigt anschließend die Funktionstaste F1. Schon gelangt man zur gewünschten Stelle in der Hilfe-Datei.

5. *Teste die angegebenen Möglichkeiten der integrierten* Delphi-*Hilfe an bereits bekannten Komponenten und Funktionen.*

6. *Innerhalb der* Delphi-*Hilfe gibt es anklickbare Verweise (Hyperlinks) auf andere Hilfethemen, ähnliche Funktionen, Beispielprogramme usw. Teste auch diese Möglichkeiten der integrierten Hilfe.*

Variablentypen (Auswahl)

Auch zum Speichern **gebrochener Zahlen** benutzt man verschiedene Variablentypen, die sich im Speicherbedarf unterscheiden und im Bereich der Zahlen, die gespeichert werden können:

– `Single`. Im Variablentyp `Single` lassen sich gebrochene Zahlen im Bereich von $\pm 1{,}5 \cdot 10^{-45}$ bis $\pm 3{,}4 \cdot 10^{38}$ speichern. Die Ausgabe der Werte erfolgt auf 7 bis 8 Dezimalstellen genau. Der Speicherbedarf beträgt 4 Byte.

– `Double`. Im Variablentyp `Double` lassen sich gebrochene Zahlen im Bereich von $\pm 5{,}0 \cdot 10^{-324}$ bis $\pm 1{,}7 \cdot 10^{308}$ speichern. Die Ausgabe der gültigen Dezimalstellen erfolgt auf 19 bis 20 Dezimalstellen genau. Der Speicherbedarf beträgt 8 Byte.

In älteren Programmen findet sich manchmal noch der Variablentyp `Real`, der auf die Programmiersprache *Pascal* zurückzuführen ist. Dieser Typ kann komplett durch `Double` ersetzt werden.

Tipp: Für allgemeine Anwendungen, bei denen nicht extrem mit Speicher gespart werden muss, empfiehlt sich der Variablentyp `Double`.

Division. Bei der Division müssen einige Dinge im Quelltext geändert werden. Ein einfaches Kopieren des Quelltextes und ein Ändern des Operationszeichens auf „/" (Slash) würde beim Kompilieren die Fehlermeldung „inkompatible Datentypen" hervorrufen. Diese Fehlermeldung tritt auf, wenn das Ergebnis einer Berechnung nicht mit dem für das Ergebnis vorgesehenen Variablentyp übereinstimmt.

Für den Computer ist das Ergebnis einer Division immer eine gebrochene Zahl, während die bereitgestellte Variable vom Typ `Integer` ist. Eine Auswahl von Variablentypen, die zum Speichern gebrochener Zahlen geeignet sind, findest du in der linken Randspalte.

Nach dem Austausch des Variablentyps für die Variable *Ergebnis* funktioniert auch die Umwandlung mit dem Befehl `IntToStr` nicht mehr.

Ein Befehl für die Umwandlung gebrochener Zahlen lautet `FloatToStr` (weitere Befehle für die Umwandlung von gebrochenen Zahlen ▷ S. 169, Randspalte). Der geänderte Quelltext lautet nun:

```
procedure TForm1.DurchButtonClick(Sender: TObject);
var Zahl1, Zahl2: Integer;
    Ergebnis: Double;
begin
  Zahl1:=StrToInt(Zahl1Edit.Text);
  Zahl2:=StrToInt(Zahl2Edit.Text);
  Ergebnis:=Zahl1/Zahl2;
  ErgebnisEdit.Text:=FloatToStr(Ergebnis);
end;
```

1. *Übernimm den Quelltext für die Division und teste verschiedene Werte. Beachte, dass der Divisor nicht null sein darf, denn auch Computer können nicht durch null dividieren!*

Das Programm beherrscht nun die vier Grundrechenarten mit ganzen Zahlen. Mit gebrochenen Zahlen funktioniert das Rechnen noch nicht, da bei der Eingabe immer ganze Zahlen erwartet werden.

Um dies zu ändern, ersetzt man im kompletten Programm die Variablentypen für ganze Zahlen durch Variablentypen für gebrochene Zahlen. Gleichzeitig muss man auch alle Umwandlungsfunktionen (`StrToInt` und `IntToStr`) für ganze Zahlen durch die entsprechenden Funktionen für gebrochene Zahlen (`StrToFloat` und `FloatToStr`) ersetzen.

Der Quelltext für die Multiplikation lautet:

```
procedure TForm1.MalButtonClick(Sender: TObject);
var Zahl1, Zahl2, Ergebnis: Double;
begin
  Zahl1:=StrToFloat(Zahl1Edit.Text);
  Zahl2:=StrToFloat(Zahl2Edit.Text);
  Ergebnis:=Zahl1*Zahl2;
  ErgebnisEdit.Text:=FloatToStr(Ergebnis);
end;
```

2. *Ändere deinen gesamten Quelltext so um, dass er auch für die Berechnung mit gebrochenen Zahlen funktioniert. Teste wieder verschiedene Beispiele für alle Rechenoperationen.*

Die Darstellung im wissenschaftlichen Format. Beim Rechnen mit großen Zahlen kann es zur Anzeige von ungewöhnlich aussehenden Ergebnissen kommen (▷ Bild 169|1).

Dies ist die sogenannte wissenschaftliche Darstellung einer Zahl und muss als Schreibweise mit Zehnerpotenzen interpretiert werden. Im konkreten Fall bedeutet 1,2E15 also $1{,}2 \cdot 10^{15}$.

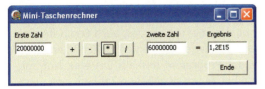

169|1 Ungewöhnliches Ergebnis bei der Multiplikation

Absicherung gegen eine Division durch null. Um die Division durch null zu unterbinden, soll die Rechnung in Zukunft nur noch durchgeführt werden, wenn der Divisor ungleich null ist.

Dazu bedient man sich einer **bedingten Anweisung** mit den beiden Schlüsselwörtern `if` und `then`. Der Quelltext lautet jetzt:

```
Zahl1:=StrToFloat(Zahl1Edit.Text);
Zahl2:=StrToFloat(Zahl2Edit.Text);
if Zahl2<>0      // <> steht für ungleich
  then
    begin
       Ergebnis:=Zahl1/Zahl2;
       ErgebnisEdit.Text:=FloatToStr(Ergebnis);
    end;
```

Jetzt wird das Ergebnis nur noch ausgegeben, wenn der Divisor ungleich null ist. Da nach dem Schlüsselwort `then` nur ein Befehl stehen darf, „klammert" man die beiden folgenden Zeilen mit den Schlüsselwörtern `begin` und `end` ein.

Die einfache Verzweigung. Um dem Programmnutzer auch dann eine Fehlermeldung zu geben, wenn der Divisor gleich null ist, ändert man den Quelltext wie folgt:

```
    begin
       Ergebnis:=Zahl1/Zahl2;
       ErgebnisEdit.Text:=FloatToStr(Ergebnis);
    end
  else ErgebnisEdit.Text:='nicht erlaubt';
```

Die Konstruktion `if...then...else` nennt man eine **Verzweigung**, da hier entweder der `then`- oder der `else`-Zweig durchlaufen wird.
Hinweis: Vor dem Schlüsselwort `else` darf kein Semikolon stehen, da der `if-then-else`-Befehl erst nach dem `else` beendet ist.

1. Teste die Division durch null. Dabei wirst du bemerken, dass das Programm mit einer Fehlermeldung endet („abstürzt"). Ändere anschließend dein Programm auf die angegebene Art und teste erneut.

Funktionen (Auswahl)

Funktionen zur Umwandlung gebrochener Zahlen in Strings und umgekehrt:
- `StrToFloat`. Mit dieser Funktion wandelt man Strings (z.B. aus einer Eingabe) in gebrochene Zahlen um.
- `FloatToStr`. Diese Funktion wandelt gebrochene Zahlen in Strings um.
- `FloatToStrF`. Diese Funktion wandelt gebrochene Zahlen in Strings mit einer bestimmten Ausgabeformatierung (z.B. mit Nachkommastellen) um.

Beispiel für `FloatToStrF`:
Zur Umwandlung der Variablen *Ergebnis* in einen String mit drei Nachkommastellen dient folgender Quelltext:

```
s:=FloatToStrF(Ergebnis,
     ffFixed, 15, 3);
```

Im gewählten Beispiel steht die Konstante `ffFixed` für eine feste Anzahl von Nachkommastellen, die „15" für die interne Genauigkeit (kann immer verwendet werden) und die „3" für die gewünschte Anzahl der auszugebenden Nachkommastellen.

Projekt 1   Projekt 2   Projekt 3

Erweitere deinen Taschenrechner um zusätzliche Funktionen. Dazu gehören Buttons zum Quadrieren der *ersten Zahl* und zum Ziehen ihrer Wurzel (▷ Bild des Mini-Taschenrechners). Für diese Berechnungen stellt *Delphi* die Funktionen `Sqr` und `Sqrt` (▷ folgenden Kasten) bereit.

Funktionen und Prozeduren

`Sqr` (Abk. f. engl. **sq**ua**r**e = Quadrat): liefert das Quadrat der als Parameter übergebenen Zahl.

```
Quadrat:=Sqr(12);
```

`Sqrt` (Abk. f. engl. **sq**ua**r**e **r**oo**t** = Quadratwurzel): liefert die Quadratwurzel der als Parameter übergebenen Zahl. Als Ergebnis wird eine gebrochene Zahl zurückgegeben. Deshalb muss ein entsprechender Variablentyp gewählt werden (z. B. `Double`).

```
Wurzel:=Sqrt(15);
```

`ShowMessage`: erzeugt ein Mitteilungsfenster, das den als Parameter übergebenen String auf dem Bildschirm darstellt.

```
ShowMessage('Hallo Welt!');
```

a) Ergänze den Taschenrechner um die beiden angesprochenen Buttons und den entsprechenden Quelltext. Teste mit verschiedenen Werten, auch mit negativen Zahlen.

b) Beim Test der Wurzel-Funktion mit negativen Zahlen wirst du bemerken, dass auch Computer keine Wurzel aus negativen Zahlen ziehen können. Erweitere das Programm deshalb um eine Abfrage, ob es sich bei der eingegebenen Zahl um eine negative Zahl handelt (ähnlich wie es bereits bei der Absicherung gegen eine Division durch null programmiert wurde).
Gib in diesem Fall mit `ShowMessage` eine Fehlermeldung aus (▷ Kasten links).

c) Erweitere den Taschenrechner um weitere Buttons und deren Funktionalität (▷ Bild).

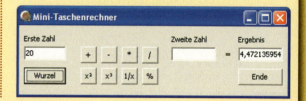

Projekt 1   **Projekt 2**   Projekt 3

Berechne Mischtemperaturen von Flüssigkeiten. Zur Optimierung von Produktionsprozessen (z. B. zum Erreichen einer optimalen Verarbeitungstemperatur) ist es häufig notwendig, die Mischtemperatur zweier Flüssigkeiten zu bestimmen.

Erstelle ein Programm, das bei Eingabe von Masse und Temperatur zweier gleichartiger Flüssigkeiten die Mischtemperatur berechnet.

Beachte bei der Umsetzung der Formel in *Delphi*, dass ein Computer genau so mit Klammern arbeiten kann, wie du es aus dem Mathematikunterricht kennst.
Die Zahlen aus dem Bild dienen dir zur Kontrolle.

Bei zwei gleichen Flüssigkeiten lautet die Formel zur Ermittlung der Mischtemperatur:

$$t_m = \frac{m_1 \cdot t_1 + m_2 \cdot t_2}{m_1 + m_2}$$

Dabei sind t_1 und t_2 die beiden Ausgangstemperaturen und t_m ist die sich ergebende Mischtemperatur. Mit m_1 und m_2 werden die Massen der beiden Flüssigkeiten bezeichnet.

Projekt 1   Projekt 2   **Projekt 3**

Programmiere ein Projekt mit Grafiken. Dein Programm soll Berechnungen an Figuren (z. B. Rechteck, Kreis, Dreieck) oder an Körpern (z. B. Würfel, Quader, Kegel) durchführen und die berechneten Werte in einer Grafik veranschaulichen.

An diesem Projekt kann die ganze Klasse mitarbeiten, indem jeder Schüler eine andere Figur oder einen anderen Körper bearbeitet.

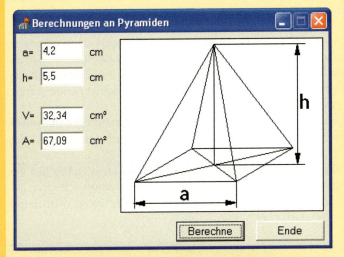

Benutze zum Laden der Grafiken die Image-Komponente aus der Komponenten-Palette ZUSÄTZLICH (▷ Kasten rechts).
Einfache Grafiken kannst du mit einem beliebigen Grafik-programm (z. B. *MS Paint*) selbst erstellen. Weitere Grafiken (▷ Bilder unten) findest du im Webangebot. www **171-1**

Speichere selbsterstellte Grafiken im BMP-Format ab, damit du sie später in *Delphi* laden kannst.

Komponenten (Auswahl)

 Image

Die *Image*-Komponente dient zum Darstellen von Grafiken und zum Zeichnen mit vorgegebenen Grafik-Befehlen.
Über die Eigenschaft *Picture* im Objektinspektor gelangt man in den *Bildeditor*:

Vom *Bildeditor* aus lässt sich mit dem Button LADEN eine beliebige BMP-Datei in die Komponente einlesen und zur Anzeige bringen.
Damit die eingelesene Grafik in voller Größe angezeigt wird, muss die Eigenschaft *Autosize* auf `True` gestellt werden.
Weitere Eigenschaften der Image-Komponente auf ▷ S. 186.

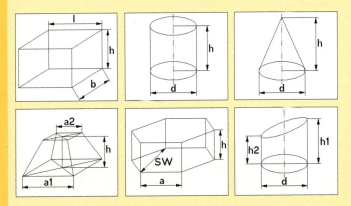

Das zweite Programm: Verschlüsseln von Texten

StringGrid

In einem *StringGrid* können Daten in Tabellenform dargestellt werden.

– Die Anzahl der Spalten und der Zeilen lässt sich über die Eigenschaften *ColCount* und *RowCount* einstellen.

– Über die Eigenschaft *Cells [Spalte, Zeile]* werden die anzuzeigenden Strings verwaltet.

– Mit den Eigenschaften *FixedCols* und *FixedRows* erstellt man fest eingestellte und grau markierte Tabellenspalten und -zeilen.

– Über die Eigenschaft *DefaultColWidth* legt man die Breite der Spalten fest.

UpDown

Mit Hilfe einer *UpDown*-Komponente lassen sich ganzzahlige Werte in einem vorgegebenen Bereich mittels der Pfeiltasten stufenweise ändern.

– Mit Hilfe der Eigenschaften *Min* und *Max* lässt sich der gewünschte Zahlbereich einstellen.

– Über die Eigenschaft *Position* kann der intern verwaltete Wert eingestellt bzw. ausgelesen werden.

– Durch die Eigenschaft *Associate* kann der interne Wert in einer anderen Komponente (z. B. einem Edit-Feld) angezeigt werden.

Das zweite Programm dient der Ver- und Entschlüsselung von Strings und von ganzen Textdateien. Das dabei verwendete **Cäsar-Verfahren** ist bereits sehr alt und nach dem römischen Feldherrn *Julius Cäsar* (100 v. Chr. bis 44 v. Chr.) benannt.

Beim Cäsar-Verfahren (auch Cäsar-Chiffre genannt) legt man zwei Alphabete untereinander und verschiebt das zweite Alphabet um einen bestimmten Wert gegenüber dem ersten Alphabet nach links. Die beim zweiten Alphabet links „überstehenden" Buchstaben werden abgeschnitten und am Ende angefügt. Im Bild 172|1 ist eine Verschiebung um den Wert 5 zu sehen.

Aus Gründen der Geheimhaltung, aber auch wegen der einfacheren Programmierung, ist es üblich, die zu verschlüsselnden Zeichen vor der Verschlüsselung in Großbuchstaben umzuwandeln. Außerdem müssen Umlaute und das „ß" vor der Verschlüsselung umgeschrieben werden (▷ „AnsiReplaceStr", S. 174 Randspalte).

Der Originaltext wird nun Buchstabe für Buchstabe mit Hilfe der so entstandenen Verschlüsselungstabelle „von oben nach unten" verschlüsselt.

Der Empfänger der Nachricht kennt den Schlüssel (die Größe der Verschiebung) und kann mit dieser Kenntnis und einer selbst erstellten Entschlüsselungstabelle den Geheimtext entschlüsseln. Dabei entschlüsselt er „von unten nach oben".

172|1 Ansicht des Programms zur Cäsar-Verschlüsselung

Im aktuellen Programm soll die Größe der Verschiebung einstellbar sein. Außerdem soll es möglich sein, die Leer- und Satzzeichen im Geheimtext auszublenden, damit die Entschlüsselung noch weiter erschwert wird.

1. *Überprüfe die Ausgabe des Geheimtextes (zweite Zeile) im Bild 172|1 mit der dort angegebenen Verschiebung von fünf Zeichen.*

Das Programm zur Cäsar-Chiffre verwendet vier neue Komponenten, deren Eigenschaften in den Randspalten auf den Seiten 172 und 173 erklärt sind. Die Komponenten *StringGrid* und *UpDown* sind auf den Palettenseiten ZUSÄTZLICH und WIN32 zu finden. *CheckBox* und *ListBox* befinden sich auf der Komponenten-Palette STANDARD.

1. *Erzeuge ein Formular entsprechend Bild 172|1 und benenne die Komponenten so:*
- CaesarStringGrid, EingabeEdit, AusgabeEdit, VerschiebewertEdit
- VerschluessleSatzButton, EntschluessleSatzButton, AbbruchButton
- AbisZCheckBox, UpDown, CaesarListBox.

2. *Stelle im Objektinspektor folgende Werte ein:*
- CaesarStringGrid: DefaultColWidth=20, FixedCols=0, FixedRows=0, ColCount=26, RowCount=2,
- UpDown: Position=1, Min=1, Max=25, Associate=VerschiebewertEdit.
- *Teste die Verbindung der UpDown-Komponente mit dem Edit-Feld, indem du das Programm startest und beide Richtungspfeile der UpDown-Komponente anklickst.*

3. *Entnimm alle anderen Angaben dem Bild 172|1.*

Programmplanung

Viele Programmierer programmieren nach Nennung einer Aufgabenstellung einfach „wild drauflos". Das Resultat sind fehleranfällige und unübersichtliche Programme. Günstiger ist folgende Arbeitsweise:
1. Man überlegt genau, welche Aufgaben das Programm zu erfüllen hat, wie es aussehen soll und was bei Betätigung der einzelnen Bildschirmelemente passieren soll.
2. Man prüft, ob einige Anforderungen mehrfach vorkommen. Diese lassen sich in kleine Unterprogramme auslagern, die man nur einmal programmieren muss (▷ „Selbst erstellte Funktionen…", S. 174).
3. Nun wird überlegt, welche weiteren Hauptfunktionen das Programm zu erledigen hat. Um das Programm übersichtlicher zu gestalten, lagert man diese Funktionalitäten in weitere Unterprogramme aus.

Bei den Punkten 2 und 3 spricht man von einer **Modularisierung** des Programms. In der Softwareindustrie macht die Programmplanung einen Großteil der Programmierung aus.

Die Programmierung

Konstanten. Häufig besteht die Notwendigkeit, dass Variablen während eines kompletten Programmablaufs immer einen konstanten Wert behalten. Dazu benutzt man Konstanten. Konstanten werden nicht mit dem bisher verwendeten Schlüsselwort `var`, sondern mit dem Schlüsselwort `const` deklariert. Werte werden an eine Konstante immer mit einem Gleichheitszeichen übergeben. Ein Beispiel:

```
const KonstanteMitString='Dies ist ein ganzer Satz.';
```

Funktionen (Auswahl)

Eine Auswahl von Funktionen zur **Stringverarbeitung:**

`Length` ermittelt die Länge eines Strings. Im folgenden Beispiel nimmt die Variable `Laenge` den Wert „15" an, da das Wort `Verschlüsselung` 15 Zeichen lang ist.

```
s:='Verschlüsselung';
Laenge:=Length(s);
```

`Pos` ermittelt, an welcher Position ein gesuchter String das erste Mal in einem anderen String auftritt. Im Beispiel wird der Suchstring `ta` im String `Tastatur` erst an der vierten Stelle gefunden, da die Groß- und Kleinschreibung berücksichtigt wird.

```
p:=Pos('ta','Tastatur');
```

`Copy` kopiert einen Teil aus einem String. Im Beispiel werden aus dem String `s1` ab der 4. Position 9 Zeichen in den String `s2` kopiert. Der String `s2` beinhaltet dann den Wert `schlüssel`.

```
s1:='Verschlüsselung';
s2:=Copy(s,4,9);
```

`AnsiUpperCase` wandelt einen String in Großbuchstaben um. Im Beispiel bekommt der String `s2` den Wert `'VERSCHLÜSSELUNG'`.

```
s1:='Verschlüsselung';
s2:=AnsiUpperCase(s1);
```

`AnsiReplaceStr` ersetzt in einem String einen Teilstring durch einen anderen Teilstring. Im Beispiel wird der Teilstring `ü` durch den Teilstring `ue` ersetzt. In `s2` steht anschließend der String `An der Kueste stuermt es.`

Wenn man die Funktion `AnsiReplaceStr` nutzt, muss man in der `uses`-Zeile (ganz oben im Quelltext) noch den Bezeichner `StrUtils` ergänzen.

```
s1:='An der Küste stürmt es.';
s2:=AnsiReplaceStr(s1,'ü','ue');
```

Globale Variablen und Konstanten. Die bisher verwendeten Variablen waren nur innerhalb der Prozedur gültig, in der sie deklariert wurden. Deshalb heißen sie **lokale Variablen**. Eine Variable, die innerhalb des gesamten Programms gültig sein soll, nennt man **globale Variable**.

Es gibt verschiedene Möglichkeiten, wo eine globale Variable oder auch eine globale Konstante deklariert werden kann. Im aktuellen Programm positioniert man die beiden benutzten Werte nach der Compileranweisung zum Einbinden des Formulars (`{$R *.dfm}`):

```
{$R *.dfm}

const KlartextAlphabet='ABCDEFGHIJKLMNOPQRSTUVWXYZ';
var GeheimtextAlphabet: String;
```

Selbsterstellte Funktionen und Prozeduren. Neben den Funktionen und Prozeduren, die in *Delphi* bereits enthalten sind, kann man eigene Befehle und Funktionen schreiben.

Diese Unterprogramme dienen verschiedenen Zwecken:
- Die Programme können übersichtlicher gestaltet werden. Dadurch lassen sich auch Fehler besser finden.
- Mehrfach benutzte Quelltexte können in ein solches Unterprogramm ausgelagert werden und stehen dann über den Aufruf des Unterprogramms zur Verfügung.
- Einmal geschriebene Unterprogramme können durch ihren modularen Charakter auch in anderen Programmen benutzt werden.

Hinweis: Eine globale Variable sollte nur benutzt werden, wenn es unbedingt notwendig ist (z. B. zum Datenaustausch). Lokale Variablen lassen sich besser überschauen und unerwünschte Randeffekte (unbeabsichtigtes Verändern eines Variableninhalts) lassen sich so eingrenzen.

Zum Aufbau einer Funktion:
- Eine Funktion beginnt immer mit dem Schlüsselwort `function`.
- Danach folgt der selbst gewählte Name der Funktion.
- Wenn an die Funktion Werte übergeben werden sollen, benutzt man dazu die Parameterübergabe in den runden Klammern.
- Jede Funktion gibt an den Benutzer einen Wert zurück. Der Variablentyp dieses Wertes steht, getrennt durch einen Doppelpunkt, am Ende der Kopfzeile der Funktion.

Der zurückzugebende Wert wird innerhalb der Funktion der universellen Variablen `Result` übergeben.

Die erste Funktion des Programms (▷ S. 175 oben) dient der Bearbeitung der Eingabe:
- Der Name `BearbeiteEingabe` soll dies verdeutlichen.
- Als Eingabe-Parameter wird der String `Eingabe` übergeben.
- Die Rückgabe der Funktion ist wieder vom Typ `String`.
- Zuerst wird die Eingabe komplett in Großbuchstaben umgewandelt.
- Anschließend erfolgt eine Umschreibung der Umlaute und des Buchstaben „ß".
- Zum Schluss wird das Ergebnis der universellen Variablen `Result` zur Rückgabe übergeben.

```
function BearbeiteEingabe(Eingabe: String):String;
begin
  Eingabe:=AnsiUpperCase(Eingabe);
  Eingabe:=AnsiReplaceStr(Eingabe,'Ä','AE');
  Eingabe:=AnsiReplaceStr(Eingabe,'Ö','OE');
  Eingabe:=AnsiReplaceStr(Eingabe,'Ü','UE');
  Eingabe:=AnsiReplaceStr(Eingabe,'ß','SS');
  Result:=Eingabe;
end;
```

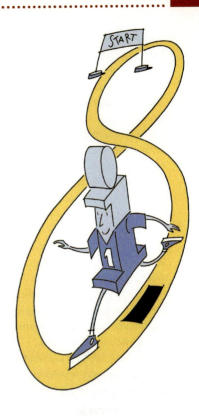

Schleifen in Programmiersprachen. Häufig wird in Programmen ein und derselbe Quelltext mehrfach aufgerufen. Damit man diesen Quelltext nur einmal schreiben muss, bedient man sich einer sogenannten Schleife. Eine Schleife gibt an, wie häufig der dort enthaltene Quelltext wiederholt werden soll. In *Delphi* gibt es verschiedene Arten von Schleifen, von denen nur die folgende Schleife vorgestellt wird.

Die for-to-do-Schleife. Die Wirkungsweise der for-to-do-Schleife wird am folgenden Beispiel erläutert. Dabei wird die Variable „i" (die so genannte Laufvariable der Schleife) mit dem Startwert 1 versehen. Anschließend wird „i" so oft erhöht, bis der Endwert 5 erreicht ist. Damit wird der Befehl ShowMessage fünfmal ausgeführt und es werden der Reihe nach die Zahlen von 1 bis 5 angezeigt.

```
var i: Integer;
begin
  for i:=1 to 5 do
    ShowMessage(IntToStr(i));
end;
```

Die zweite Funktion verwendet diese Schleife und den **indizierten Zugriff** (▷ Randspalte S. 173) sowie zwei Funktionen zur Stringverarbeitung (▷ Randspalte S. 174). Dabei wird im übergebenen String Buchstabe für Buchstabe geprüft, ob sich der Buchstabe im Alphabet befindet, das heißt, ob seine Position im Alphabet-String größer 0 ist.

```
function LoescheUnerlaubteZeichen(Eingabe: String):String;
var i : Integer;
begin
  Result:='';                  // leerer String ohne Inhalt
  for i:=1 to Length(Eingabe) do
    if Pos(Eingabe[i],KlartextAlphabet)>0
      then Result:=Result+Eingabe[i];    // siehe Randspalte
end;
```

Die nächste Funktion erstellt mit Hilfe des übergebenen Schlüssels ein Geheimtextalphabet, das zu dieser Verschiebung gehört.

```
function ErmittleGeheimAlphabet(Verschiebung: Integer): String;
begin
  Result:=
    Copy(KlartextAlphabet+KlartextAlphabet,Verschiebung+1,26);
end;
```

1. Analysiere die Wirkungsweise der Funktion ErmittleGeheimAlphabet *mit Hilfe einer Skizze.*

Die einzelnen Buchstaben eines Strings lassen sich über einen **Index** (eine Zahl in eckigen Klammern) ansprechen. Dabei beginnt die Zählung mit der Zahl 1. Der erste Buchstabe hat den Index 1, der zweite den Index 2 usw.

Zusammenfügen von Strings: Eine einfache Möglichkeit, zwei oder mehrere Strings zu verbinden, besteht in der Verwendung des Plus-Zeichens.
Im folgenden Beispiel hat der String s den Wert Mississippi.

```
s1:='ssi';
s2:='ppi';
s:='Mi'+s1+s1+s2;
```

Variablentypen (Auswahl)

`Char.` Zeichen werden im Variablentyp `Char` gespeichert (Abkürzung für engl. character = Buchstabe, Zeichen). Dabei benötigt jedes Zeichen genau ein Byte.

Die Zuordnung der Zeichen zu den entsprechenden Byte-Werten ist international standardisiert mit dem ANSI-Code (bzw. dem Vorgänger ASCII-Code). Entsprechende Tabellen findest du in einem Tafelwerk oder im Webangebot. www 176-1

`Boolean.` Die Speicherung von Wahrheitswerten erfolgt im Variablentyp `Boolean`. Der Variablentyp `Boolean` erhielt seinen Namen zu Ehren des englischen Mathematikers *George Boole* (1815–1864).

In *Delphi* findet man Wahrheitswerte als Ergebnis von Vergleichen oder als Werte im Objektinspektor (z. B. bei der Eigenschaft *Visible*).

Eine Boolean-Variable kann die Werte `True` oder `False` annehmen.

Das Verschlüsseln der Eingabe. Die wichtigste Funktion des Programms ist die Funktion `WandleTextUm`. Außer dem umzuwandelnden Text werden an die Funktion die beiden Alphabete übergeben. Je nach Reihenfolge der Übergabe dient die Funktion zum Ver- bzw. zum Entschlüsseln. Dabei wird der Text wieder Buchstabe für Buchstabe untersucht (Variablentyp `Char`) und die Position des untersuchten Buchstabens im ersten Alphabet ermittelt (also seine Position p in der Verschlüsselungstabelle). Anschließend wird der entsprechende Buchstabe des zweiten Alphabets ermittelt (über den Index p) und der so erhaltene Buchstabe dem Ausgabestring hinzugefügt.

```
function WandleTextUm(Eingabe, Alphabet1, Alphabet2: String):
                                                       String;
var i, p : Integer;
    c : Char;
begin
  Result:='';  // leerer String
  for i:=1 to Length(Eingabe) do
    begin
      c:=Eingabe[i];
      p:=Pos(c,Alphabet1);
      if p>0
        then Result:=Result+Alphabet2[p]
        else Result:=Result+c;
    end;
end;
```

Zugriff auf Komponenten eines Formulars. Wenn man auf Komponenten des Formulars zugreifen möchte, quittiert *Delphi* dies mit einer Fehlermeldung („Undefinierter Bezeichner…"). Ursache dieses Verhaltens ist die Datenkapselung (▷ Kapitel „Modellieren und Objektorientierte Modellierung", S. 151). Damit man mit einem eigenen Unterprogramm auf Elemente des Formulars zugreifen kann, muss man dieses zu einem Unterprogramm des Formulars machen. Dazu schreibt man zuerst eine Kopie der Kopfzeile an die im folgenden Ausschnitt angegebene Stelle des Quelltextes (hinzugefügter Quelltext ist hier fett hervorgehoben):

```
private
  { Private-Deklarationen }
  procedure ZeigeAlphabete;
```

Nun erweitert man die Kopfzeile um die Typangabe des Formulars (im Allgemeinen `TForm1`, wenn man das Formular nicht umbenannt hat):

```
procedure TForm1.ZeigeAlphabete;
var i : Integer;
begin
  GeheimtextAlphabet:=ErmittleGeheimAlphabet(UpDown.Position);
  for i:=1 to 26 do
    begin
      CaesarStringGrid.Cells[i-1,0]:=KlartextAlphabet[i];
      CaesarStringGrid.Cells[i-1,1]:=GeheimtextAlphabet[i];
    end;
end;
```

1. *Starte das Programm und teste die Funktion der Ausgabe der beiden Alphabete.*

Die Prozedur `ZeigeAlphabete` durchläuft beide Alphabete Buchstabe für Buchstabe und gibt dabei die Buchstaben in der Verschlüsselungstabelle (`CaesarStringGrid`) aus.

Diese Ausgabe sollte immer dann erfolgen, wenn die *UpDown*-Komponente angeklickt wird. Eine Ereignisbehandlungsroutine für dieses Ereignis erzeugt man mit einem Doppelklick auf diese Komponente. Der Quelltext besteht dann nur aus dem Aufruf von `ZeigeAlphabete`:

```
procedure TForm1.UpDownClick(Sender: TObject;
                                Button: TUDBtnType);
begin
  ZeigeAlphabete;
end;
```

Ausführen von Befehlen zum Programmstart. Das *OnCreate*-Ereignis des Formulars stellt sicher, dass ein bestimmter Befehl zum Programmstart ausgeführt wird. Eine Prozedur, die zu diesem Ereignis ausgeführt wird, erhält man durch einen Doppelklick mit der Maus auf eine freie Stelle des Formulars. Auch hier ruft man die Prozedur `ZeigeAlphabete` auf, da beim Programmstart bereits die Alphabete in der Tabelle angezeigt werden sollen:

```
procedure TForm1.FormCreate(Sender: TObject);
begin
  ZeigeAlphabete;
end;
```

Die beiden Prozeduren zur Ver- und Entschlüsselung eines Strings sind sehr ähnlich, sodass sie hier gemeinsam behandelt werden.

Zuerst erfolgt eine Bearbeitung der Eingabe: Die Buchstaben werden in Großbuchstaben umgewandelt und die Umlaute sowie der Buchstabe „ß" umgeschrieben.

Hat die `Boolean`-Eigenschaft *Checked* der Checkbox den Wert `True`, werden zusätzlich alle Zeichen der Eingabe entfernt, die sich nicht im Alphabet befinden (z. B. Leerzeichen, Satzzeichen, Ziffern). Das geschieht durch den Aufruf der Funktion `LoescheUnerlaubteZeichen`.

Anschließend erfolgt eine Umwandlung der Eingabe mit Hilfe der Funktion `WandleTextUm`. Die Reihenfolge der dabei übergebenen Alphabete entscheidet darüber, ob es sich um eine Ver- oder eine Entschlüsselung der Eingabe handelt. Durch diesen Trick wird das Programm übersichtlicher und man kann den Quelltext für die Entschlüsselung einsparen.

Zum Abschluss wird der umgewandelte Text ausgegeben:

```
procedure TForm1.VerschluessleSatzButtonClick(Sender: TObject);
var Eingabe, Ausgabe : String;
begin
  Eingabe:=EingabeEdit.Text;
  Eingabe:=BearbeiteEingabe(Eingabe);
  if ABisZCheckBox.Checked
    then Eingabe:=LoescheUnerlaubteZeichen(Eingabe);
  Ausgabe:=
    WandleTextUm(Eingabe,KlartextAlphabet,GeheimtextAlphabet);
  AusgabeEdit.Text:=Ausgabe;
end;
```

Weitere Schleifen in *Delphi*: Neben der behandelten for-to-do-Schleife existieren in *Delphi* drei weitere Arten von Schleifen. Teste die verschiedenen Schleifen anhand der vorgegebenen Quelltexte:

for-downto-do-Schleife:

```
for i:=10 downto 5 do
  ShowMessage(IntToStr(i));
```

while-do-Schleife:

```
i:=5;
while i<11 do
 begin
  ShowMessage(IntToStr(2*i));
  i:=i+1;
 end;
```

repeat-until-Schleife:

```
i:=1;
repeat
  i:=i*2;
  ShowMessage(IntToStr(i));
until i>1000;
```

Vor- und nachprüfende Schleifen: Die repeat-until-Schleife prüft die Abbruchbedingung erst nach ihrer Ausführung. Sie wird deshalb auch **nachprüfende Schleife** genannt. Alle anderen Schleifen sind **vorprüfende Schleifen**.

Komponenten (Auswahl)

 OpenDialog

Die *OpenDialog*-Komponente liefert das standardisierte *Windows*-Dialogfenster zum Öffnen von Dateien (▷ Bild 178|1).

- Der Aufruf des Dialogfensters erfolgt mit der Methode *Execute*. Diese Methode liefert den `Boolean`-Wert `True` zurück, wenn der Benutzer den Dialog mit Öffnen oder der Enter-Taste quittiert. Bei Abbruch des Dialogs wird `False` zurückgegeben.
- Der gewählte Dateiname wird in der Eigenschaft *FileName* abgelegt.
- In der Eigenschaft *Filter* gibt man an, ob alle oder nur bestimmte Dateien angezeigt werden.
- Mit Hilfe der Eigenschaft *InitialDir* lässt sich bestimmen, welchen Ordner das Dialogfenster beim Öffnen zuerst anzeigt.
- In der Eigenschaft *Title* kann man eintragen, welcher Text statt „Öffnen" in der Kopfzeile des Dialogfensters stehen soll.
- Die Eigenschaft *DefaultExt* legt die Standarderweiterung des Dateinamens im Dialogfenster fest.

178|1 Ansicht des OpenDialogs

Der Quelltext zum Entschlüsseln eines Satzes ist dem Quelltext zum Verschlüsseln (▷ S. 177 unten) sehr ähnlich:

```
procedure TForm1.EntschluessleSatzButtonClick(Sender: TObject);
var Eingabe, Ausgabe : String;
begin
  Eingabe:=EingabeEdit.Text;
  Eingabe:=BearbeiteEingabe(Eingabe);
  if ABisZCheckBox.Checked
    then Eingabe:=LoescheUnerlaubteZeichen(Eingabe);
  Ausgabe:=
    WandleTextUm(Eingabe,GeheimtextAlphabet,KlartextAlphabet);
  AusgabeEdit.Text:=Ausgabe;
end;
```

Um zu prüfen, ob sich ein verschlüsselter Text wieder richtig entschlüsseln lässt, benutzt man den *KopiereButton*. Der Text wird aus der Ausgabe in die Eingabe kopiert:

```
procedure TForm1.KopiereButtonClick(Sender: TObject);
begin
  EingabeEdit.Text:=AusgabeEdit.Text;
end;
```

1. *Teste das Programm ausführlich. Probiere aus, ob sich ein verschlüsselter Text wieder korrekt entschlüsseln lässt.*

2. *Verschlüssle einen Text mit einer bestimmten Verschiebung. Merke dir diesen Wert. Ermittle einen zweiten Wert, dessen Summe mit dem ersten Wert die Zahl 26 ergibt. Verschlüssle nun das Ergebnis der ersten Verschlüsselung mit dem zweiten Wert. Was stellst du fest?*

Komplette Textdateien verschlüsseln

Im zweiten Teil des Projektes wird nun die einfache Ver- und Entschlüsselung ganzer Dateien behandelt. Um Dateien komfortabel auswählen zu können, sollen dabei vorgefertigte **Dialogfenster** (kurz: **Dialoge**) zur Anwendung kommen, sowohl beim Laden als auch beim Speichern (▷ Bild 178|1).

Der komplex erscheinende Dialog lässt sich durch den Befehl *Execute* aufrufen. Da nach Aufruf des Dialogs weitere Aktionen nur sinnvoll sind, wenn man den Dialog nicht abgebrochen hat (durch Klick auf den Button Abbrechen oder auf das Kreuz in der rechten oberen Dialog-Ecke), ruft man den Dialog immer im Zusammenhang mit einer bedingten Anweisung (`if … then …`) auf:

```
if OpenDialog1.Execute then [...]
```

Nach dem Auslesen des Dateinamens wird die ausgewählte Datei in die ListBox geladen. Dazu dient die Methode *LoadFromFile* der Eigenschaft *Items* der ListBox (Erklärungen zur ListBox ▷ S. 173, Randspalte).

Hinweis: Es können nur reine Textdateien ver- und entschlüsselt werden. Dokumente mit anderen Steuerzeichen (z. B. Bilder, Musik-, Word-, Excel-Dateien) lassen sich mit diesem Programm nicht verschlüsseln.

Anschließend erfolgt der Zugriff auf die ListBox, Zeile für Zeile. Dieser Zugriff geschieht indiziert (Zahl in eckigen Klammern) über die Eigenschaft *Items* der ListBox. Sobald eine Zeile ausgelesen wurde, kann man diese Zeile auf die bereits behandelte Art weiterverarbeiten. Die umgewandelte Zeile wird danach wieder in die ListBox zurückgeschrieben.

Nach der Umwandlung der kompletten Datei erfolgt das Speichern der Datei. Auch hier wird wieder ein Datei-Dialog aufgerufen und das Resultat der Abfrage ausgewertet. Das Speichern geschieht mit der Methode *SaveToFile* von *Items*. Damit ergibt sich folgender Quelltext:

```
procedure TForm1.VerschluessleDateiButtonClick(Sender: TObject);
var i : Integer;
    Dateiname, Zeile : String;
begin
  if OpenDialog1.Execute then
    begin
      Dateiname:=OpenDialog1.FileName;
      CaesarListBox.Items.LoadFromFile(Dateiname);
      for i:=0 to CaesarListBox.Items.Count-1 do
        begin
          Zeile:=CaesarListBox.Items[i];
          Zeile:=BearbeiteEingabe(Zeile);
          if AbisZCheckBox.Checked
            then Zeile:=LoescheUnerlaubteZeichen(Zeile);
          Zeile:=WandleTextUm(Zeile,KlartextAlphabet,
                             GeheimtextAlphabet);
          CaesarListBox.Items[i]:=Zeile;
        end;
      if SaveDialog1.Execute then
        begin
          Dateiname:=SaveDialog1.FileName;
          CaesarListBox.Items.SaveToFile(Dateiname);
        end;
    end;
end;
```

1. *Teste das Programm ausführlich. Das Ergebnis der Verschlüsselung siehst du in der ListBox.*

Einstellungen an den Dialog-Komponenten vornehmen

Obwohl die Dialog-Komponenten bereits mit dem Aufruf ihrer Methode *Execute* volle Funktionsfähigkeit bieten, lassen sich noch einige weitere Einstellungen vornehmen.

Änderung des Datei-Filters. Die erste Einstellung betrifft die Dateien, die im Dialog angezeigt werden. Standardmäßig werden hier alle Dateien angezeigt, obwohl man mit dem Programm nur Textdateien verschlüsseln kann. Über die Eigenschaft *Filter* im Objektinspektor lässt sich Abhilfe schaffen. Nach Eingabe eines oder mehrerer Filter werden nur noch die Dateien entsprechend dem gewählten Filter angezeigt.

Im Bild 179|1 steht der Stern (*) als Platzhalter für einen beliebigen Dateinamen, sodass bei Auswahl des ersten Filters nur Dateien mit der Dateinamenserweiterung „txt" angezeigt werden. Beim Filter „*.*" werden Dateinamen mit beliebigen Erweiterungen angezeigt, also alle Dateien.

Komponenten (Auswahl)

 SaveDialog

Die *SaveDialog*-Komponente liefert den *Windows*-Standarddialog zum Speichern von Dateien. Alle weiteren Eigenschaften und Methoden entsprechen denen der OpenDialog-Komponente.

Hinweis: Die Dialog-Komponenten können an einer beliebigen Stelle des Formulars positioniert werden, da sie nach dem Programmstart unsichtbar sind.

179|1 Ansicht des Filter-Editors

Wie *Delphi* **zu seinem Namen kam.**
Bevor grafisch orientierte Betriebssysteme ihren Siegeszug antraten, gab es bei den Programmiersprachen nur eine reine Textausgabe.
Damals war die Programmiersprache *Turbo Pascal* der Firma *Borland* eine weit verbreitete Programmiersprache. Mit dem Aufkommen des grafisch orientierten Betriebssystems *Windows* stellte *Borland* mit *Turbo Pascal für Windows* eine Programmiersprache für grafische Oberflächen bereit. Das Produkt überzeugte jedoch nicht, da zur Erzeugung eines einfachen Ausgabefensters mehrere Seiten Quelltext notwendig waren.
Der Name *Turbo Pascal* war dadurch mit einem negativen Beigeschmack versehen, so dass man für eine neuere *Pascal*-Variante für *Windows* nach einem neuen Namen suchte.
Die neue Programmiersprache sollte auch Datenbanken unterstützen und eine Verbindung zur damals führenden Datenbank-Software *Oracle* ermöglichen. Einem der Entwickler kam ein Wortspiel in den Sinn:

Wenn du mit einem Orakel sprechen willst, so gehe nach Delphi.

Dieser Satz könnte auch so umgeschrieben bzw. interpretiert werden:

Wenn du mit [der Software] Oracle kommunizieren willst, so benutze [die Software] Delphi.

Diese Idee gefiel den Entwicklern und der Firmenleitung so gut, dass es zum Programmnamen *Delphi* kam.

Die ausführliche Geschichte findest du im Webangebot. www **180-1**

Änderung des Startordners der Dialoge. Wenn man den Dialog zum Laden oder zum Speichern öffnet, erscheinen meist nicht die Dateien des aktuellen Programmordners, sondern Dateien eines anderen Ordners. Oft ist dies der Ordner, in dem zuletzt ein solcher Dialog geöffnet wurde.
Über die Eigenschaft *InitialDir* lässt sich ein fester Startordner zum Laden bzw. Speichern von Dateien einstellen (z. B. *D:\Daten\Geheim*). Dies kann im Objektinspektor oder im Quelltext erfolgen (neu hinzugefügter Quelltext ist hier fett hervorgehoben):

```
begin
  OpenDialog1.InitialDir:='D:\Daten\Geheim\';
  if OpenDialog1.Execute then [...]
```

1. *Nimm die auf Seite 179 beschriebenen Einstellungen in beiden Dialog-Komponenten vor und teste die verschiedenen Filter.*

2. *Der Quelltext zum Entschlüsseln von Dateien entspricht zu großen Teilen dem Quelltext, der beim Verschlüsseln verwendet wurde. Erstelle den fehlenden Quelltext selbstständig und teste seine Funktion mit einer von dir verschlüsselten Datei.*

Einstellen des aktuellen Programmordners. Wenn nicht ein fester Ordner, sondern der aktuelle Programmordner eingestellt werden soll, müssen zwei weitere *Delphi*-Funktionen verwendet werden. Die Funktion `ParamStr` gibt bei Übergabe des Parameters „0" den kompletten aktuellen Programmpfad (z. B. *D:\Daten\Geheim\Caesar.exe*) zurück.
Aus diesem Programmpfad lässt sich der Programmordner mit Hilfe der Funktion `ExtractFileDir` ermitteln. Somit ergibt sich die folgende Quelltextänderung (Änderung ist fett hervorgehoben):

```
begin
  OpenDialog1.InitialDir:=ExtractFileDir(ParamStr(0));
  if OpenDialog1.Execute then [...]
```

Änderung der Kopfzeile des Dialogs. Anstatt die beiden Standardkopfzeilen der Dialoge *Öffnen* und *Speichern unter* zu verwenden, kann man dem Nutzer in diesen Zeilen über die Eigenschaft *Title* weitere Hinweise geben. Beim Verschlüsseln von Dateien könnte der Quelltext z. B. um folgende Zeilen ergänzt werden (ergänzte Zeilen sind hier fett hervorgehoben):

```
begin
  OpenDialog1.InitialDir:=ExtractFileDir(ParamStr(0));
  OpenDialog1.Title:='Welche Datei soll verschlüsselt werden?';
  SaveDialog1.Title:=
    'Welchen Namen soll die verschlüsselte Datei erhalten?';
  if OpenDialog1.Execute then [...]
```

3. *Führe die angegebenen Quelltextänderungen für das Verschlüsseln von Dateien beim Quelltext aus und teste die beschriebene Auswahl des Programmordners und die neuen Titelzeilen der Dialoge.*

4. *Überlege dir sinnvolle Dialogüberschriften für das Entschlüsseln von Dateien und ändere bzw. teste auch diesen Quelltext.*

Exkurs: Wie sicher ist die Cäsar-Chiffre?

Das Entschlüsseln eines mit Cäsar verschlüsselten Textes ist recht einfach, da man nur 25 verschiedene Varianten der Verschiebung testen muss. Noch einfacher funktioniert die Entschlüsselung mit Hilfe eines Computers. Ein guter Kryptologe lässt den Computer zählen, wie häufig die einzelnen Buchstaben auftreten. Daraus wird ein **Histogramm** (Häufigkeitsdiagramm) erstellt.

Bereits vor vielen hundert Jahren haben Wissenschaftler herausgefunden, dass die Häufigkeitsverteilung der Buchstaben bei längeren Texten für ein und dieselbe Sprache nahezu identisch ist. Wenn man nun das Histogramm des verschlüsselten Textes (▷ Bild 181|2) mit dem Histogramm eines anderen deutschen Textes vergleicht (▷ Bild 181|1), erkennt man schnell, um wie viele Buchstaben der Text mit Hilfe der Cäsar-Verschlüsselung verschoben wurde.
Bei den analysierten Texten handelt es sich um „Wallensteins Lager" von *Friedrich Schiller* und „Der Prozess" von *Franz Kafka*. Die Analyse würde aber bei jedem deutschen Text ein sehr ähnliches Ergebnis bringen.

1. *Welcher Schlüssel wurde bei dem Text im Bild 181|2 verwendet?*

2. *Wird die Verschlüsselung sicherer, wenn man einen Text mit der Cäsar-Verschlüsselung mehrfach verschlüsselt? Begründe.*

3. *Für Kryptoprofis: Im Bild 172|1 (▷ S. 172) ist unten in der ListBox der verschlüsselte Beginn einer Textdatei zu sehen.*
Wie lautet die erste Zeile des deutschen Originaltextes?
Hinweis: Es wurde nicht die im Bild dargestellte Verschiebung von 5 verwendet.

4. *Welchem Roman wurde der in Aufgabe 3 entschlüsselte Text entnommen und wer ist der Autor des Werkes?*

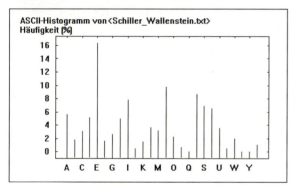

181|1 Histogramm eines deutschen Textes (unverschlüsselt)

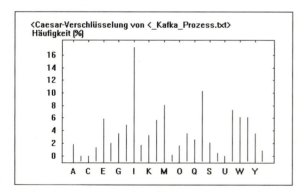

181|2 Histogramm eines deutschen Textes (Cäsar-verschlüsselt)

Hinweis: Die Häufigkeitsverteilung spielt auch beim „Knacken" von komplizierten Verschlüsselungsverfahren eine große Rolle. Man sollte dies beachten, bevor man wichtige Daten mit einfachen, selbst programmierten Verfahren verschlüsselt.

Projekt 1   Projekt 2   Projekt 3

Der Krebs, ein anderes Verschlüsselungsverfahren.
Die Eigenschaft einiger Krebse, rückwärts zu laufen,
gab dem Verschlüsselungsverfahren *Krebs* seinen
Namen. Der Text wird wortweise rückwärts aufgeschrieben. Aus dem Klartext „DAS IST GEHEIM" wird
nach Anwendung der Regel der Text „SAD TSI MIE-
HEG".
Bei der Programmierung dieses Verfahrens kannst
du große Teile des vorhandenen Quelltextes des Cäsar-Verfahrens benutzen. Die folgenden Hinweise
sollen dir helfen:

Fertige vom Ordner des Cäsar-Verfahrens eine Kopie
an und benenne den kopierten Ordner um (z.B. in
„Krebs").
Die Leerzeichen sollten diesmal nicht entfernt werden, da sich der Text sonst zwar gut verschlüsseln,
maschinell aber nicht mehr entschlüsseln ließe.
Zum Ver- und Entschlüsseln kannst du dasselbe Verfahren benutzen. Überlege, warum.

Für das Rückwärtsschreiben eines Wortes kannst du eine eigene Funktion Revers programmieren.
Die größte Schwierigkeit besteht darin, das Ende eines Wortes zu finden. **Tipp:** Du kannst davon ausgehen,
dass ein Wort beendet ist, wenn du ein unerlaubtes Zeichen findest. Die bis dahin gefundenen Buchstaben
eines Wortes kannst du zum Entschlüsseln jeweils an die von dir geschriebene Funktion Revers übermit-
teln.

Der folgende Quelltext unterstützt dich bei der Lösung. Überlege und diskutiere mit deinen Mitschülern
zuerst ausführlich, welche Bedeutung die einzelnen Zeilen haben.

```
function WandleTextUm(Eingabe: String): String;
var i, p: Integer;
    c: Char;
    Wort: String;
begin
  result:='';
  Wort:='';
  for i:=1 to Length(Eingabe) do
    begin
      c:=Eingabe[i];
      p:=Pos(c,Alphabet);
      if p>0
        then Wort:=Wort+c
        else
          begin
            Result:=Result+Revers(Wort);
            Result:=Result+c;
            Wort:='';
          end;
    end;
  Result:=Result+Revers(Wort);
end;
```

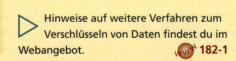

Hinweise auf weitere Verfahren zum
Verschlüsseln von Daten findest du im
Webangebot. **182-1**

Projekt 1   **Projekt 2**   Projekt 3

Ein besseres Verschlüsselungsverfahren: die Alberti-Scheibe. Der italienische Wissenschaftler *Leon Battista Alberti* (1404–1472) beschriftete zwei gegeneinander drehbare Scheiben mit unterschiedlich angeordneten Alphabeten (moderne Version der Scheibe ▷ Bild).

Man kann einen Text verschlüsseln, indem man die Position der Scheiben mit dem Empfänger verabredet und anschließend die Buchstaben des Textes „von außen nach innen" verschlüsselt. Doch auch dieses Verfahren lässt sich mit der Häufigkeitsanalyse „knacken".
Albertis geniale Idee war, die innere Scheibe nach einem – mit dem Empfänger verabredeten – Schema zu drehen, z. B. um eine Position im Uhrzeigersinn nach jedem verschlüsselten Buchstaben.
Programmiere zuerst die einfache Variante des beschriebenen Verfahrens. Dabei kannst du große Teile des Cäsar-Programms verwenden. Ändere anschließend das Programm so, dass man es für die zweite Variante nutzen kann.

Projekt 1   Projekt 2   **Projekt 3**

Rechnen mit Finanzen. Beim „Sparen mit festem Zinssatz" wird ein einmal eingezahlter Betrag über einen vorher festgelegten Zeitraum bei einer Bank hinterlegt. Die jährlich anfallenden Zinsen werden dem Konto gutgeschrieben und bringen zusätzliche Zinsen.
Im Bild ist ein Beispiel für den Anstieg des Geldbetrages auf einem Festzinskonto zu sehen.
Programmiere ein Projekt, bei dem der Nutzer Anlagebetrag und Zinssatz frei verändern kann; die Laufzeit soll vorerst fest sein und 10 Jahre betragen.

Tipps
- Überprüfe, ob du verstanden hast, wie die Werte in der Tabelle zustande kommen, indem du die erste Zeile mit dem Taschenrechner nachrechnest.
- Benutze zur Ausgabe der gerundeten Werte die Funktion `FloatToStrF`.
- Für eine Ausgabe wie z. B. „16,25 €" wandle den Zahlenwert in einen String um und addiere Leerzeichen und €-Zeichen.
- Stelle durch einen Quelltext im *OnCreate*-Ereignis des Formulars sicher, dass die grauen Tabellenfelder bereits beim Programmstart beschriftet werden.

Festzinssparen

Anlagebetrag in €: 500
Zinssatz in %: 3,25

Jahr	Anfang	Zinsen	Ende
1	500,00 €	16,25 €	516,25 €
2	516,25 €	16,78 €	533,03 €
3	533,03 €	17,32 €	550,35 €
4	550,35 €	17,89 €	568,24 €
5	568,24 €	18,47 €	586,71 €
6	586,71 €	19,07 €	605,77 €
7	605,77 €	19,69 €	625,46 €
8	625,46 €	20,33 €	645,79 €
9	645,79 €	20,99 €	666,78 €
10	666,78 €	21,67 €	688,45 €

Rechnen   Abbrechen

Wenn du dein Programm erfolgreich getestet hast, erweitere es um die Möglichkeit, dass der Nutzer auch die Laufzeit einstellen kann.
Erweitere dazu das Programm um ein Edit-Feld zur Eingabe der Laufzeit und um ein Edit-Feld zur Anzeige des Gesamtgewinns. Beachte dabei:
- Nach der Ermittlung der Laufzeit musst du die Anzahl der Zeilen der Tabelle ändern (*RowCount*).
- Wenn die Laufzeit kleiner als die Tabellengröße ist (Anzahl der Zeilen), wird die Tabelle im unteren Teil mit einem weißen Rand dargestellt. Deshalb sollte in diesem Fall die Anzahl der Zeilen nicht verändert werden.

Die Inhalte des Kapitels „Modellieren und Objektorientierte Modellierung" (▷ S. 147 ff.) sind Voraussetzung zum Verständnis dieses Ausblicks.

Hierarchie

TObject
  |
TPersistent
  |
TComponent
  |
TControl
  |
TWinControl
  |
TScrollingWinControl
  |
TCustomForm
  |
TForm

184|1 *Die Klasse TForm in der Objekthierarchie von* Delphi

184|2 *Komplette Objekthierarchie in* Delphi 7

Ausblick: Objektorientierte Programmierung

Im Kapitel zur Objektorientierten Modellierung wurde besprochen, dass die Objektorientierte Programmierung für die Erstellung großer Programme eine enorme Bedeutung hat. Einige dort behandelte Schwerpunkte und Begriffe werden hier noch einmal aufgegriffen, für *Delphi* konkretisiert und mit Beispielen verdeutlicht.

Objekte in Delphi. Das Programm *Delphi* selbst ist mit seiner Oberfläche und seinen Komponenten objektorientiert programmiert. Man kann dies leicht selbst erkunden, wenn man in der *Delphi*-Hilfe die Hierarchie eines Formulars anzeigen lässt (▷ Bild 184|1). Dieses Bild bedeutet:
– Es gibt eine Klasse ***TObject***, die die **Basisklasse** (oder der Vorfahre) aller in *Delphi* programmierten Klassen (und Komponenten) ist.
– Von der Klasse *TObject* ist die Klasse *TPersistent* abgeleitet, die hier aber nicht näher besprochen werden soll.
– Die davon abgeleitete Klasse *TComponent* ist Vorfahre aller Komponenten. *TForm* ist (über einige weitere Schritte) ein Nachfahre von *TComponent*.

Die komplette Objekthierarchie in *Delphi* ist so umfassend, dass sie hier nicht ausführlich besprochen werden kann. Ihr Ausdruck ist fast einen Quadratmeter groß (▷ Bild 184|2).

Aggregation von Komponenten. Aus objektorientierter Sicht war das Platzieren der einzelnen Komponenten auf dem Formular bereits eine Objektorientierte Programmierung. Man kann auch sagen, dass das Formular die Komponenten aggregiert.

Eine Klasse von einer anderen Klasse ableiten (Vererbung). Alle in *Delphi* erstellten Programme, die ein Formular besitzen, sind automatisch mit Hilfe der Vererbung programmiert.

Der folgende Ausschnitt aus einem *Delphi*-Programm soll Aggregation und Vererbung näher erläutern:

```
type
  TForm1 = class(TForm)
    Button1: TButton;
    [...]
  end;
```

Dies bedeutet nichts anderes, als dass eine neue Nachfolgeklasse (`TForm1`) der ursprünglichen Formularklasse (`TForm`) erstellt wird. Sie kann all das, was das ursprüngliche Formular auch kann. Beim Programmieren in *Delphi* lassen sich bereits vorhandene Fähigkeiten einzelner Komponenten nutzen und um eigene Aspekte erweitern. Der große Vorteil besteht darin, dass alle bereits vorhandenen (geerbten) Funktionalitäten nicht erneut programmiert werden müssen.
Der Button `Button1` wurde auf dem Formular platziert (von der Klasse `TForm1` aggregiert) und erscheint dadurch automatisch im Quelltext der Klasse `TForm1` zwischen den Schlüsselwörtern `class` und `end`.

Modell einer Ampel, objektorientiert programmiert

Ziel. Die auf den Projektseiten zur Objektorientierten Modellierung besprochene Ampel (▷ S. 155, Projekt 2) soll hier in ähnlicher Art mit einer grafischen Ausgabe programmiert werden.

185|1 Die fünf Zustände der Ampel

Analyse. Zu Beginn der Programmierung erfolgt eine kurze Analyse des Ziels, aber auch der bereits vorhandenen Fähigkeiten.

- Um die grafischen Funktionen von *Delphi* mit geringem Aufwand nutzen zu können, soll die Ampelklasse ein Nachfahre der bereits im Projekt 3 auf Seite 171 verwendeten **Image**-Komponente sein.
- Der Zustand der Ampel (aus, rot, rot-gelb, grün oder gelb) soll in einer `Integer`-Variablen gespeichert werden (Attribut mit Zugriffsart **protected**).
- Zum Einstellen des Zustands der Ampel benutzt man eine sogenannte **Set-Methode** (Methode zum Setzen eines Attributes).
- Die Abfrage des Zustands der Ampel erfolgt mit einer **Get-Methode** (Methode zum Auslesen eines Attributes).
- Das Ampel-Objekt wird mit einem **Konstruktor** (Methode zum Erstellen eines Objektes) erstellt. Üblicherweise haben Konstruktoren den Name **Create**. Für die Positionierung der Ampel sollen in der Parameterübergabe des Konstruktors auch die Koordinaten der linken oberen Ecke übergeben werden. Außerdem wird der Komponente mitgeteilt, auf welchem Formular sie angezeigt werden soll.

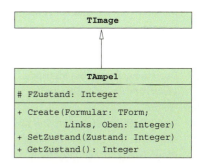

185|2 UML-Diagramm der Ampel-Klasse

Design. Aus den Punkten der Analyse lässt sich ein **UML-Diagramm** (▷ S. 152) erstellen, das die besprochenen Schwerpunkte beinhaltet (▷ Bild 185|2). Man erkennt die Vererbung, das Attribut für den Zustand und die besprochenen Methoden.

Hinweis: Im Englischen ist es üblich, ein **Attribut** auch als **Field-Variable** zu bezeichnen. Deshalb schreibt man in *Delphi* ein „F" vor den eigentlichen Attributnamen (z. B. `FZustand`).

Programmierung. Nachdem man ein neues Projekt erstellt und gespeichert hat, erzeugt man für die neu zu erstellende Ampelklasse eine weitere Quelltextdatei (**Unit**) über den Menüpunkt DATEI ▶ NEU ▶ UNIT.
Anschließend speichert man die Unit mit DATEI ▶ SPEICHERN UNTER mit dem Namen *uTAmpel.pas*. Der erstellte Quelltext sieht so aus:

```
unit uTAmpel;

interface

implementation

end.
```

Einbinden anderer Units. Für die in der Ampelklasse benötigten Funktionalitäten muss man drei in *Delphi* vorhandene Units benutzen. Die im Quelltext benutzten Units werden wie folgt benötigt:

- `ExtCtrls` für `TImage` (Klasse mit der Image-Komponente),
- `Forms` für das Formular, auf dem die Ampel platziert werden soll,
- `SysUtils` für die Funktion `IntToStr`.

Tipp

Auch Profis lassen sich helfen. Programmierer nutzen **CASE-Tools** (**C**omputer-**A**ided **S**oftware Engineering = Computerunterstützte Softwareentwicklung), um die Programmierung zu vereinfachen.
Wenn man mit einem solchen Programm ein UML-Diagramm erstellt hat, erzeugt dieses Programm den größten Teil des *Delphi*-Quelltextes automatisch. Ein für Schulzwecke geeignetes Programm findest du im Webangebot.　www **185-1**

Tipp

Benutzen anderer Units. Die in *Delphi* mitgelieferten Prozeduren, Funktionen und Komponenten sind in Form von Units gespeichert. Will man die Inhalte dieser Units benutzen, bindet man sie mit dem Schlüsselwort `uses` ein (▷ Quelltext der folgenden Seite).

Komponenten (Auswahl)

 Image

Die *Image*-Komponente dient zum Darstellen von Grafiken oder zum Zeichnen mit vorgegebenen Grafik-Befehlen.

– Über die Eigenschaft *Picture* im Objektinspektor kann man eine beliebige BMP-Datei in die Komponente einlesen und zur Anzeige bringen.

– Das Einlesen einer BMP-Datei ist auch mit einem Befehl möglich. Dazu benutzt man die Methode *LoadFromFile* der Eigenschaft *Picture*.

– Über die Eigenschaft *AutoSize* lässt sich einstellen, ob von der eingelesenen Grafik so viel dargestellt wird, wie es der Größe der *Image*-Komponente entspricht (Wert = `False`), oder ob die Image-Komponente automatisch ihre Größe an die Bildgröße anpasst (Wert = `True`).

 Timer

Mit der *Timer*-Komponente lassen sich Ereignisse zeitlich steuern.

– Die wichtigste Eigenschaft des Timers ist die Eigenschaft *Intervall*. Die hier eingegebene Zahl gibt an, alle wie viele Millisekunden das *OnTimer*-Ereignis des Timers aufgerufen wird.

Durch einen Doppelklick auf die *Timer*-Komponente (zur Entwicklungszeit) wird eine Ereignisbehandlungsroutine für das *OnTimer*-Ereignis des Timers erzeugt (▷ Beispiel auf S. 187).

Erstellen der Klassendeklaration. Die Umsetzung des UML-Klassendiagramms erreicht man mit folgendem Quelltext:

```
interface

uses ExtCtrls, Forms, SysUtils;

type
  TAmpel = class(TImage)    // hier steht die Vererbung
  protected                 // Attribute sind immer geschützt
    FZustand : Integer;
  public                    // Methoden sind (meist) öffentlich
    constructor Create (Formular: TForm; Links, Oben: Integer);
    procedure SetZustand (Zustand: Integer);
    function GetZustand: Integer;
  end;
```

Implementieren der Klassendeklaration. Bisher wurde beschrieben, was die Ampel können soll. Diese Funktionalitäten müssen nun erstellt werden. Ihre Programmierung (Implementierung) erfolgt im Quelltext nach dem Schlüsselwort `implementation`.

Erstellen des Objektes. Im **Konstruktor** (engl. constructor) wird zuerst die geerbte (inherited) Methode *Create* von *TImage* aufgerufen, damit die geerbten Merkmale von *TImage* bereitgestellt werden. Über *Parent* wird festgelegt, auf welcher Komponente sich die Ampel befinden soll. Über die Methode *LoadFromFile* wird das Bild einer ausgeschalteten Ampel eingelesen. Damit ergibt sich folgender Quelltext:

```
implementation

constructor TAmpel.Create (Formular: TForm;
                           Links, Oben: Integer);
begin
  inherited Create(Formular);
  FZustand:=0;              // Anfangszustand: Ampel aus
  Left:=Links;             // linker Rand
  Top:=Oben;               // oberer Rand
  Parent:=Formular;
  AutoSize:=True;          // Größe des Ampel automatisch
  Picture.LoadFromFile('Ampel0.bmp');
end;
```

Absicherung der Eingabe. In der Methode zum Setzen des Zustandes der Ampel wird der Wert nicht einfach übernommen, sondern er wird auf eine korrekte Größe hin überprüft. So kann abgesichert werden, dass falsche Eingaben keine Fehlfunktion der Ampel hervorrufen (z. B. alle Lampen an). Wenn der Zustand überprüft wurde, erfolgt das Einlesen der zum Zustand gehörenden Grafik. Dies ist ein Beispiel für die **Datenkapselung** in der Objektorientierten Programmierung.

```
procedure TAmpel.SetZustand (Zustand: Integer);
begin
  if (Zustand<0) or (Zustand>4) then Zustand:=0;
  FZustand := Zustand;
  Picture.LoadFromFile('Ampel'+IntToStr(FZustand)+'.bmp');
end;
```

Abfrage des Ampelzustands. Zur Abfrage des Ampelzustands dient der folgende Quelltext:

```
function TAmpel.GetZustand : Integer;
begin
  Result:= FZustand;
end;
```

187|1 Formular vor dem Start

Der Test der Ampelklasse. Zur Ansteuerung der Ampel sind folgende Schritte notwendig:

1. Einbinden der Unit uTAmpel in die uses-Zeile des Formulars,
2. Erstellen einer **global** gültigen Objektvariablen zur Erzeugung eines Ampelobjekts,
3. Erzeugen eines Ampelobjekts beim Programmstart (deshalb im *On-Create*-Ereignis des Formulars) und
4. Ansteuern der Ampel mit Hilfe der SetZustand-Methode.

Dazu dienen die folgenden drei Quelltextausschnitte (neuer Quelltext im ersten Ausschnitt fett gedruckt):

```
{$R *.dfm}
var Ampel : TAmpel;
```

187|2 Formular nach dem Start

```
procedure TForm1.FormCreate(Sender: TObject);
begin
  // linke obere Ecke der Ampel an der Stelle x=16 und y=16
  Ampel:=TAmpel.Create(Form1,16,16);
end;
```

```
procedure TForm1.AmpelRotButtonClick(Sender: TObject);
begin
  // Zustand 1 entspricht Farbe rot
  Ampel.SetZustand(1)
end;
```

Da die Ampel keine Komponente ist, sondern ein Objekt, das erst beim Programmstart erzeugt wird, ist sie im Entwicklungsmodus (▷ Bild 187|1) nicht zu sehen. Nach dem Starten des Programms ist sie sofort sichtbar (▷ Bild 187|2).

Die automatische Ampelsteuerung. Mit einer Timer-Komponente (▷ Randspalte, S. 186) kann man den Ablauf der Ampel automatisch steuern. Die Eigenschaft *Intervall* des Timers sollte dabei einen Wert im Bereich von ca. 1000 bis 2000 haben.

```
procedure TForm1.Timer1Timer(Sender: TObject);
var Zustand : Integer;
begin
  // Zustand der Ampel erfragen
  Zustand:=Ampel.GetZustand;
  // zum nächsten Zustand weiter schalten
  Zustand:=Zustand+1;
  // nach Zustand 4 wieder auf Zustand 1 schalten
  if Zustand>4 then Zustand:=1;
  Ampel.SetZustand(Zustand);
end;
```

1. Benutze ein Zeichenprogramm deiner Wahl und zeichne das Bild einer Ampel (Rechteck mit drei Kreisen). Fülle dann die Kreise jeweils so aus, dass sich fünf Bilder ergeben, die denen in Bild 185|1 entsprechen. Speichere die Bilder unter den fünf Dateinamen:
- *bild0.bmp – alle Lampen aus,*
- *bild1.bmp – rot an,*
- *bild2.bmp – rot und gelb an,*
- *bild3.bmp – grün an und*
- *bild4.bmp – gelb an.*

Hinweis: Achte darauf, dass du die Bilder im selben Ordner wie das Delphi-Programm abspeicherst.

Sollte dir die Erstellung der Bilder nicht gelingen, findest du die Bilder im Webangebot. www **187-1**

2. Implementiere die angegebenen Quelltexte und teste die Funktion des ersten Buttons. Ergänze anschließend den Quelltext der restlichen vier Buttons und teste das Programm erneut.

Zusammenfassung

Grundlagen

Die kleinste Einheit für die Speicherung von Daten ist ein **Bit**. Acht Bit werden zu einem **Byte** zusammengefasst.

Die **Prozessoren** in Computern verstehen nur **Maschinensprache**. Deshalb müssen Programme aus höheren Programmiersprachen in Maschinensprache übersetzt werden. Zu dieser Übersetzung benutzt man **Interpreter** oder **Compiler**.

Variablentypen in *Delphi*

In modernen Programmiersprachen werden Daten im Computer mit Hilfe von Variablen gespeichert:
- Zur Speicherung von **ganzen Zahlen** benutzt man den Variablentyp `Integer`.
- Zur Speicherung von **gebrochenen Zahlen** benutzt man den Variablentyp `Double`.
- **Zeichen** werden im Variablentyp `Char` gespeichert.
- Die Speicherung von **Wahrheitswerten** erfolgt im Variablentyp `Boolean`.
- **Zeichenketten** werden im Variablentyp `String` gespeichert.

Eine Variable, die innerhalb einer Prozedur oder Funktion deklariert ist, nennt man **lokale Variable**. Lokale Variablen sind nur innerhalb dieser Funktion oder Prozedur gültig.

Wenn eine Variable innerhalb des ganzen Programms gültig ist, spricht man von einer **globalen Variablen**. Da die Programmierung mit globalen Variablen sehr fehleranfällig ist, sollte man eine globale Variable nur verwenden, wenn sie unbedingt notwendig ist.

Programmplanung

Vor Beginn jeder Programmierung sollte eine **gründliche Planung** stattfinden. Dabei ist sorgfältig zu klären, was das Programm können soll und wie die einzelnen Teile des Programms funktionieren sollen. Spätere Änderungen am Gesamtkonzept sind häufig nur mit großem Aufwand zu realisieren.

Programmierung

Die **Bezeichner** von Variablen, Konstanten, Prozeduren und Funktionen sind mit aussagekräftigen Namen zu versehen. Dadurch wird das Programm besser lesbar und eine eventuelle Fehlersuche wird vereinfacht.

Auch **Komponenten** sollten aussagekräftige Namen erhalten, aus denen ihr Typ und ihr Verwendungszweck hervorgeht.

Teile des Programms sollten in kleinere **Unterprogramme** (Funktionen und Prozeduren) ausgelagert werden. Das erhöht die Übersichtlichkeit des Programms und erleichtert die Fehlersuche.

Testen von Programmen

Programme sollten vor ihrem Einsatz immer ausführlich getestet werden.

Beim Test sind außer den „normalen" Werten auch Werte zu testen, die sich am Rand der erlaubten Eingabe oder in unerwarteten Bereichen befinden (negative Werte, null, sehr große oder sehr kleine Zahlen usw.).

▷ Berühmte und teilweise kuriose Fehler, die durch mangelhafte Planung oder unzureichende Programmtests hervorgerufen wurden, findest du unter www **188-1** im Webangebot.

Register

Bildquellenverzeichnis:
Titelseite Cooperative Association for Internet Data Analysis, University of California, San Diego (made with „Walrus"-software); 5 o. picture-alliance/dpa/Försterling; u. l. Wikimedia/GNU/Bill Bertram; 6 Katharina Strohmeier; 18 o. Esselte GmbH; u. l. adpic/ Antl; u. r. Cornelsen Verlag/Peter Hartmann; 21/22 o./23/33 Katharina Strohmeier; 22 M./25 u. ProfilFoto Marel Lange, Berlin; 22 u. Cornelsen Verlagsarchiv; 25 o. IBM Deutschland, Stuttagrt; 32 ALDI Nord/Werbung; 35 picture-alliance/dpaweb/Bösl; 38 Katharina Strohmeier; 42 METRO AG/Unternehmenskommunikation; 49 pixelio/Paul-Georg Meister; 52/56 Wolfgang Tews; 57 Frankfurter Rundschau; 59 o. Daimler Mercedes Benz AG/Brand Communications; u. Wolfgang Tews; 61/63 Mali Management, St. Gallen (CH)/Prof. Frederic Vester; 69 Cornelsen Verlag; 76 Wolfgang Tews; 77 Cornelsen Verlag; 79 Cooperative Association for Internet Data Analysis, University of California, San Diego (made with „Walrus"-software); 81 l. 1&1/Dirk-Thomas Meffert; u. Dietmar Karau; r. Katharina Strohmeier; 82 Arcor; 85 Copyright Google Earth; 88 Cornelsen Verlagsarchiv; 91 Wikipedia/GNU/HNL; 93 u. l. Klaus Wetzstein; u. r. Matrix Corp. (SE), Berlin; 97 M. Institut für Internet-Sicherheit, Prof. Pohlmann; o. r. picture-alliance/dpa/Deutsche Telekom AG; 101; 104/105/106/107/118 AP/Elise Amendola; 112 o. l., o. r., u. 2. v. r. picture-alliance/Sven Simon; o. M. Diddy Management; M. picture-alliance/dpa/AFP; M. r. Greenpeace e. V./Media GmbH; u. l. picture-alliance/dpa/epa/Buck; u. 2. v. l. Cornelsen Verlagsarchiv; u. r. Red Hot Chili Peppers/Pressebild; 113 o. l. Wikipedia/GNU/Christian Thiele; o. r. Cornelsen Verlagsarchiv; M. r. Wikipedia/GNU/Thomas Robbin; alle anderen Cornelsen Verlagsarchiv; 123 mit frdl. Genehmigung d. bayerischen Kultusministeriums; 133 picture-alliance/dpa/Nietfeld; 134 Fotosearch.com; 144 o. ullstein bild/ Lambert; u. pixelio/Gero; 147 pixelio/Oberlix45; 154/155 Katharina Strohmeier; 157 picture-alliance/dpa/Krämer; 182 Harald Stark; 184 Uwe Bähnisch (Plan: Borland-Delphi GmbH)
Wir danken der Microsoft Corporation, der Mozilla Foundation, Linspire Inc. (NVU) und der Borland-Delphi GmbH für die freundliche Genehmigung zum Abdruck der Screenshots.

Autoren:
Uwe Bähnisch
Prof. Dr. Rüdiger Erbrecht
Dr. Ralf Feuerstein
Andreas Gramm
Joachim Haß
Markus Holm
Dr. Dietmar Karau
Steffen Neumeyer
Katharina Strohmeier
Dr. Wolfgang Tews

Redaktion:
Markus Holm

Illustration: Joachim Gottwald
Grafik: Christian Görke
Bildredaktion: Peter Hartmann
Layout und Satz: Hendrik Bäßler
Herstellung und Umschlaggestaltung:
Hans Herschelmann

www.cornelsen.de/informatik-itg
Unter dieser Adresse befinden sich multimediale Zusatzangebote. Die Buchkennung ist: **INF060922**

www.cornelsen.de

1. Auflage, 1. Druck 2008

Alle Drucke dieser Auflage sind inhaltlich unverändert und können im Unterricht nebeneinander verwendet werden.

© 2008 Cornelsen Verlag, Berlin

Druck: CS-Druck CornelsenStürtz, Berlin

ISBN 978-3-06-060922-2

 Inhalt gedruckt auf säurefreiem Papier aus nachhaltiger Forstwirtschaft.